U0558883

本书承芸廷文化资助出版

中青年艺术史学者论丛

薛龙春　主编

# 走向公开

近现代中国的文物论述、保存与展示

Heritage Preservation
and Exhibition Culture
in Modern China

王正华　著

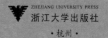
ZHEJIANG UNIVERSITY PRESS

浙江大学出版社

·杭州·

图书在版编目（CIP）数据

走向公开：近现代中国的文物论述、保存与展示 /
王正华著. -- 杭州：浙江大学出版社, 2025. 3.
ISBN 978-7-308-25634-6

Ⅰ. K875.04

中国国家版本馆CIP数据核字第2024Y16V98号

《走向公开：近现代中国的文物论述、保存与展示》图字：11-2025-014

# 走向公开

### 近现代中国的文物论述、保存与展示

ZOUXIANG GONGKAI
JINXIANDAI ZHONGGUO DE WENWU LUNSHU BAOCUN YU ZHANSHI

王正华　著

| | | |
|---|---|---|
| 策　　划 | 陈　洁 | |
| 项目统筹 | 宋旭华　王荣鑫 | |
| 责任编辑 | 徐凯凯 | |
| 责任校对 | 蔡　帆 | |
| 封面设计 | 项梦怡 | |
| 出版发行 | 浙江大学出版社 | |
| | （杭州市天目山路148号　邮政编码 310007） | |
| | （网址：http://www.zjupress.com） | |
| 排　　版 | 云水文化 | |
| 印　　刷 | 浙江省邮电印刷股份有限公司 | |
| 开　　本 | 787mm×1092mm 1/16 | |
| 印　　张 | 17.25 | |
| 字　　数 | 298千 | |
| 版 印 次 | 2025年3月第1版　2025年3月第1次印刷 | |
| 书　　号 | ISBN 978-7-308-25634-6 | |
| 定　　价 | 198.00元 | |

**版权所有　侵权必究　　印装差错　负责调换**

浙江大学出版社市场运营中心联系方式：0571-88925591；http://zjdxcbs.tmall.com

# 总　序

本丛书所收录的作者都来自东亚，大多出生于 20 世纪六七十年代，如今正值盛年。他们多在海外取得博士学位，目前又都供职于美国、日本与中国港台地区的高校或博物馆，身处研究与策展的一线。

在世纪之交，北京生活·读书·新知三联书店策划了"开放的艺术史"丛书，由尹吉男教授主编，翻译出版了高居翰、雷德侯、巫鸿、包华石、白谦慎、乔迅等众多海外学者的研究成果。"开放的艺术史"丛书并没有收录更年轻一辈学者的研究成果，于是，我们这套"中青年艺术史学者论丛"就有了一个很好的出版契机。

收入本丛书的著作，涉及书法、绘画、器物、宗教美术、视觉文化与中外艺术交流，这些研究成果与"开放的艺术史"丛书中所收录的著作形成了一种接力。收入"开放的艺术史"丛书中的著作今天已经为中文学界所熟知，在深化中国艺术史研究方面，功绩卓著。希望本丛书能承前启后，担负起在此领域内推动开放与交流的职责。

这批作者的研究各有特点，读者在阅读中不难发现。他们处于强调"原物"的前辈学者与强调跨学科、跨文化的后辈学者之间，故而也有一些共同的特点。他们大多接受过良好的视觉训练，擅长处理形式与风格的问题，这种能力无疑得益于前辈学者。而在当下的学术风气中，是否懂得鉴定的技巧，能否作出审美判断，似乎已经不那么重要，具备这种能力的学者也越来越少。本丛书中的作者在研究中也寄寓了理论关怀，善于借助社会理论来观察艺术史现象。概言之，这批中青年学者既有对形式的敏感力与分析力，也能娴熟运用现代理论，对于解释力的提升有强烈的渴望，这或许是 20 世纪六七十年代出生的艺术史学者的特点。期望这些著作的出版会引起相关领域的关注，并刺激中国艺术史研究的反思与新变。

在我们开始策划这套丛书后不久，疫情便开始在全球肆虐，学界的很多交流被迫中断，甚至联络都变得困难起来。而本丛书中的作者克服了巨大的时空障碍，及时完成了书稿的写作、翻译与打磨，在此我谨代表编者感谢他们的信任与付出。愿疫情尽早结束，愿作者和广大的读者因为这套丛书成为知音。

薛龙春

2022 年元旦

# 自 序

　　作为历史研究者，总会有自己喜欢与感觉好奇的历史时期。对我而言，研究清末民初的古物论述与展示文化虽属意外，但如今追想，这一时期确实精彩，除有朝代更替，还面临中外新的交流变局，瞬息万变，数年之隔就恍如明日黄花，此一态势可能在无形中吸引了当年的我。

　　若追溯缘起，自2001年秋天开始，我成为台湾"中研院"近代史研究所的一员，所方虽未明文规定"近代史"始于何时，但此议题诚然是立所宗旨之一，不时出现在同仁的讨论中。彼时，明末清初在中国史学研究中相对于欧洲史的近代早期（early modern）的位置已然奠立，即使在近史所，研究明末清初也被接受。我遂从博士论文的明代初中期转向研究明末清初的17世纪，甚至为了符合所上的期待，开始研究原本不熟悉的清末民初，进入毫无疑义的近现代史的研究范畴，20世纪最初的二十年就成为我想了解的历史时期。

　　本书包含七章，写作时间涵盖我在近代史研究所工作的前十年。谢谢近代史研究所，让我拓展研究的时间范围，也从艺术史学者转变成运用艺术史专长研究视觉展演与国族建构等议题的文化史学者。近现代史此一深具论辩能力考验的领域，不但进一步深化了我的思考，这些出版还成为探讨中国古物论述与展示文化相关主题的前驱研究。

　　在中国近现代的巨变中，来自西方的学术与制度较早为学界注意，但出自传统的文物、艺术品或艺术实践在前现代到近现代的历史转变中，有着如何的命运，如何被重新定义，并与"中国"作为一个立足于国际的现代民族国家相联结，这是本书所关心的议题。这些议题具有普遍性，集结成书，希望能为学界与文化界提供具体的范例。

# 目　录

# 导 言

　　本书收入了王正华自 2001 年至 2013 年发表的相关研究成果，除了第一章是介绍视觉文化理论外，其他六章都是涉"史"的个案研究，具体内容则和清末民初的展示文化、现代印刷术、文化遗产、现代国家和国族的构建等议题相关。

　　细读本书的第一章"艺术史与文化史的交界——关于视觉文化研究"，对于理解后面六章的研究思路甚有益处。王正华在文中写道："'视觉文化'研究的对象包括所有的影像（image）、观看器具、技术或活动，以及与视觉有关的论述；讨论的议题如影像的复制与传播、视觉在某一文化脉络中的位置、各式视觉表述（visual representations），以及观者的凝视与角度等。"这一概念含括性大，允许不同学科的学者从各自的领域出发来研究与视觉相关的文化现象，显示出其跨学科的性质。其指涉的现象，既可以是当代的，也可以是历史的。本书六章个案研究讨论的问题大多属于"视觉文化"的范畴，因此，第一章或可视为作者自撰的"导论"。

　　王正华在第一章中介绍了"视觉文化"研究在 20 世纪 90 年代初兴起的社会文化背景：大量图像涌入当代人的生活、各种视觉产品充斥消费市场、观看与消费频繁结合、欧美 20 世纪 60 年代学生运动后艺术史的左倾化等。此章还细致地分析了"视觉文化"这一多学科关注的研究领域的智识背景，梳理了"视觉文化"研究的理论来源，包括潘诺夫斯基（Erwin Panofsky）和巴克森德尔（Michael Baxandall）等在其中所起的关键作用。

　　王正华对视觉文化理论的兴趣，在一定程度上反映了她本人智识背景形成的过程。王正华本科毕业于台湾大学历史系，20 世纪 80 年代后期在台湾大学艺术史研究所攻读艺术史硕士学位，硕士论文讨论的是明代沈周的绘画。
20 世纪 80 年代末，当她负笈耶鲁大学艺术史系时，美国的艺术史界正经历着
范式（Paradigm）的转换，除了早在 20 世纪 60 年代就已开始逐渐走向中心
的艺术社会史外，物质文化研究日益引起艺术史学者们的关注，"视觉文化"
正成为汇聚不同学科的学者们参与的研究领域。作为一位来自异域的年轻学
者，她目睹了这些转变。其时，导师班宗华（Richard Barnhart）教授正在策
划"大明画家：院体和浙派（Painters of the Great Ming: The Imperial Court and
the Zhe School）"大展，此展于 1993 年先后在达拉斯艺术博物馆和纽约大都
会艺术博物馆举行，次年获美国高校艺术联合会年度最佳展览学术奖。班宗
华老师研究中国古代绘画，重在构建风格谱系，他将某些冠为唐宋元名家的
画作重订为明代宫廷和浙派画家的手笔，看似属于传统的鉴定和风格研究，
但他一反以往画史研究太过关注文人画家并被文人艺术理论所遮蔽的积习，
重估明代职业画家的艺术成就和历史地位，对抗当时中国艺术史界的主流书
写，他的研究具有重要的开拓和转型意义。王正华曾参与这一展览的筹备，
这引发了她对明代宫廷绘画和物质文化的关注，并以此为题完成了博士论文。

　　20 世纪六七十年代的耶鲁大学是人文学科的重镇，尤以文学研究著称。
彼时的艺术史系也不乏参与和推动前沿理论的学者，如研究女性艺术和艺术
社会史的纳克琳（Linda Nochlin）教授和研究物质文化的普朗（Jules Prown）
教授。王正华入学时，库布勒（George Kubler）教授已经退休，但他的 *The
Shape of Time: Remarks on the History of Things* (New Haven and London: Yale
University Press, 1962) 一书（中译本：《时间的形状：造物史研究简论》[ 北京：
商务印书馆，2019 ]），依然很有影响力。差不多二十年前，王正华曾经计
划将此书译成中文，虽然这一计划并未实现，却从侧面反映出她在 20 世纪 90
年代就已经养成的理论兴趣。

　　当然，方法学上更多的启示来自广阔的知识环境。那时亚马逊公司还没
成立，买书不如今天便利。在大学书店的书架上，摆放的是由教师推荐、书
店订购的书籍。作为艺术史的经典，沃尔夫林（Heinrich Wölfflin）和贡布里
希（E. H. Gombrich）的著作赫然在列，但更引人注目的是巴克森德尔、阿尔
珀斯（Svetlana Alpers）等的著作。其他诸如符号学、阐释学、后结构主义之
类的著作也触目可见。美国高校艺术联合会每一次年会推出的议题，诸如《十
月》（October）等引领学术前沿讨论的期刊发表的文章和访谈，一起推动着

艺术史界的范式转变。王正华亲历了"视觉文化"这一领域在美国人文学界（包括艺术史界）的兴起，并关注着与之相关的各种辩论及学术成果。这些以及其他的种种理论潮流都形塑着她日后的研究。

本书第一章发表时（2001），王正华正在台湾工作。她预想的读者，是台湾艺术史界。目睹艺术史范式转移，她对自己所从事的学科的现状和前景有很深的关切。其中，她两次提到"边缘"："艺术史研究在 1960、1970 年代的美国，可说已沦为学术边缘，与其他学科鲜少交集，犹如秘密宗教，自写自读，不断重复制造类似的知识，在方法学与认知论上少见建树。""即使不谈'视觉文化'此一专门领域，久居学术研究边缘的艺术史，如果要在学院中维持一席之地，必须思考其所生产的知识究竟对其他学科有何意义；而艺术史传统中的文化史取向，正可提供学术发展所需之思辨向度与视野开展。"王正华对艺术史学科的直白评论，在多大程度上契合彼时台湾的艺术史界呢？

中国台湾地区由于特殊的地缘政治，在"二战"后和欧美、日本有着密切的文化互动，在近数十年的中国艺术史的发展中扮演着很特殊的角色。这里既有渡海的前辈学者李霖灿、张光宾以及在大陆出生、台湾成长的江兆申和傅申，也有一批在欧美、日本留学后回到台湾的大学和博物馆任职的博士，台北故宫博物院的收藏为他们提供了研究和教学的依托，使得台湾的中国艺术史研究水平在相当长的一段时间都居于汉语学术圈的顶端，即使在大陆的艺术史崛起的今天，其还是学术重镇。王正华向汉语艺术史圈推介视觉文化理论，自然地引出了这样一个问题：中国艺术史界和西方主流艺术史学界之间存在何种关系？

在"视觉文化"理论建构之初，非但处于欧美地域以外的艺术史界缺席，而且在欧美的非西方艺术史也基本如此。值得注意的是，库布勒教授是研究南美玛雅文化的专家，他对艺术史方法的思考却成为主流话语的一部分。1962 年，*The Shape of Time* 出版，中国艺术史的博士项目刚刚建立不久。在西方为建立中国艺术史学科做出重要贡献的那些前辈学者，在当时主流艺术史的对话中罕有发声，当然和这个学科建立得晚有关。或许我们也可以这样认为，近几十年来非西方的艺术史研究在西方的不断扩展，本身就是西方艺术史界去"中心化"的一个努力。

中国艺术史在 20 世纪六七十年代开始渐成规模，至今已经有超过半个世纪的历史。2016 年，"中国·艺术·历史：新的启程——致敬巫鸿教授国际学术会议"中，有一场邀集了数名资深教授的座谈会（会谈记录《何所来？何所往？——中国艺术史的过去与未来》发表于巫鸿、郭伟其主编：《世界3：海外中国艺术史研究》[上海：上海人民出版社，2020]一书中）。这些学者谈到了欧美中国艺术史研究数十年来的巨大变化及面临的问题和挑战，诸如研究者身份构成的巨大变化（白人学者几乎消逝）、鉴定学在西方的艺术史界几乎成为一种"忌讳"（王正华也有类似的表述）、领域的扩张与分散、研究方法的多元化带来学术严谨性的削弱，等等。这些学者在描述和思考西方中国艺术史研究领域的变化时，并没有涉及西方学界对中国艺术史近数十年的研究成果的接受历史。今天已有为数可观的学者在欧美获得声望卓著的荣誉，这个领域不乏一些极富原创性的成果，要比较恰当地评价海外中国艺术史的成就，还需要细致地梳理这个学科本身的历史，以及它和其他区域艺术史领域及其他学科（包括人们习称的"汉学"）互动的历史。我们的领域也期待着像克里斯托弗·伍德（Christopher S. Wood）所著 *A History of Art History* (Princeton and Oxford: Princeton University Press, 2019) 那样的著作问世。

2001 年，当王正华重提艺术史在西方曾经的"边缘化"时，这个学科正在中国大陆迅速扩张。艺术收藏活动空前活跃，公私博物馆展事频繁，卷帙浩繁的文献丛刊和图录、各种专著和学术刊物纷纷问世。许多西方艺术史名著被译成中文，高居翰（Jame Cahill）、方闻（Wen C. Fong）、雷德侯（Lothar Lederose）、巫鸿（Wu Hung）、柯律格（Craig Clunas）等人的著作一印再印，各种新概念（包括"视觉文化"）也早出现在不少学术著作和论文中。景象繁荣，艺术史几成"显学"。

一个学科对外来思潮作何等反应，取决于地域、人口、传统、体制等诸多因素。当鉴定学在西方艺术史界被视为一种"忌讳"时，中国大陆的国家文物鉴定委员会和地方政府的各种鉴定站将文物鉴定工作和文化遗产保护联系起来，鉴定学的公共形象颇为正面。近年来，一些前辈的鉴定笔记出版，依然受到艺术史界学者的关注和尊敬。20 世纪 70 年代，傅申先生在鉴定方面的成就是他被耶鲁大学聘用的原因之一。他和王妙莲女士合作、于 1973 年出版的 *Studies in Connoisseurship: Chinese Painting from the Arthur M. Sackler Collection in New York and Princeton* (The Art Museum, Princeton University,

Princeton)，五十年后被译成中文出版（《书画鉴定研究》[上海：上海书画出版社，2022]），颇受读者好评。对比鉴定学在美国和中国大陆的境遇，可以说明，不同地域的文化传统会使艺术史研究成就的评判标准有所不同。不过，这种差异会不会只是一种暂时的现象？近二十年来，重要的学术期刊所发表的文物鉴定的论文越来越少，高校体制的评判标准似乎在步欧美的后尘。这种"滞后"有着自己的时间序列，它或许会与某些因素结合、汇入另一次的范式转型。

以规模而论，由于学科建制不同，在中国大陆设置艺术史系的综合性大学并不多。对比欧美，中国大陆似乎依然有扩展的空间。为数可观的非体制内的独立学者，在信息发达的今天，借助网络发表自己的研究，成绩可观。作为一门最"奢侈"的学科，近二十年来艺术史的发展是借经济快速发展顺势而上。目前，艺术史研究的后续动向还有待观察。不管东亚在全球艺术史的脉络中所处的位置如何，人工智能的迅速发展或许可以跨越语言的障碍，让不同区域的艺术史写作找到更好的互动平台。

"视觉文化"在欧美兴起已逾三十年，在今天仍然有广泛的影响力。因此，重读王正华对视觉文化理论脉络的梳理，在一个更大的语境中思考她提出的艺术史领域生产的知识究竟对其他学科有何意义这个问题，依然有意义。

任何理论或方法要落实到具体的艺术史研究之中，依然要和一些既有的规范衔接。王正华曾在所著《艺术、权力与消费——中国艺术史研究的一个面向》（杭州：中国美术学院出版社，2011）一书的自序中这样写道："我所受的艺术史训练摆荡在新旧之间，既新又旧，也可说不新不旧，今日回顾，这或许是最好的训练。"这段话是理解她研究风格的关键。《艺术、权力与消费》一书所收录的论文，皆和绘画相关。从权力、消费的角度来讨论绘画，是新；汲取鉴赏学的成果，细读画作风格，是旧。新与旧因此构成具有建设性的张力。

本书所收的六章个案研究，探讨的是千年未有之大变局之下、中国开始步履蹒跚的现代国家建构过程中，出现在视觉文化和文化遗产领域中应对内外挑战的种种现象，这与近数十年来人文和社会科学诸多领域对现代民族国家形成的研究产生共鸣，体现了王正华的理论视野。具体的切入点则是展演文化、摄影技术、珂罗版印刷、现代出版等，以研究对象来说，都远比古画要新。虽说这些领域不再涉及传统的鉴赏学，但王正华早年的历史学和鉴定学的基本功训练依然发挥着"旧"作用，牵制着方法论这匹马、不让它一路狂奔。

本书第二章"呈现'中国'——晚清参与 1904 年美国圣路易斯万国博览会之研究"和第三章"走向'公开化'——慈禧肖像的风格形式、政治运作与形象塑造"所要探讨的是清政府及其掌权者在新的国际形势下如何塑造自己的公共形象。1904 年，清政府参加了在美国圣路易斯举行的万国博览会。王正华指出，博览会虽带有展销性质，但清政府的目的则是在西方的情景中呈现"中国"。恰恰因为不熟悉现代的展陈语言，使得中国馆并未能呈现民族国家所具有的同构性和统合性。她在讨论慈禧肖像的公开化时，不但揭示了慈禧如何利用自己的照片和肖像来形塑自己的国际形象，更指出了大众媒体在刊布领导人的形象时促进了一种新的政治文化的形成。

民族文化遗产与民族艺术的构建是第四章"清宫收藏（约 1905—1925）——国耻、文化遗产保存与展演文化"和第五章"国族意识下的宋画再发现——20 世纪初中国的艺术论述实践"的主题。清帝逊位，中国历史翻开了新的一页。在帝国向现代国家转型的过程中，清宫收藏在变动的政治脉络中被赋予新的意义 ——民族文化遗产。而古物陈列所对清宫旧藏的展示，也强化了观览者心目中文化遗产的概念。民国成立后数年，新文化运动发生，知识分子和艺术家自觉地利用展览、演讲、出版物等创造了一个带有现代性的艺术论述空间，将"宋画"塑造成可以抗衡西方艺术的高度文明的象征，在视觉艺术领域中赋予"民族主义"具体而特定的含义。

本书第六章、第七章都和收藏与出版有关。在民国初年，无论是新文化的提倡者还是抱残守缺的清朝遗老，都意识到了出版的力量和重要性。第六章"新印刷技术与文化遗产保存——近现代中国的珂罗版古物复印出版（约 1908—1917）"分析了珂罗版这一新的印刷技术在 1908 年至 1917 年这十年间对文化遗产保护的作用。八国联军入侵北京和清末战乱造成了大量文物被掠夺、毁坏、流散，让文化遗产的保护具有紧迫性。当时的一些出版物，如《中国名画集》和《神州国光集》，通过珂罗版印刷术在收藏家和大众之间建立了一个公共空间，展现了中国民族文化的进步性，提高了民众对古物的民族文化地位的认知。本书第七章"罗振玉的收藏与出版——'器物'、'器物学'在民国初年的成立"，则以罗振玉为例来探讨"古物"的重新定义和重新分类，以及"器物"概念的提出对现代学科建设的贡献。这一研究呼应了人类学、历史学、考古学对"antiquarianism"（王正华译为"好古之风"）的研究。王正华谈到罗振玉个案的意义时这样写道："从清遗民的文化生产入手，实可提供一个探讨传统文化如何参与近现代中国极其复杂之转型过程的社会与文化脉络。这些传统因素或许还比那些自海外输入的思想、社会、文化因素，更具关键性。"

在此引用王正华这段话，似可呼应前面曾经援引过的一些学者对研究领域的扩张与分散、研究方法的多元化带来的对学术严谨性的削弱所表示的隐忧。视觉文化研究等理论兴起前的艺术史，已经成为我们这个领域的"传统文化"，其中还有哪些因素会参与下一次的范式转型呢?

本书付梓在即，我写下以上感想，权作导言。

白谦慎

2023 年 11 月于杭州

# 第一章
# 艺术史与文化史的交界
## ——关于视觉文化研究

    若美国艺术学学界（College Art Association，以下简称 CAA）的年度大会可视为观察英语世界艺术史研究的风向标，自 20 世纪 90 年代初以来，"视觉文化"（visual culture）或与之相关的字眼如视觉性（visuality）、可视化（visualization）等耀目非常，在长达四天、横跨古今东西的各式会议主题中不时出现，稍能与之分庭抗礼的仅有"物质文化"一词。[1] 以具有视觉意义的物品或图像为研究对象，本为艺术史之固有传统，久以"视觉艺术"（visual arts）自称，而与音乐、戏剧、诗作等相区分。如今冠上新而具有统称性的"视觉文化"一词，显然着重点不在于形式之别，而在于"视觉"与"文化"两大分类范畴的联结。此一联结所代表的，不仅是艺术史自身的变化，与之相应的，更是人文社会学界对于"视觉"作为文化分析重要对象的共同趋势；其牵涉之广，远非本章篇幅及笔者学力所能涵盖。此处仅以视觉文化研究为切入点，简述近年学术思潮下艺术史与文化史交涉的一个层面。至于另一个重要的面向——物质文化，日后若有机会或可再作进一步的思考。

    "视觉文化"为一正在成形的领域（field），实难以鸟瞰方式观察其大貌，给予功过评判，学院中人对此的态度也莫衷一是。例如，1996 年，理论性极

---

1   相关信息见美国艺术学学界网址：http://www.collegeart.org，其他指标或可自该机构发行之刊物 *Art Journal*、*Art Bulletin* 或近年艺术史博士论文题目推知。

强的美国艺术学刊物《十月》（*October*）曾广发问卷，征询各方学者对于"视觉文化"的意见，响应纷纭，肯定、质疑皆有。[1] 不过，尽管有些学者认为"视觉文化"跳脱目前已有之学科门类，不遵循研究传统，甚至并无哲学基础，众人仍承认其存在于学术研究及学院课程中乃不争之事实。[2] 视觉文化研究确实不能定义为学科（discipline），因为学科必须有固定研究对象及方法、有其学院内部传统建制，而"视觉文化"的研究对象及方法都跨越了学科的藩篱。以"领域"称之，正可彰显其跨学科（interdisciplinary）的特质。

简而言之，"视觉文化"研究的对象包括所有的影像（images）、观看器具、技术或活动，以及与视觉有关的论述；讨论的议题，如影像的复制与传播、视觉在某一文化脉络中的位置、各式视觉表述（visual representations），以及观者的凝视与角度等；所运用的研究方法可有多种，不限于各学门的传统，在近年人文社会学界理论化的趋势中，适合与各式理论交会对话。如此看来，在传统学科分类下便有艺术史、社会史、文化史、人类学等学科与"视觉文化"息息相关，遑论新兴学科中以各式影像为研究对象的电影研究、媒体分析等；而20世纪70年代崛起于英国的"文化研究"，在大量运用理论解释近现代与当代文化现象时，自然更少不了"视觉"部分。

无可讳言，视觉文化研究初盛于20世纪90年代初，确实与当代文化的特质密切相关。[3] 各种视觉产品充斥于当代消费市场，观看与消费大量结合，取代了传统的消费形式。漫画成为读取故事的重要媒介，MTV成为消费流行音乐（甚至若干古典音乐）的重要渠道，两者皆有其独特的表达方式。例如，后者在处理音乐的视觉呈现时，不一定采用叙事形式，画面剪辑也不遵循线性的文字逻辑，而往往是以视觉上的联想为连接点。更不用说近十年来各式计算机游戏与虚拟真实的数字影像风靡全球，对成长于电子时代之年轻人的认知模式自有莫大影响。美国学界与大众媒体在20世纪80年代末期已

1　见"Visual Culture Questionnaire," *October*, no. 77 (Summer 1996), pp. 23-70.

2　见 Susan Buck-Morss, "A Response to Visual Culture Questionnaire," *October*, no. 77, p. 29; Geoff Waite, "The Paradoxical Task...(Six Thoughts)," *October*, no. 77, p. 65.

3　若干关于"视觉文化"的讨论，都提到当代以视觉为重的文化现象对于学院研究的冲击，例如 Nicholas Mirzoeff, "What is Visual Culture?" in Nicholas Mirzoeff, ed., *Visual Culture Reader* (London: Routledge, 1998), pp. 3-13.

开始热烈讨论视觉在生活中日趋重要的现象，以及随之而来之认知方式的改变；连负有文艺发展重责的"国家人文基金会"（National Endowment for the Humanities）亦有专文报告此一现象，忧心于以文字为主的人文传统及西方文化将为之衰落。[1]"视觉"成为当代文化之重要一环，在 19 世纪后半叶已现端倪，如本雅明（Walter Benjamin）即曾讨论视觉在现代主体性形成中所扮演的角色；[2] 而今日与"视觉"有关的研究中，颇多将焦点集中于 19 世纪后半叶此一特殊文化现象者。[3] 由此观之，视觉确为现代文化研究的重点之一，于今更形成一枝独秀的局面。

历史学强调时间的距离方能孕育出历史的感觉，其在响应当代文化的挑战上，或许不如文化研究或人类学灵敏。然而，"所有的历史皆为当代史"，历史学对于"视觉"此一文化范畴的注意或视觉材料的运用并不落后于人，尤其是历史学的"文化转向"（cultural turn，或称"语言学转向"［linguistic turn］），更与视觉文化研究多所相通。以文化为讨论内容的历史学著作早已有之，但标举文化史旗号甚至自名为"新文化史"的史学潮流，近十余年来才在英、美、法诸国盛行。[4]

1　见 W. J. T. Mitchell, "Introduction," in his *Picture Theory* (Chicago: The University of Chicago Press, 1994), pp. 1-2.

2　关于本雅明对于 19 世纪视觉活动、技术及文化现象的讨论，见 Walter Benjamin, "Paris, Capital of the Nineteenth Century," in his *The Arcades Project*, trans. by Howard Eiland and Kevin McLaughlin (Cambridge: The Belknap Press of Harvard University Press, 1999), pp. 3-13; "A Short History of Photography," in Alan Trachtenberg, ed., *Classic Essays on Photography* (New Haven: Leete's Island Books, 1980), pp. 199-216.

3　例如 Tony Bennett, "The Exhibitionary Complex," New Formations, no. 4 (Spring 1988), pp. 73-102; Thomas Richards, "The Great Exhibition of Things," in his *The Commodity Culture of Victorian England: Advertising and Spectacle, 1851-1914* (Stanford, Calif.: Stanford University Press, 1990), pp. 17-72; Curtis M. Hinsley, "The World as Marketplace: Commodification of the Exotic at the World's Columbia Exposition, Chicago, 1893," in Ivan Karp and Steven D. Lavine, eds., *Exhibiting Cultures: The Poetics and Politics of Museum Display* (Washington D.C.: Smithsonian Institution Press, 1991), pp. 344-365; Timothy Mitchell, "Orientalism and the Exhibitionary Order," in Nicholas B. Dirks, ed., *Colonialism and Culture* (Ann Arbor: University of Michigan Press, 1992), pp. 270-292. 日文著作见横山俊夫编：《视觉の一九世纪：人间·技术·文明》（东京：思文阁，1992）。

4　关于历史学的文化转向或语言学转向，见 Victoria E. Bonnell and Lynn Hunt, "Preface," and "Introduction," in Victoria E. Bonnell and Lynn Hunt, eds., *Beyond the Cultural Turn: New Directions in the Study of Society and Culture* (Berkeley: University of California Press, 1999), pp. ix-xi and 1-32; Peter Burke, "Unity and Variety in Cultural History," in his *Varieties of Cultural History* (Ithaca:

　　在此次所谓的"文化转向"中，受到结构主义与符号学以降学术思潮的影响，尤其强调人类意义的建构性（constructedness），表述史（history of representations）一跃成为文化史研究的核心。[1]历史学从研究过去所发生的事情，转向研究各种"历史真实"（historical realities）的建构；原本被视为反映真实状况的历史文献，也转变成各种社会力交结纠葛之下产生的"文本"（text）。[2]如此一来，一方面，历史学研究的重点在于"文本"如何呈现某一作者或机构的特殊观点，如何建构某一说法成为社会普遍接受、视为自然而然的事实，如何达到内化人心、形塑意识形态的作用。另一方面，正由于"文本"所显示的并非客观的真实，而是不同社群对于自己生存处境的主观认知，研究各种感受的表达与记忆，遂亦成为历史学的新议题。在此，具有视觉意义的物品与活动也被视为"文本"的一种，在讨论"历史真实"的建构或主观感受上极具分析效力，可与文本同列，成为研究者讨论的对象或论证的材料。[3]

　　回溯过往，西洋史学本有以艺术品表征时代特色的传统，例如"巴洛克"此一历史时期的命名，即来自艺术品的风格特质，而历史的分期也以风格的转变为依归，即使现代与后现代之争也与当代艺术形式的变化紧密纠结。[4]此一长远的历史传统，如今在若干历史学家的著作中再度出现；这几位文化史

Cornell University Press, 1997), pp. 183-212. 关于法国历史学最近十年来的新趋势，中国学者沈坚有简要明白的介绍，见《法国史学的新发展》，《史学理论研究》，2000 年第 4 期，页 76—89。

1　关于结构主义、符号学、后结构主义等思潮的介绍不胜枚举，笔者建议以下三本书可为参考：Terence Hawkes, *Structuralism and Semiotics* (Berkeley: University of California Press, 1977); Terry Eagleton, *Literary Theory: An Introduction* (Minneapolis: University of Minnesota Press, 1983); Christopher Tilley, *Reading Material Culture: Structuralism, Hermeneutics and Post-Structuralism* (London: Basil Blackwell, 1990).

2　关于"文本"的讨论，笔者建议福柯（Michel Foucault）一文可为参考："What is an Author?" in Michel Foucault, *Language, Counter-Memory Practice: Selected Essays and Interviews*, trans. by Donald F. Bouchard and Sherry Simon (Ithaca: Cornell University Press, 1977), pp. 115-124.

3　关于新近文化史潮流的讨论，见法国文化史重要学者 Roger Chartier, "Introduction," in his *Cultural History: Between Practices and Representations*, trans. by Lydia G. Cochrane (Cambridge, UK: Polity Press, 1988), pp. 1-16; Lynn Hunt, "Introduction: History, Culture, and Text," in Lynn Hunt, ed., *The New Cultural History* (Berkeley: University of California Press, 1989), pp. 1-24.

4　事实上，"后现代"（post-modern）一词最早见于 20 世纪 70 年代后期的建筑批评，见 Charles Jencks, *The Language of Post-Modern Architecture* (New York: Rizzoli International Publications, Inc., 1977). 关于西方史学以艺术风格转变观测社会与文化变化的传统，见 Francis Haskell, *History and Its Images: Art and the Interpretation of the Past* (New Haven, Conn: Yale University Press, 1993).

家大量运用视觉材料，讨论原本被视为社会史或政治史的课题。例如，西蒙·夏玛（Simon Schama）探讨 17 世纪荷兰脱离西班牙统治后，试图借若干文化行为与社会价值，区隔自身与仍在西班牙统治下的南方尼德兰，形成自我社群的认同；彼得·伯克（Peter Burke）以法王路易十四为例，讨论各式视觉及文字媒介如何塑造君主形象，如何表征其为权力的绝对拥有者。再有林恩·亨特（Lynn Hunt）讨论法国大革命前后由君主政治转向共和的过程中，如何借由打破原有奠基于家庭神话的君主政体模式，形成革命与共和所需之新的意识形态。[1] 从若干文化史家对于图像资料的讨论，足见其娴熟于形式分析，甚至得出文字资料难以推见的结论。例如林恩·亨特对于法国大革命时期富含政治讽刺意味之视觉媒材的研究，早已成为艺术史课程中关于"艺术与政治"课题必读的范文；作者并明白地指出，当时法国不识字的人口约占一半以上，视觉形式实为其吸收政治信息及革命思潮的主要媒介。[2]

　　当历史学的研究涉及文化中的视觉面向时，自然会注意到惯于处理视觉物品或图像的艺术史。事实上，在"视觉文化"此一跨学科领域蔚为风潮后，艺术史研究遂由人文学科中乏人问津的边缘地带，开始吸引各方的目光，虽不能说引领风骚、独擅胜场，但其他学科希望与艺术史交流切磋的企图十分明显。以中国史研究而言，许多学者便已注意到文化史与艺术史的交汇地带；多项由史学界主办的研讨会也相继邀请艺术史学者与会，可见主办者希望自此一交汇地带汲取研究上源头活水的心思。[3] 此一交汇地带的出现，除了历史

---

1　见 Simon Schama, *The Embarrassment of Riches: An Interpretation of Dutch Culture in the Golden Age* (New York: Alfred A. Knopf, 1987); Peter Burke, *The Fabrication of Louis XIV* (New Haven: Yale University Press, 1992); Lynn Hunt, *The Family Romance of the French Revolution* (Berkeley: University of California Press, 1992). 彼得·伯克早年的研究中，有专书探讨意大利文艺复兴时期艺文盛况赖以产生的文化、社会脉络；书中大量使用建筑、雕刻、绘画等艺术品。唯该书首版成书于 1972 年，仍处于历史学借取社会科学量化方法的学术潮流中，而未见后来新文化史中常见的各式文化理论。见其 *The Italian Renaissance: Culture and Society in Italy* (Princeton: Princeton University Press, 1986).

2　见 Lynn Hunt, "The Political Psychology of Revolutionary Caricatures," in James Cuno, ed., *French Caricature and the French Revolution, 1789-1799* (Los Angeles: University of California Press, 1988), pp. 33-40. 此一短文的若干研究成果已被纳入上引作者关于法国大革命的专书中。

3　例如，宋史学者伊沛霞（Patricia Ebrey）在普林斯顿高等研究院所举办的"中国文化的视觉面向"研讨会，即尝试邀请不同领域学者与会，在论文结集出版的序言中，也强调近年来艺术史与文化史的交涉。见 Patricia Ebrey, "Introduction to a Symposium on the Visual Dimensions of

学的"文化转向"外，艺术史学科内部因应学术思潮而来的变化，也是重要的原因。

　　艺术史作为学院中的一门学科，奠基于 19 世纪、20 世纪之交的德国、奥地利；后因纳粹德国迫害犹太人，促使重要学者播迁英国、美国，学科之建制包括研究对象、议题、方法与基本假设，也随之在英语学术世界生根发展。"二战"后的二十多年间，美国艺术史界形成"形式主义"（formalism）与图像学（iconography）两大研究方向，或专注于艺术形式的剖析与各家各派风格谱系的建立，或致力于发掘可解释作品中人物或故事意义的文献资料。此二方向虽来自德奥传统中的风格分析（stylistic analysis）与内容（content）诠释，唯其成为研究惯例后，艺术史却慢慢失去原有的冲力、创见与思辨性。于是，批评之声自 20 世纪 70 年代初期开始汇聚，逐渐酿成艺术史研究中第一次重大的转变，即 20 世纪七八十年代社会艺术史（或称"新艺术史"）的兴起。

　　社会艺术史的潮流与历史学的社会科学化类似，皆受到 20 世纪 60 年代学生运动后社会与学术思潮的影响，在反省社会建构与关心社会议题的同时，将性别、阶级与族群等社会身份的划分带入艺术史研究中，或可归类为左派艺术史。[1] 在此之前，无论是形式主义还是图像学研究，皆秉持艺术的自主性、美感的超越性与普世性、艺术家为天才似的创造者与意义产生的主要来源等基本假设。尤其在黑格尔历史观的影响下，认为艺术的历史发展为风格的单一直线进化，自原始的二度空间表现迈向视觉上具有幻觉效果的三度空间，

Chinese Culture," *Asia Major*, vol. XII, part 1 (1999), pp. 1-8. 另外，笔者曾受邀参加由美国哥伦比亚大学蒋经国中国研究中心所举办的"中国妇女史研究的新方向（New Directions in Chinese Women's History）"研讨会，与会者研究的领域包括社会史、文化史、艺术史、物质文化、文学史，主办单位甚至邀请纽约大学艺术史家乔迅（Jonathan Hay）针对历史研究中图像与物品的使用发表看法。台湾"中研院"近代史研究所于 2001 年举办的两次"近代中国的视觉表述与文化构图，1600 迄今"研讨会，亦邀请不同学科学者发表论文，包括艺术史学者，见张哲嘉：《"近代中国的视觉表述与文化构图，1600 迄今"会议报导》，《近代中国史研究通讯》，第 32 期（2001），页 15—25。

1　关于社会艺术史或新艺术史，见 T. J. Clark, "On the Social History of Art," in his *Images of the People: Gustave Courbet and the 1848 Revolution* (London: Thames and Hudson Ltd., 1973), pp. 9-20; A. L. Rees and F. Borzello, "Introduction," in L. Rees and F. Borzello, eds., *The New Art History* (Atlantic Highlands: Humanities Press International, Inc., 1988), pp. 2-10; Donald Preziosi, *Rethinking Art History: Meditations on a Coy Science* (New Haven: Yale University Press, 1989), pp. 159-168.

各文化皆然，并无差异；而一个时代的各种艺术形式有其统合性，共同表征时代精神。[1] 在此一历史观下，艺术即使与其他范畴有所交涉，也仅限于当时所认为"人类精神文明"中的哲学或文学。左派艺术史家则视艺术品为所有人造物品中的一种，具有物质性；其研究焦点由其内在仿佛与生俱来的美感特质，转向艺术品作为产品的社会脉络。原本独自品尝创作冷暖的艺术家成为制造产品、营销贩卖的社会人；艺术史研究中开始出现有钱有势的赞助者、观看品评的评论者等角色，艺术品成为包括金钱交易、政治权力等各式社会关系的汇集点。

　　自 20 世纪 70 年代中后期开始，美国学界开始面对来自欧洲强大的理论思潮；文学批评理论尤其是符号学，铺天盖地而来，不仅是文学研究，其他的人文社会学科也必须面对各式文本与符号理论，这就是前已论及的"语言转向"。艺术史的反应虽不如人类学、文学批评等学科迅速而全面，甚至对于跨学科理论的容受仍多有质疑，[2] 但自 1982 年 CAA 机关期刊《艺术期刊》（Art Journal）"学科的危机"（The Crisis in the Discipline）专号开始，20世纪 80 年代产生的各种对于艺术史学科建构的反省，仍应与此一学术思潮的刺激有关。[3] 姑且不论个别学者对于艺术史改革所开出的良方为何，温和、激烈与否，综上所述，当时年轻学者之所以产生危机意识，殆肇因于对于己身

---

1　关于唯心哲学与艺术史传统，见 Michael Podro, *The Critical Historians of Art* (New Haven: Yale University Press, 1982); Michael Ann Holly, *Panofsky and the Foundations of Art History* (Ithaca: Cornell University Press, 1984). 对于黑格尔历史主义艺术史的批评，见 E. H. Gombrich, "In Search of Cultural History," in his *Ideals and Idols: Essays on Values in History and in Art* (London: Phaidon Press Limited, 1979), pp. 24-59.

2　20 世纪 70 年代初中期格尔兹（Clifford Geertz）及卡勒（Jonathan Culler）分别将欧洲的文本与符号理论带入美国人类学与文学批评中，而艺术史"语言学转向"出现的时间约晚了十年，首见于 *Vision and Painting: The Logic of the Gaze* (New Haven: Yale University Press, 1983) 一书，该书作者为研究文学理论出身的布列逊（Norman Bryson），原本的训练并非艺术史。"语言学转向"直至 20 世纪 80 年代后期方在艺术史研究中形成气候，布列逊一书在笔者于美国求学时的 20 世纪 90 年代初期为学习艺术史的学生必读之书籍。

3　例如 Henri Zemer, ed., "The Crisis in the Discipline," *Art Journal*, vol. 42, no. 4 (Winter 1982); Hans Belting, *The End of the History of Art*, trans. by Christopher S. Wood (Chicago: The University of Chicago Press, 1987); W. J. T. Mitchell, "Editor's Introduction: Essays toward a New Art History," *Critical Inquiry*, no. 15 (Winter 1989), p. 226; Donald Preziosi, *Rethinking Art History: Meditations on a Coy Science*.

养成训练及艺术史研究环境的不满。

相对于学科奠基之初，艺术史乃是学界智识活力的来源之一，学者如潘诺夫斯基（Erwin Panofsky）等的著作深具启发性，探讨学界普遍有兴趣的重要议题，[1] 艺术史研究在 20 世纪六七十年代的美国可说已沦为学术边缘，与其他学科鲜少交集，自写自读，不断重复制造类似的知识，在方法学与认知论上少有建树。因此，在所谓的"艺术自主"与"学术客观"的信念下，艺术史产生的知识很难与其他学科交流，也无法响应当代艺术创作与文化事件所提出的理论性问题，只能为艺术品市场买卖提供最好的咨询服务。对于成长于 20 世纪六七十年代社会议题盛行并接受过社会艺术史思潮洗礼的新一代艺术史家而言，博物馆虽名义上是为保存文化遗产、推动大众教育而设立，实际上却与昂贵的艺术品买卖、有钱人捐钱减税脱不了干系；艺术史家为了研究价值昂贵的艺术品，不仅卷入博物馆政治，也必须与拍卖市场及收藏家维持良好关系，时时处在衣香鬓影的开幕酒会等上流社会的交际应酬中，面对其他学科在学术思考与智识方法上的反省与创发，不禁感叹所学何为？

20 世纪 80 年代的反思，对于艺术史研究影响深远，直至今日，余波荡漾，犹未歇止；而其最重要的收获，或在于打破艺术史的"幽闭症"。此一症状既表现为艺术史与其他学科缺乏交流，以及无能对应当代艺术创作与文化事件，又在学科内部设立了重重关卡。关卡之一为艺术品的严格分类，研究上专以一类为主，研究绘画者不懂版画、摄影，研究雕刻者不须理会建筑；其二为"精致艺术"与"应用艺术"截然划分，品秩分明，研究者多以前者为主，对于相对而言可以大量生产的工艺品则较为忽略，相应而生的研究方法自然也大为不同。"幽闭症"的解除，明显地表现在艺术史跨学科、跨品类与注意大众文化视觉媒材的研究趋势上；对于其他人文社会学科的理论遂亦较前开放。"视觉文化"或"物质文化"研究乃因势而起。

---

1　关于潘诺夫斯基之研究对于其他学科的启发，见 Brendan Cassidy, "Introduction: Iconography, Text, and Audience," in Brendan Cassidy, ed., *Iconography at the Crossroads* (Princeton: Princeton University Press, 1993), pp. 3-15; Allan Langdale, "Aspects of the Critical Reception and Intellectual History of Baxandall's Concept of the Period Eye," *Art History*, vol. 21, no. 4 (December 1998), pp. 486-489.

　　在此之前，社会艺术史已将"社会"带入艺术史研究中，"艺术"不再是独立自主的范畴，而是社会脉络的一部分；艺术品也不仅是特出天才的杰作，更包括形式一再重复的商业作品。近十余年来所形成的第二波转变方兴未艾，然而，艺术史跨学科、议题化及理论化的倾向已十分清楚。在此思潮中，艺术品因内在质量而来的美学考虑更趋边缘化，各式物品与视觉媒材可依研究课题统一讨论、不分品秩，也不须区别其质量的优劣；取代美学范畴而与艺术史相对话的，则是各式各样的文化议题与理论。艺术史与其他学科之间也因"视觉文化"与"物质文化"的崛起，首次出现广阔的交汇地带。

　　20世纪80年代学科建构反省中的另一收获，应为对学科传统的重新认识。相对于先前艺术史学史论著之稀少，[1] 近二十年的成果可谓丰硕许多；在回顾、省思的同时，学界也对早期德、法等国的艺术史重要著作重新整理与翻译。[2] 其中，1991年翻译出版之潘诺夫斯基早年以德语写作关于透视法的著作，前已提及之1996年《十月》关于"视觉文化"的问卷回答，以及1998年英国艺术史重要刊物《艺术史》（Art History）对于当代艺术史家巴克森德尔（Michael Baxandall）早期著作的讨论，在在表明"视觉文化"并非是与艺术史传统无关的外来物。反之，"视觉文化"与艺术史的渊源可谓极为深厚，不仅该词作为有效的研究范畴与分析架构，首见于艺术史书籍，今日更已成为"视觉文化"研究的范例。

　　1983年，加州大学伯克利分校艺术史家阿尔珀斯（Svetlana Alpers）出版的专著《描绘的艺术：十七世纪荷兰艺术》（ The Art of Describing: Dutch Art

---

1　20世纪80年代之前常见的关于艺术史学史的文章仅有克莱因鲍尔（W. Eugene Kleinbauer）一文，该文以平铺直叙的方式回顾20世纪70年代之前的艺术史研究与重要著作，为作者编选之论文集的导论。见 W. Eugene Kleinbauer, *Modern Perspective in Western Art History: An Anthology of 20th Century Writings on Visual Arts* (New York: Holt, Rinehart and Winston, Inc., 1971), pp. 1-60.
2　除了以下将引用的潘诺夫斯基之书外，尚见 Henri Focillon, *The Life of Forms in Art,* trans. by Charles Beecher Hogan and George Kubler (New York: Zone Books, 1989); Alois Riegl, *Problems of Style: Foundations for a History of Ornament,* trans. by Evelyn Kain (Princeton N.J.: Princeton University Press, 1992); Christopher S. Wood, ed., *The Vienna School Reader: Politics and Art Historical Method in the 1930s* (New York: Zone Books, 2000). 第一本为旧译本之重新编排并加上莫理罗（Jean Molino）的导言。

in the Seventeenth Century），率先以"视觉文化"一词分析视觉范畴的艺术品。该书研究 17 世纪荷兰地区俗世题材绘画，反对沿用以意大利文艺复兴时期宗教、历史绘画为研究对象的图像学式典范。她认为，前者并不具备图像学式的象征意义（例如，蜡烛象征上帝之光、骷髅头象征死亡与世俗的虚荣），反而是当地以视觉表述世界、形构知识的特有文化，与这些极具描述风格的作品更有关联。也就是说，绘画与当时科学上的视觉观念、图像制造器具及技术等与观看有关的知识、实践密切相关，共同形成了荷兰迥异于意大利式的视觉文化。[1]

在此书中，阿尔珀斯明言"视觉文化"一词系借自其同事巴克森德尔。[2] 其实，巴克森德尔本人的著作中并未使用此一词语，唯其 1972 年的成名作《十五世纪意大利的绘画与经验》（*Painting and Experience in Fifteenth-Century Italy*）所提出之"时代之眼"（the period eye）的分析架构，实与"视觉文化"研究的基本课题相通；1980 年出版的对于 15 世纪、16 世纪之交德国木刻的研究，也意图凸显欧洲大陆北部与意大利不同的视觉表现及社会意涵。[3] 这两本专著都被艺术史学者视为"视觉文化"的开山之作，在研究传统中占有不可忽略的位置。[4]

贯穿巴克森德尔书中的"时代之眼"的概念，系探讨文艺复兴时期的意大利或德国为何会形成某种时人皆可理解的特殊艺术形式。除了传统艺术史对于某一地区、时代或派别风格的定性分析外，巴克森德尔更意图寻绎该风格之所以为社会所接受的原因。因此，在《十五世纪意大利的绘画与经验》一书中，巴克森德尔并未刻意标举该时期作品的美学特质或辨别其质量之良莠，而是去探索当时有经济能力赞助及有知识能力要求绘画风格的人如何理

---

1　见 Svetlana Alpers, *The Art of Describing: Dutch Art in the Seventeenth Century* (Chicago: The University of Chicago Press, 1983).

2　其后，阿尔珀斯在填写《十月》的问卷时，也如此回答。见 Svetlana Alpers, "A Response to Visual Culture Questionnaire," *October*, no. 77, p. 27.

3　Michael Baxandall, *Painting and Experience in Fifteenth-Century Italy: A Primer in the Social History of Pictorial Style* (Oxford: Oxford University Press, 1972); *The Limewood Sculptors of Renaissance Germany* (New Haven: Yale University Press, 1980).

4　见 Thomas Dacosta Kaufmann, "A Response to Visual Culture Questionnaire," *October*, no. 77, pp. 45-48.

解当时不同画家及画派的作品。不过，与"赞助型"研究者不同，巴克森德尔并未框定特定的赞助个人或群体，而是在当时社会的各式文化与知识养成中抽出与理解艺术形式相关的部分，如戏剧表演的视觉形式、数学定理对于几何形状的测量等，这些视觉因素共同形成了"时代之眼"。黑格尔唯心史观中抽象且具目的论与统合性的时代精神，在此落实到具体的社会构成与分析方法上，将个别画家的技艺与当时社会的集体视觉文化相连，无怪乎连美国人类学大家格尔茨（Clifford Geertz）及引领现今社会学研究风潮的法国社会学家布迪厄（Pierre Bourdieu）皆对该书有所回应，并据之发展出自身关于文化分析的理论。[1]

同样广受好评的为潘诺夫斯基于 1927 年撰成的《作为象征形式的透视画法》（*Perspective as Symbolic Form*）一书（以下简称《透视》）。[2] 潘诺夫斯基为犹太裔德国人，"二战"前迁移至美国，为当时知识板块自欧洲移转美国之大变动中的一人，其对美国艺术史研究影响之深远，无人能比。据学者研究，潘诺夫斯基迁美后，或因受到英、美学界实证主义的影响，虽有图像学及图意学（iconology）研究方法的提出，但较为刻板与狭窄，已不复早年在德国唯心哲学传统笼罩下的哲学性思辨与宏观视野。[3]《透视》一书正可展现潘诺夫斯基早期在新康德学派哲学家卡西尔（Ernst Cassirer）启发下，对于

---

1　见 Allan Langdale, "Aspects of the Critical Reception and Intellectual History of Baxandall's Concept of the Period Eye," pp. 479-497.

2　Erwin Panofsky, *Perspective as Symbolic Form*, trans. by Christopher S. Wood (New York: Zone Books, 1991).

3　关于图像学与图意学，见 Erwin Panofsky, "Iconography and Iconology: an Introduction to the Study of Renaissance Art," in his *Meaning in Visual Art* (Chicago: The University of Chicago Press, 1982), pp. 26-54; *Studies in Iconology: Humanistic Themes in the Art of the Renaissance* (New York: Harper and Row, 1962); E. H. Gombrich, "Introduction: Aims and Limits of Iconology," in his *Symbolic Images: Studies in the Art of the Renaissance II* (Oxford: Phaidon Press Limited, 1972), pp. 1-25; Keith Moxey, "Panofsky's Concept of 'Iconology' and the Problem of Interpretation in the History of Art," *New Literary History*, no. 17 (1985-1986), pp. 265-274; Brendan Cassidy, ed., *Iconography at the Crossroads*. 关于潘诺夫斯基的生平与学术，见 Michael Podro, *The Critical Historians of Art*, pp. 178-208; Michael Ann Holly, *Panofsky and the Foundations of Art History*; Christopher S. Wood, "Introduction," in Erwin Panofsky, *Perspective as Symbolic Form*, pp. 7-26; Keith Moxey, *The Practice of Theory: Post-Structuralism, Cultural Studies, and Art History* (Ithaca: Cornell University Press, 1994), pp. 65-98.

文化象征形式的思考。[1]该书于1991年被翻译成英文，实现了英语艺术史学界长期以来对于潘诺夫斯基早年作品的期盼。许多学者在形构视觉文化研究时，也大量引述此书，例如芝加哥大学专研文本与影像理论的米歇尔（W. J. T. Mitchell）在提出"图像转向"（pictorial turn）此一蓄意与"语言转向"相区别并标示未来学术研究趋势的宏大概念时，即以该书为讨论重心，引为研究典范。[2]姑且不论其所谓的"图像转向"是否确曾发生，抑或如其所言，艺术史研究将因而成为学界中心，潘诺夫斯基《透视》一书确实为视觉文化研究提出了一条宽阔的康衢，并直接与现今学术界普遍关心的人类认知模式与知识形成等知识论议题相连。

《透视》一书处理西方文艺复兴时期二度空间画面形构出三度空间幻觉的基本原理，也就是统合画面各元素的透视法，认为该时期发展出来的定点透视，只是人类认知与再现世界之多种方法中的一种，既不比古典时期透视法更接近科学真理或视觉真实，也不是人类社会视觉再现由原始平面自然而然进化到视觉空间的终极阶段。换言之，各种透视法之间，既无进步与否、优劣高下的关系，也不是直线的发展过程或画作内部理路的必然走向，而是与当时社会文化的其他范畴相关——在此，潘诺夫斯基举出的多为哲学、数学或认识论。此一角度将"透视"视为恩斯特·卡西尔所谓文化"象征形式"的一种，与其他如数学等象征形式共同表征着当时的文化。因此，在该书中潘诺夫斯基所讨论的并不是个别画家、画派甚至地区风格或特色，而是表现在各艺术家、各式风格及各种媒材上，更具普遍性的观看世界、表征世界的方法。

潘诺夫斯基对于不同类别视觉图像构成原则的讨论，在早一代的德国、奥地利等艺术史家的著作中已可窥见。学者或谓其承继李格尔（Alois Riegl）传统，处理所有图像的形式逻辑与背后的时代推动力；或如沃尔夫林（Heinrich

---

1　潘诺夫斯基与卡西尔的关系，见 Michael Ann Holly, *Panofsky and the Foundations of Art History*, pp. 114-157; Silvia Ferretti, Cassirer, Panofsky, and Warburg, *Symbol, Art, and History*, trans. by Richard Pierce (New Haven: Yale University Press, 1989), pp. 142-160.

2　W. J. T. Mitchell, *Picture Theory*, pp. 11-24.

Wölfflin），触及普遍性的观看形式，跨越绘画、雕刻与建筑之别。[1]可列为德奥艺术史传统第二代的潘诺夫斯基与第一代学者在问学思辨上的传承，并不意外。此外，出身英国的巴克森德尔在写作上述专书时，正任教于瓦尔堡研究所（Warburg Institute）。此一学术机构的前身为德国第一代艺术史家瓦尔堡（Aby Warburg）所建立的研究图书馆，1933年因德国形势恶化而转移至英国。瓦尔堡接受著名文化史家布克哈特（Jacob Burckhardt）对于艺术品与时代特质存有密切关系的看法，在寻思文艺复兴受容古典艺术之整体时代心理时，早已跨越艺术史学科的藩篱，难以传统学科区划加以框限。其后，瓦尔堡研究所的研究取向与著作出版常见此种跨越学科界限、探究文化议题的传统，而巴克森德尔的研究若以文化史相称，当无疑义。[2]

事实上，德奥传统中的艺术史家便有许多人自我定位为文化史家，只不过其研究的对象为艺术品或人造物品，而非文字资料记载中的礼俗、思想观念或文艺风潮。他们希望借由对于物品或图像的了解，寻思文化上的重大议题。瓦尔堡处理各式视觉材料，便很少触及美学特质问题，他认为艺术品一如文献（documents），显示了当时诸多的文化信息。潘诺夫斯基的许多著作，包括最具创意与宏图的《透视》一书便继承此一传统。甚至连一向被归为"形式主义"先锋的李格尔与沃尔夫林等人，在其以风格分析著称的著作中也有宏大的文化蓝图。[3]

---

1　见 Christopher S. Wood, "Introduction," in Erwin Panofsky, *Perspective as Symbolic Form*, pp. 7-26. 李格尔（Alois Riegl）的著作见本书页 017 注 2；沃尔夫林最有名的著作为 *The Principles of Art History: The Problem of the Development of Style in Later Art* (New York: Dover Publications, Inc., 1960).

2　关于瓦尔堡（Aby Warburg）、瓦尔堡图书馆（Warburg Library）及瓦尔堡研究所（Warburg Institute），见 E. H. Gombrich, *Aby Warburg: An Intellectual Biography* (London: Warburg Institute, University of London, 1970); Kurt Forster, "Aby Warburg's History of Art: Collective Memory and the Social Mediation of Images," *Daedalus*, vol. 105, no. 1 (1976), pp. 169-176; Silvia Ferretti, *Cassirer, Panofsky, and Warburg: Symbol, Art, and History*, pp. 1-80; Carlo Ginzburg, "From Aby Warburg to E. H. Gombrich," in his *Clues, Myths, and the Historical Method*, trans. by John and Anne Tedeschi (Baltimore: John Hopkins University Press, 1989), pp. 17-41; K. Forster, "Aby Warburg: His Study of Ritual and Art on Two Continents," *October*, no. 77, pp. 5-20. 第一本书的作者贡布里希（E. H. Gombrich）虽写成瓦尔堡之学术传记，并且成为瓦尔堡研究所的领导者，但对于瓦尔堡式宏大且趋近文化史的艺术史研究并不赞同，见 Silvia Ferretti, "Introduction," pp. xi-xix.

3　关于德奥传统艺术史的研究，除前引诸著作外，尚可见 Joan Hart, "Reinterpreting Wölfflin:

在今日的学术风潮下，重新审视艺术史传统中"视觉"与"文化"的联结，虽不失为艺术史在面对思潮变化时的一个既有传承又可开创新局的选择，但此一选择并非充满乐观信念的阳光大道，舍此即无救赎之法。艺术史家在回答 1996 年《十月》"视觉文化"的问卷时，固有极力倡导者，也有质疑者；后者甚至包括学界中颇富名望且具宏观视野与方法意识的学者，当时任教于耶鲁大学的克劳（Thomas Crow），即为一例。[1] 今日艺术史学界虽有前述跨学科、议题化及理论化的趋势，但许多学者对于此趋势或无力响应，或力图反击；新旧交织并陈，正是学科转变时可以想见的纷纭景象。

以"视觉文化"为例，艺术史家或忧心于传统中关于艺术品真伪判断、质量鉴赏与风格传承等问题将因之而隐晦不彰，或认为"视觉文化"未能正视艺术品在文化中与他种物品不同的特质，或质疑把以视觉为主的当代文化现象投射于 19 世纪之前或非西方文化的研究是否合适，等等。不过，这些问题并非没有解决之道。首先，美国艺术史研究已逐渐分化为学院学者与博物馆学者，后者环绕具体收藏品之真伪与风格的研究，或可承继鉴赏学的传统，成为艺术史研究的基石；此外，艺术品的文化位置或美学价值，若视为不同时空下的历史问题，则其极具研究价值，殆无疑问。至于第三个问题，则牵涉研究者个人的史识与处理角度，并非视觉文化研究的独有难题。即使不谈"视觉文化"此一专门领域，久居学术研究边缘的艺术史，如果要在学院中维持一席之地，必须思考其所生产的知识究竟对其他学科有何意义；而艺术史传统中的文化史取向，正可提供学术发展所需之思辨向度与视野开展。尤其是中国台湾地区的艺术史家，面对艺术史研究长久以来的有限局面，或许比美国艺术史学界更需思考此一问题。

Neo-Kantianism and Hermeneutics," *Art Journal*, vol. 42, no. 4, pp. 292-300; David Castriota, "Annotator's Introduction and Acknowledgments" and "Introduction," in Alois Riegl, *Problems of Style: Foundations for a History of Ornament*, pp. xxv-xxxiii and pp. 3-13; Christopher S. Wood, "Introduction," in Christopher S. Wood, ed., *The Vienna School Reader: Politics and Art Historical Method in the 1930s*, pp. 9-72.

1    克劳（Thomas Crow）现为位于洛杉矶的盖蒂研究所（Getty Research Institute）的主持人，著述丰赡，其中 *Painters and Public Life in Eighteenth-Century Paris* (New Haven: Yale University Press, 1985) 一书屡获艺术史学界大奖。其 *The Intelligence of Art* (Chapel Hill: The University of North Carolina Press, 1999) 讨论艺术史传统兼及人类学，可见其学识之广。

第二章

# 呈现"中国"[1]

## ——晚清参与 1904 年美国圣路易斯万国博览会之研究

## 一、引言：一个历史事件的解读

清光绪三十年（1904），庚子事变后慈禧新政第四年，中国出银七十五万两积极参与在美国圣路易斯（St. Louis）举办之万国博览会。[2] 在此之前，中国虽曾多次参加类似的博览会，然此次费用为历年总和之三倍；以往多任令商人自行参展或由海关、当地使馆策划及派员参加，此次则由政府统筹参展事宜，派遣官方特使团，并首次出现官民合资专为参展而设立的公司。[3] 展出物品印有专刊目录，以物品筹办地分地详尽记载，厚达三百七十余页，[4]

1　本章初稿承蒙诸位学友的帮助与指教，尤其是沈松侨、吉开将人、卡洛·克里斯特、邱澎生、张哲嘉、张建俅、林美莉、吕绍理、张宁、祝平一等，同时谢谢助理、台湾师范大学美研所卢宣妃同学的热忱襄助。笔者在美国圣路易斯密苏里历史学会进行研究期间，多受各馆员及助理的协助，在此谨申谢忱，尤其是卡罗·史密斯（Carol Smith）及艾伦·托马森（Ellen B. Thomasson）二位。另本章二稿曾在"艺术史研讨会"上发表，谢谢与会师友的建议，对于两名匿名审稿人的意见也致上谢忱。

2　此次博览会正式名称为"购买刘易斯安娜纪念博览会"（Louisiana Purchase Exposition），关于筹办缘由，详见下文。

3　见赵佑志：《跃上国际舞台：清季中国参加万国博览会之研究（1866—1911）》，《台湾师范大学历史学报》，第 25 期（1997 年 6 月），页 287—344。

4　见 China. Imperial Commission, Louisiana Purchase Exposition, 1904, *China: Catalogue of the Collection of Chinese Exhibits at the Louisiana Purchase Exposition, St. Louis, 1904* (St. Louis, The Imperial Chinese Commission, Louisiana Purchase Exposition, 1904).

而美籍女画家凯瑟琳·卡尔（Katherine A. Carl）专为参展所绘之巨幅慈禧油画像，也费尽心思自颐和园运至会场展出。[1]博览会历时七个月，4月30日开展、12月1日停展，随即拆毁建筑物，铲平会场，撤离展品，一切犹如过眼烟云。[2]在清末财政困难、岁收入不敷出的情况下，如此兴师动众、大举花费，甚至请出大清国皇太后肖像之举，究竟因由为何？是否达成预期之目的？又有何历史意义？

此一历史事件的解读自然有多种方式，晚清时局下为工商利益、国际交流所作之考虑，已为学者提出。[3]翻阅当时参展的相关文件，自同治朝至清朝覆亡的四十余年间虽有对博览会认识与着重点的差别，考察他国商产、拓展贸易利源、敦睦国际邦谊确实是大清政府所宣称的参展因素，尤其是时间愈后，交流与商业目的愈显。[4]然清廷受邀参加过不下八十次各国举行之各式博览会，为何会对1904年圣路易斯博览会倾注心力？更何况，1895年受邀参加1900年巴黎博览会时，犹等闲视之；[5]1903年大阪举办日本第五回内国劝业博览会

---

1　为了绘制慈禧之肖像，凯瑟琳·卡尔曾入宫居住，宫内称她为柯姑娘，见容龄：《清宫琐记》（北京：北京出版社，1957），页31—38。容龄与其姐德龄曾在慈禧身边四年，对于慈禧晚年的宫中生活多所记载，然德龄其后移民美国，出版的多种回忆录中颇有不实之处，而容龄的《清宫琐记》尚可供采用。见朱家溍：《德龄、容龄所著书中的史实错误》，《故宫博物院院刊》，1982年第4期，页25—46。关于此幅肖像画，笔者曾为文讨论，见 Cheng-hua Wang, "Presenting the Empress Dowager to the World: Cixi's Images and Self-fashioning in Late-Qing Politics," a paper presented at the International Conference "New Directions in Chinese Women's History," Columbia University, New York, February 16-17, 2001.

2　除了"美术宫"（Palace of Fine Arts）的正馆外，全数占地1270亩的会场建筑几乎被拆毁殆尽，此为设计之初的决定。博览会的传统照例仅留下少数建筑物，而"美术宫"后成为圣路易斯美术馆（St. Louis Art Museum）。见 Henry S. Iglauer, "The Demolition of the Louisiana Purchase Exposition of 1904," *Missouri Historical Society Bulletin*, vol. 22, no. 4, part 1 (July 1966), pp. 457-467.

3　除前引赵佑志之文外，可参考古伟瀛：《从"炫奇"、"赛珍"到"交流"、"商战"：中国近代对外关系的一个侧面》，《思与言》，第24卷第3期（1986年9月），页1—18。另马敏一文的角度较广，包含类似观点，见其《中国走向世界的新步幅——清末商品赛会活动述评》，《近代史研究》，1988年第1期，页115—132。

4　清廷参与博览会之档案资料，可见台湾"中研院"近代史研究所收藏之《外交档》中的《各国赛会公会》部分，上引赵佑志、古伟瀛二文，均以此文件为主要资料撰写论文。另中国第一历史档案馆收藏之外务部档案中，亦有当时来往公文等资料，圣路易斯博览会的部分已由汪岳波选编出版，见《晚清赴美参加圣路易斯博览会史料》，《历史档案》，1987年第4期，页22—33。

5　见《各国赛会公会》，《外交档》，01-27-1-（2），"法使照请派员赴巴黎万国赛奇会案提要"。

时,中国虽首次派特使团参与,或因态度勉强,展出面积仅三十五平方米,花费不多。[1]清廷积极参与圣路易斯博览会,或可视为1895年后中国重商主义兴起脉络中的一环,更可置于庚子事变后慈禧振兴工商之新政中讨论。[2]除了重商因素外,美方态度与中、美关系或为更直接的考虑。圣路易斯博览会组织方选派特使至中国热忱邀请,巴瑞特(John Barrett)与许多朝中或地方大员会面,如荣禄、张之洞、袁世凯等人,极力游说,并在宫中举办一公听会,发表邀请演说,蒙慈禧、光绪召见。[3]有学者尚指出,中国对于美国在庚子事变后之协助心怀感谢,[4]中、美关系之友好更可在具体的人际关系上窥见端倪,美国驻华公使康格(E. H. Conger)及其夫人在中国参展的过程中扮演着重要的角色。

1904年的博览会虽为圣路易斯自发之活动,并由该城商人、退休官员及地方精英组成之展览公司负责所有筹办业务,却不能全然视为民间、非官方的活动。美国联邦政府出资五百万美元,邀请各国参加之函件由美国总统署名,而美国各地领事馆参与襄助。[5]庚子事变后美国公使夫妇与中国皇族来往密切,饱经世故的总税务司赫德(Robert Hart)即曾观察到康格家与中国人的关系远

---

1 见《赛会近事》,收入广文编译所:《外交报汇编》(台北:广文书局,1964),第21册,页100—101。另在钱单士厘的记载中,颇为抱怨中国参赛态度导致出物甚少。见钱单士厘:《癸卯旅行记》,收入钟叔河主编:《走向世界丛书》(长沙:岳麓书社,1985),第10册,页688—689。大阪博览会本为日本国内商品展,仅设一参考馆陈列来自他国之物品,约有十余国及地区参加。清廷出物之寡,或须考虑此点。关于该博览会,见芳井敬郎:《第5回内国劝业博のディスプレー》,收入吉田光邦编:《万国博覧会の研究》(京都:思文阁出版,1996),页287—306;Hiroko Takada, "Images of a Modern Nation: Meiji Japan and the Expositions, 1903-1904," pp. 10-23. 此文收入圣路易斯密苏里历史学会(Missouri Historical Society)之图书馆中,未附相关资料,仅知该文完成于1992年4月1日。

2 关于晚清官方工商政策,见李达嘉:《商人与政治——以上海为中心的探讨(1895—1914)》(台北:台湾大学历史学研究所博士论文,1994年6月),页53—91。

3 见 World's Fair Bulletin, vol. 4, no. 3 (January 1903), pp. 24-25. 其中有巴瑞特与荣禄、康格公使、张之洞等人的合照。关于公听会,见 The Forest City, vol. 1, no. 1 (April 14, 1904), p. 268.

4 见赵佑志:《跃上国际舞台:清季中国参加万国博览会之研究(1866—1911)》,页303。

5 见 Billie Snell Jensen, "The World's Fair of 1904: St. Louis Celebrates," in Frances H. Stadler and the Missouri Historical Society, *Louisiana Purchase Exposition: The St. Louis World's Fair of 1904* (St. Louis: Missouri Historical Society, 1979), pp. 5-26; Stephen J. Raiche, "The World's Fair and the New St. Louis, 1896-1904," *Missouri Historical Review*, vol. LXVII, no. 1 (October 1972), pp. 99-121. 关于美国领事馆襄赞之事,见博览会专属之新闻期刊的报道:*World's Fair Bulletin*, vol. 4, no. 2 (December 1902), p. 30.

非他国使馆可比，而其所指的中国人即包括中国派往圣路易斯博览会之特使团团长溥伦、大阪博览会特使团团长载振及伍廷芳等人。[1]据美国方面之资料，中国以溥伦为代表系出自康格的建议，应为信然。[2]溥伦为隐郡王载治之子，父亡，承袭贝子头衔，并奉旨侍读上书房，光绪二十年（1894）因慈禧六十诞辰加封贝勒。溥伦获选为圣路易斯博览会正监督时，年仅三十，既无洋务经验，也未参与国政。回国后，于光绪末年及宣统年间，溥伦屡任要职，包括农工商大臣、国务大臣等，使美经验应有助力。[3]

康格夫人则与慈禧及宫中女眷来往应酬：庚子事变后，慈禧于1902年开始接见外国使节夫人，并在宫中举办外交宴会，女眷如隆裕皇后、瑾妃等人与使节夫人在宴会中交际应对。慈禧也允许皇室妇女参加康格夫人举办之餐聚。康格夫人身为使节夫人团之长，在这些活动中扮演居中协调的角色，与慈禧颇有互动。[4]中国宫廷接受外人进出宫中，情非得已，为庚子事变后之外交权宜。在中外地位不平等的状况下，慈禧等人的心情可以想象。[5]然此中未尝不能发展出有利于中国的情况，例如康格夫人气愤于西方画报中丑化慈禧的讽刺画（caricature），建议慈禧接受柯姑娘绘制肖像，将之送往圣路易斯展览，

---

1　见陈霞飞主编：《中国海关密档：赫德、金登干函电汇编》（北京：中华书局，1990），第7卷，页740。

2　见 *World's Fair Bulletin*, vol. 4, no. 6 (April 1903), p. 32.

3　见金松乔等纂修：《爱新觉罗宗谱》（奉天：爱新觉罗修谱处，1938），宗室甲册，页2—9。承蒙台湾"中研院"近代史研究所魏秀梅女士告知此一资料，谨此致谢。另见杨学琛、周远廉：《清代八旗王公贵族兴衰史》（沈阳：辽宁人民出版社，1986），页420—421。

4　见 Sara Piker Conger, *Letters from China: With Particular Reference to the Empress Dowager and the Women of China* (Chicago: A. C. McClurg and Co., 1910), pp. 217-233; Katherine A. Carl, *With the Empress Dowager of China* (London: KPI Limited, 1986), pp. 165-169; 陈霞飞主编：《中国海关密档：赫德、金登干函电汇编》，第7卷，页318。

5　慈禧曾与外国使节夫人合影，照片中的慈禧将左手置于站于左侧的美国公使夫人手掌中，此姿势应非中国传统宫廷礼节，显然是为了表示亲近与友好，方采此西洋礼节。慈禧之姿势与神情不自然，可能并不习惯。见刘北汜、徐启宪主编：《故宫珍藏人物照片荟萃》（北京：紫禁城出版社，1995），页40。照片之说明未言明该公使夫人的国籍，然对比其他照片，应为康格夫人无误。关于康格之影像，见 Sara Piker Conger, *Letters from China: With Particular Reference to the Empress Dowager and the Women of China*, pp. 40-41. 再者，容龄记载宫中人对于柯姑娘并不喜欢，理由是她脾气不好、举止粗鲁，也批评康格夫人不懂外交礼节，显见对于与之亲近的西洋人并非由衷喜爱。见容龄：《清宫琐记》，页35—38。

有助于慈禧国际社会形象之改善。[1] 当时因义和团事件,西方人甚且称慈禧为"凶手"(murderer)或位高权重、凶悍狡猾的"龙女士"(dragon lady),形象之难堪,可见一斑。[2] 经过一番谈话后,慈禧同意其建议。[3] 柯姑娘入宫生活九个月,与慈禧、隆裕等人互动频繁,完成包括圣路易斯参展品共四幅油画像。[4]

　　评估此次中国参展的成效,可分多方面讨论。从外交角度而言,中国特使不仅提前抵达圣路易斯,亲自安排展出事宜,也大量出席相关仪式,在美国媒体及当地社交活动的能见度恐为外交史上首见。副监督黄开甲(Wong Kai Kah)毕业于耶鲁大学,英文颇佳,又熟知西洋礼节,携带家眷于1903年7月即至圣路易斯,据说为所有参展国家代表住进该地之第一人。黄开甲不仅负责展览场地的选取、"中国馆"(Chinese Pavilion)的建造,也参加社交活动及仪式,重要者包括"中国馆"的破土兴工、慈禧七十岁生日庆典。一如国际外交礼仪,黄开甲的家人广受邀请,与黄开甲共同参与多项活动,身穿大清服饰的黄家夫妇于当地留影,颇受注目。[5] 正监督溥伦因皇族及团长

1　见 Sara Piker Conger, *Letters from China: With Particular Reference to the Empress Dowager and the Women of China*, pp. 247-248.

2　见 Katherine A. Carl, "With the Empress Dowager," *The Century Magazine*, vol. LXX, no. 6 (October 1905), pp. 803-804. 近人研究见邝兆江:《慈禧形象与慈禧研究初探》,《大陆杂志》,第61卷第3期(1980年9月),页104—111。直至1993年,为西方一般读者所写之慈禧传记,仍采用"龙女士"为标题,见 Sterling Seagrave, *Dragon Lady: The Life and Legend of the Last Empress of China* (New York: Alfred A. Knopf., 1993). 另可见当时美、加报刊对于慈禧英文传记的评价,见 Emily MacFarquhar, "The Dowager Got a Bad Rap," *New York Times Book Review* (May 3, 1992), p. 12; John Fraser, "The Wicked Witch of the East," *Saturday Night* (June 1993), pp. 10-11.

3　容龄《清宫琐记》中记载慈禧曾询问西洋油画绘制的过程,可见并非全无疑虑;其后在绘画中,慈禧对于久坐一事不耐烦,唯对于最后结果相当喜欢,见页34、36。根据柯姑娘的回忆录,慈禧对于被画一事并不讨厌,甚至好奇于绘制方式,其间发表有许多意见,主导作品的风格。见 Katherine A. Carl, *With the Empress Dowager of China*, pp. 217、237-238、280-281、287-288、294. 1905年慈禧主动要求另一西洋画家绘其肖像,可见甚为喜欢西洋油画像。见邝兆江:《慈禧写照的续笔:华士·胡博》,《故宫博物院院刊》,2000年第1期,页81—91。

4　关于柯姑娘所绘肖像之数目与今之状况,见汪莱茵:《故宫旧闻轶话》(天津:天津人民出版社,1986),页175—180;《清宫藏照揭秘》(太原:书海出版社,1992),页18—27。作者以为圣路易斯参展油画像仍在美国,事实上自20世纪60年代中期始,此作长期借存台北历史博物馆。见罗焕光:《清慈禧画像》,《历史文物》,第5卷第5期(1995年12月),页108。

5　见 *World's Fair Bulletin*, vol. 4, no. 10 (August 1903), pp. 2-4; vol. 4, no. 12 (October 1903), pp. 2-6; *The Forest City*, vol. 1, no. 1, p. 268.

身份更受礼遇，大会特别安排雕琢精美之四轮马车供其乘用，来往犹如欧洲贵族。首次出国的溥伦的一举一动广受注目，包括住处、膳食等生活细节均见详细报道，尤其偏重其勇于尝试西方文化的一面。无论文字报道还是留下之影像皆可证明，溥伦的出镜率似乎远高于包括男爵在内的日本特使团，以及于 1904 年底访问博览会的伏见亲王（Prince Fushimi）。相对于日本人全面的西式装扮，清廷对于传统服饰及发式的坚持，反而使特使团代表在圣路易斯成为众人好奇、观看的对象，媒体不仅仔细描绘甚至形容其为如图画一般（picturesque）之景象。[1] 中国特使的"异国风味"（exoticism）带来了极高的"可看性"，而清廷首次以政府名义参加博览会之举，显然得到美国社会的认可，溥伦的表现一如英国皇室成员，在美期间虽未肩负实际工作，然以其身份具有代表国家之象征意义，密集出现在大众面前，成为观看与品评的对象。[2]

　　远在北京的慈禧并未亲自出席博览会，但因其油画扮演着与溥伦类似的角色，中国皇室成员在国际舞台上似乎正转型成为众人熟知其身影、日常谈论其琐事的名人（celebrity）。慈禧画像以柯姑娘美籍画家身份受展于"美术宫"（Palace of Art）中美国绘画部门，而中国于此展览场地全然缺席。[3] 虽然如此，因像主身份特殊，仍受极大礼遇。因慈禧贵为皇太后，画像在搬运途

---

1　例如，*World's Fair Bulletin*, vol. 4, no. 5 (March 1903), pp. 33-34; vol. 5, no. 1 (November 1903), p. 22; vol. 5, no. 2 (December 1903), pp. 20-22、27; vol. 5, no. 8 (June 1904), p. 71; vol. 5, no. 9 (July 1904), p. 28; vol. 6, no. 2 (December 1904), p. 6; John Wesley Hanson, *The Official History of the Fair* (St. Louis: JWH and the St. Louis Fair Officials, 1904), p. 214; Mark Bennitt, ed., *History of the Louisiana Purchase Exposition: St. Louis World's Fair of 1904* (St. Louis: Universal Exposition Publishing Co., 1905), p. 285、288; Robert A. Reid, *Sights, Scenes and Wonders at the World's Fair* (St. Louis: Official Photographic Company, 1904), 未标明页码。另外，美国当时有名的杂志在报导博览会的新闻中，可见中国特使的照片，如 *The Cosmopolitan*, vol. XXXVII, no. 5 (September 1904), p. 492、505.
2　据来往公文，溥伦在国内时主导筹展业务，但自 1904 年 1 月经日赴美后，在美六个月期间，似乎全为拜会与仪式活动，博览会未结束，他已整装回国。关于博览会业务，详见下文。溥伦在美日期，见《各国赛会公会》，《外交档》，02-20-2-（1），"美国散鲁伊斯庆贺购得鲁义地方百年纪念万国赛会案目录"。
3　关于中国参展品的内容与所在位置详见下文之讨论，而中国在"美术宫"中未有参展品一事，可以圣路易斯博览会之官方目录证明之，见 *Official Catalogue of Exhibits, Universal Exposition, St. Louis, 1904* (St. Louis: The Official Catalogue Company, 1904); *Official Catalogue of Exhibitors, Universal Exposition, St. Louis, 1904, Division of Exhibits, Department B, Art* (St. Louis: The Official Catalogue Company, 1904).

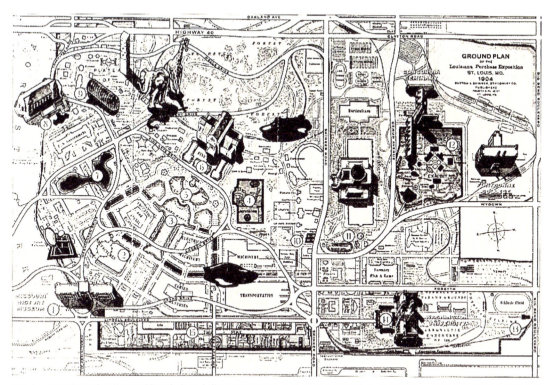

图2.1 1904年圣路易斯万国博览会会场今昔对照平面图（立体显示的建筑物为今日样貌。标号⑥为博览会中的 "美术宫"；③、⑤、⑥连成之直线为会场设计的中轴线；⑮为 "大道"。此图原为纪念品，售于密苏里历史学会所办之博览会回顾展）

中覆有象征皇室之黄色丝绸，至圣路易斯后举行揭幕仪式；仪式由溥伦主持，为博览会中的正式仪式。[1] 至于画像所置之处，他们亦考虑到慈禧之地位，将之置于该宫正馆的重要位置。展览绘画及雕刻的 "美术宫" 位于博览会扇形设计的中轴之顶端，又居于隆起之小丘上，此处可统摄全场。此宫本是全会场最重要之处，以此象征人类文明之极，超过其他如 "电力与机械宫"（Palace of Electricity and Machinery）或 "运输宫"（Palace of Transportation）等所代表的工业文明（图 2.1）。"美术宫" 有四栋建筑，分别为正馆、东馆、西馆及雕刻馆，四馆组成一四方形（图 2.2）。正馆面向中轴线，以美国绘画为主要展品，慈禧画像位于第十八展览室之东北角，尺幅远大于邻近作品（图 2.3、

1 Mark Bennitt, ed., *History of the Louisiana Purchase Exposition: St. Louis World's Fair of 1904*, pp. 291-292; *World's Fair Bulletin*, vol. 5, no. 9, p. 28.

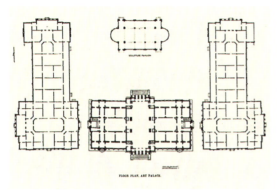 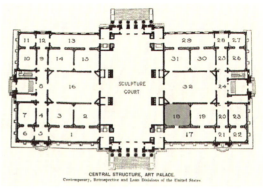

图2.2　圣路易斯万国博览会"美术宫"平面图　　　　图2.3　圣路易斯万国博览会"美术宫"正馆平面图

图2.4）。[1] 以上种种，皆可见慈禧画像之特别，而相关书写及报道只要提及中国参展之事，多言及此一画像，其中若干记载甚且明言其广受欢迎与赞美，未见恶意之辞。[2] 以此观之，慈禧意图改善自己形象的做法，似乎颇为成功。

　　中国特使团与慈禧肖像所受之欢迎未必延伸至同时出现在圣路易斯的中国参展商人与工匠，上层阶级在外交上被广泛接

图2.4　圣路易斯万国博览会"美术宫"中慈禧画像实际展出情况

纳，并不一定代表美国各界对于中国人长期以来的歧视会为之改观。众所周知，西方人对于中国的态度自19世纪转向极端的负面，19世纪末的美国不仅通过排华法案（Chinese Exclusion Act）限制、打压华人，而且通过小说、戏剧、

---

1　见 *Official Catalogue of Exhibitors, Universal Exposition, St. Louis, 1904, Division of Exhibits, Department B, Art*, 平面图部分；Frank Parker Stockbridge, ed., *The Art Gallery of the Universal Exposition* (St. Louis: Universal Exposition Publishing Co., 1905), p. 31.

2　见 Frank Parker Stockbridge, ed., *The Art Gallery of the Universal Exposition*, p. 31; J. W. Buel, ed., *Louisiana and the Fair: An Exposition of the World, Its People and Their Achievements* (St. Louis: World's Progress Publishing Co., 1904), vol. 5, pp. 1671-1682; vol. 6, pp. 2134-2138; vol. 9, pp. 3441-3442、3449-3450; Mark Bennitt, ed., *History of the Louisiana Purchase Exposition: St. Louis World's Fair of 1904*, pp. 287-298、560-561; *World's Fair Bulletin*, vol. 5, no. 4 (February 1904), pp. 42-43; vol. 5, no. 9, pp. 28, 88; Martha R. Clevenger, ed., *"Indescribably Grand": Diaries and Letters from the 1904 World's Fair* (St. Louis: Missouri Historical Society Press, 1996), pp. 58、84、87-90、101、104.

新闻报道等大众媒体丑化中国之例亦屡见不鲜。[1] 清政府未尝不知此事，1902年应允参加圣路易斯博览会后，也严词要求华人赴会进口章程必须修改。[2] 圣路易斯万国博览会组织方为了使中国顺利参展，特别向美国政府申请中国商人及工匠之入境许可。[3] 然而，这些非外交成员之一般中国民众仍在旧金山海关、圣路易斯受到不友善的待遇，不但入境时颇受刁难，到圣路易斯后还须每日报到，表明自己行踪，且新闻媒体的歧视依然如故。[4]

外交上的种种状况犹可自美方反应得知，商业利益则难以评估。万国博览会确实有推广商业的目的，除了"美术宫"中的"精致艺术"非卖外，圣路易斯博览会中许多参展品均附有卷标，明示价格，观者可当场购买，等到博览会结束后再提领货品。[5] 如此看来，博览会宛如今之大卖场，万物皆有其价，参观者与参展者之间可自由买卖，由博览会组织者提供陈设场地。从圣路易斯博览会近两千万的参观人次来看，确实商机诱人。[6] 然若细细推敲，情形未必如此简单。

中国参展品的销售状况缺乏明确记载，仅能自相关资料推断。首先，中国参展品往往价格惊人，见诸资料，便宜者亦达 70 美元，昂贵者更是动辄成

---

1　James S. Moy, *Marginal Sights: Staging the Chinese in America* (Iowa City: The University of Iowa Press, 1993), pp. 48-63.

2　见《各国赛会公会》，《外交档》，02-20-2-（1），"美国散鲁伊斯庆贺购得鲁义地方百年纪念万国赛会案提要"。另美国学者 Robert W. Rydell 认为，清廷早在 1893 年芝加哥博览会时，即因抗议"排华法案"而未遣代表。见其 *All the World's a Fair: Visions of Empire at American International Expositions, 1876-1916* (Chicago: The University of Chicago Press, 1984), pp. 49-50.

3　见 *World's Fair Bulletin*, vol. 3, no. 8 (June 1902), p. 15.

4　见 Sue Bradford Edwards, "Imperial East Meets Democratic West: The St. Louis Press and the Fair's Chinese Delegation," *Gateway Heritage*, vol. 17, no. 2 (Fall 1996), pp. 32-41.

5　见 Martha R. Clevenger, ed., *"Indescribably Grand": Diaries and Letters from the 1904 World's Fair*, pp. 84、93、114、139; Mark Bennitt, ed., *History of the Louisiana Purchase Exposition: St. Louis World's Fair of 1904*, p. 296. 自密苏里历史学会所藏之圣路易斯博览会档案照片，亦可见若干中国参展品附有纸卡，或即价钱卷标。清政府于 1905 年订定"出洋赛会通行简章"，其中规定陈列之物若已为人订购而尚在会场者，需用洋文注明。见《各国赛会公会》，《外交档》，02-20-18-（2），"一九〇五年比国黎业斯万国各种赛会"。此一要求保留至正式章程中，见《商部新订出洋赛会章程》，收入宪政编查馆辑录：《大清法规大全》，实业部，第 2 册（出版地不详：政学社，1911），页 1 下。

6　见 John E. Findling, ed., *Historical Dictionary of World's Fair and Exposition, 1851-1988* (N. Y.: Greenwood Press, Inc., 1990), Appendix A.

千上万。[1] 以当年美国消费水平观之，博览会入场费仅 50
美分，寻常中产阶层男性之月收入约为 60 美元，可见中国
参展品不啻天价，而博览会参观群众绝大多数为中产及劳
工阶层，恐非他们所能负担。[2] 由今日尚存于圣路易斯地区
的中国参展品，即可见其造价之昂贵，例如密苏里州历史
博物馆（Missouri History Museum）收藏之桌椅组合，以
紫檀木镶嵌白木纹饰，漆面光滑，做工繁复，所费恐不赀（图
2.5）。[3] 此外，在该博物馆所办之圣路易斯博览会回顾展中，
可见中国瓷盘、瓷瓶，皆为当地人家父祖辈当年参观博览
会携回之纪念品。此类物品尺寸小、制作粗糙，未必为中
国官方送展之参展品，比较可能的是博览会之娱乐地带"大
道"（The Pike）中的"中国村"（Chinese Village）或卖或赠的纪念品，价
格低廉，与正式参展的紫檀桌椅比较，差别立见。[4]

图2.5　圣路易斯万国博览会中国参
展品：宁波桌椅组合

---

1　例如 Martha R. Clevenger, ed., *"Indescribably Grand": Diaries and Letters from the 1904 World's Fair*, pp. 84、114; China. Imperial Commission, Louisiana Purchase Exposition, 1904, *China: Catalogue of the Collection of Chinese Exhibits at the Louisiana Purchase Exposition*, pp. 7-8、63.

2　参观圣路易斯博览会的美国观众留有若干日记及书信，其中一位男性木匠甚至记下了每日的花费：在参观的 17 次中，花费最多的一次仅为 9.11 美元，而且包括 5 位成人；17 次的总花费不过 35 美元左右。另有一位男性簿记员虽然喜欢一日本铜制花瓶，但因价格 175 美元为其三个月薪水而望瓶兴叹。见 Martha R. Clevenger, ed., *"Indescribably Grand": Diaries and Letters from the 1904 World's Fair*, p. 117、139. 关于此二人的身份，见 Martha R. Clevenger, "Through Western Eyes: Americans Encounter Asians at the Fair," *Gateway Heritage*, vol. 17, no. 2 (Fall 1996), pp. 43-44.

3　关于此件桌椅组合，见 Andrew Van Der Tuin, "Recent Acquisition," *Missouri Historical Society Bulletin*, vol. XXXIV (April 1978), pp. 176-177. 根据密苏里历史学会收藏品的档案，此套桌椅的捐赠者说，此乃其父购自于旧金山的古董商，该捐赠者声称此作来自圣路易斯博览会。经过密苏里历史学会研究后，认为其与中国参展目录中的关于宁波家具的记载十分接近，所以接受其说法。中国参展目录中关于宁波家具的记载，见 China. Imperial Commission, Louisiana Purchase Exposition, 1904, *China: Catalogue of the Collection of Chinese Exhibits at the Louisiana Purchase Exposition*, pp. 239-241. 此套桌椅即使未必真正参展，但与宁波参展家具风格类似，可见照片，Mark Bennitt, ed., *History of the Louisiana Purchase Exposition: St. Louis World's Fair of 1904*, p. 293.

4　笔者曾于 2001 年 7 月 5 日左右参观该博物馆所办之"1904 年万国博览会"展览，并与该馆策展人讨论展出品。关于"大道"所出售或赠送的纪念品，可见 Martha R. Clevenger, ed., *"Indescribably Grand": Diaries and Letters from the 1904 World's Fair*, p. 104; Robert L. Hendershott, *The 1904 St. Louis World's Fair: The Louisiana Purchase Exposition Mementos and Memorabilia* (Iola, Wisconsin: Kurt R. Krueger Publishing, 1994).

中国参展品除了由港口、地方政府征集而来，各地私人公司亦有，外国贸易商若有兴趣应可订购，例如上海茶磁公司的茶叶因得奖而与纽约一茶行签订长期交易合同。[1] 参展目录以英文印制，随展贩卖，可供日后买货参考。[2] 然而，日本专为博览会参展设置之协会担负与潜在买主日后联络之责，[3] 未闻中国有此措施。更甚者，博览会后，圣路易斯博览会中的许多展品随即被运至比利时，以充实次年之列日博览会。圣路易斯博览会销售不佳之状，可以想见。[4] 据闻以溥伦夏日所居宅邸为本而建成之"中国馆"，虽耗费135000美元（银45万两），展完后整体建筑及内部装潢、家具被献给博览会筹办公司之总裁戴维·弗朗西斯（David R. Francis），永志中国参展之谊。[5] 慈禧肖像亦以中美邦谊为名赠与美国政府，随后被收藏于国立美国历史博物馆（National Museum of American History）。[6] 与博览会主办方会后广卖建筑拆卸物、甚至于拆毁过程中收取门票开放参观的做法比较，[7] 商机似乎不是清政府优先之考虑。

检讨清廷参展之利害得失并非本章之目的，然上述以外交收获与商业利益的角度所进行之考察，已显示出其局限性。中文学界若干关于晚清时期清政府参加万国博览会的研究，所用资料以清廷档案为主，虽有整理之功，综览历史发展也有其贡献，但其呈现的是公文文书中的"显性"官方说法，处

1　见马敏：《中国走向世界的新步幅——清末商品赛会活动述评》，页120。

2　见《各国赛会公会》，《外交档》，02-20-18-（2），"一九〇五年比国黎业斯万国各种赛会"。参展目录之出售似乎为博览会惯例，见《详述华商河内赛会情形》，收入广文编译所：《外交报汇编》，第21册，页65—66。

3　见 Hiroko Takada, "Image of a Modern Nation: Meiji Japan and the Expositions, 1903-1904," pp. 43-44.

4　见陈霞飞主编：《中国海关密档：赫德、金登干函电汇编》，第7卷，页757、759；《各国赛会公会》，《外交档》，01-27-1-（2），"比国黎业斯万国各种赛会案提要"。

5　见《各国赛会公会》，《外交档》，02-20-3-（2），"散鲁伊斯会"。美方说法见 Barbara Vennman, "Dragons, Dummies, and Royals: China at American World's Fairs, 1876-1904," *Gateway Heritage*, vol. 17, no. 2 (Fall 1996), p. 27. 副监督黄开甲会后决定捐赠拆卸后不值钱之物给圣路易斯城，此种捐赠似乎为晚清中国参加博览会之惯例，见赵佑志：《跃上国际舞台：清季中国参加万国博览会之研究》，页20。

6　见《各国赛会公会》，《外交档》，02-20-2-（1），"美国散鲁伊斯庆贺购得鲁义地方百年纪念万国赛会案提要"。此画后被转至美国艺术博物馆（American Art Museum），20世纪60年代中蒋复璁赴美获知此作，商借至台北，见本书页027注4及 *Inventories of American Painting and Sculpture*，网址为 http://nmaa_ryder.si.edu.

7　见 Henry S. Iglauer, "The Demolition of the Louisiana Purchase Exposition of 1904," pp. 457-461.

理的重点偏于外交、商业实利等具体可见的部分，较少涉及其他议题。[1] 较为不同的是学者马敏一文，其所援引之材料较触及文化交流与价值观改变等议题，值得参考。[2]

事实上，若翻阅当年之参展目录，所有送展物品无法全从"实利"角度解释，例如城市景观照片、中国各地地图、婚丧典礼之模型、各式服饰、古铜器、度量衡器具、历代钱币及《三国志》、《聊斋志异》等中文书籍。[3] 即使是由公司行号所出、可供买卖的货品，一如前言，商业利益也难以计算。再者，外交不只是敦睦邦谊，商业涉及之广也非买卖计利而已。前言溥伦、慈禧等清朝皇室成员承担外交职责并作为名人出现，即已跨出敦睦邦谊之范畴，大清皇室进入西方主导的现代世界后，自然被视为与欧洲皇室同质之群体，皇室在运行国际惯例的同时，在域内的形象塑造、权力基础与性质是否随之改变等亦为需考量之处。另外，中国参展品中无法被归类为商品的部分，事实上多为呈现生活习俗、地理景观或历史文化之相关物品，其所表述的并非大清国某个特殊部门或面向，而是无法再分割的"中国"。即使是讨论参展品中的货品，也必须面对美国市场需求的课题，包括中国异国风味、中国在西方的形象等，何尝不涉及中国在西方的呈现，传统以商业史为视角的研究显然难以涵盖。

以上的课题皆牵涉不同文化的交涉，万国博览会本属于西方世界之发明，观者又多为西方人，中国涉足其中，等于是进入西方安排好的秩序中呈现"自己"，此一"自己"也就是与主办国美国以及其他多个参展国所形成之国际社会相对而产生的"中国"。如此来看，博览会主办国与参展国自有其外交与商业考虑，但清政府参与博览会的历史意义需要更深刻的思考。本章试图

---

1　古伟瀛一文中提及中国"经济民族主义"，但未深入探讨。见其《从"炫奇"、"赛珍"到"交流"、"商战"：中国近代对外关系的一个侧面》，页 266。

2　见马敏：《中国走向世界的新步幅——清末商品赛会活动述评》，页 115—132。另中文学界以文化史角度研究博览会的成果，可见吕绍理：《始政四十周年纪念博览会之研究》，《北台湾乡土文化学术研讨会论文集》（台北：政治大学历史系，2000），页 325—353；《展示台湾：1903 年大阪内国劝业博览会台湾馆之研究》，《台湾史研究》，第 9 卷第 2 期（2002 年 12 月），页 103—144。

3　例如 China. Imperial Commission, Louisiana Purchase Exposition, 1904, *China: Catalogue of the Collection of Chinese Exhibits at the Louisiana Purchase Exposition*, pp. 1-2、29-32、39-49、111-116、137-139.

从文化史的角度进行研究，同时参照中文档案与美国机构所存资料，包括圣路易斯博览会之参展目录，以及主办方、美国大众媒体或出版商所出版或保存的图像、文字资料，将对此一历史事件之解读一则置于晚清的时空脉络中，一则置于国际社会举办万国博览会的历史情境中。在不同文化的多向观照中，本章希望借由了解博览会的复杂面向及圣路易斯博览会的主旨、设计等，进而考察清政府如何在一西方的情境中呈现"中国"。也就是说，假设"中国"并非指向一本质性的范畴、具有永恒不变的特质，而是相应于特殊历史时空下经由自我与他者的对应、协调关系而来的混合产物，探讨此种呈现重要的是架构出一特殊的历史时空，观察"中国"处于其中的种种细节。尤其是圣路易斯博览会中的中国与他者具有多重的对应关系，他者可以是美国、西方或如日本等参展国，而"中国"本身也非一同质体，展览主导者的国籍、单位互异。处理如此多线交织、歧异复杂的课题，本章将落实至博览会现场参展品的内容及陈列方式，以此讨论"中国"形象的呈现。以下即回溯到博览会发生的场所（site），观察"中国"所面对的西方情境。

## 二、何谓万国博览会：以圣路易斯博览会为主的讨论

万国博览会（美国称之为 world's fair，英国称之为 great exhibition，法国称之为 exposition universelle）总结了 19 世纪中期以来现代文化所有的意象与课题，学者称之为多重象征体系（symbolic universes），允为适宜。[1] 在圣路易斯博览会中，万物具陈眼前，无一不新奇，无一不是现代性的象征，例如工业革命后使用新能源的陆空运输工具，以及来自远方因帝国势力扩张方能目睹的"原始部族"。即使是展后随即拆毁的会场也是：博览会十多栋主要建筑看似庄严堂皇，外饰繁丽，入夜后随着电力输送而彻夜彩灯辉映，炫人耳目。但这些建筑却以石膏材质（staff）建成，入冬即碎，难以长久。[2] 表面

---

1　见 Robert W. Rydell, *All the World's a Fair: Visions of Empire at American International Expositions, 1876-1916*, p. 2.

2　见 Billie Snell Jensen, "The World's Fair of 1904: St. Louis Celebrates," p. 25; Henry S. Iglauer, "The Demolition of the Louisiana Purchase Exposition of 1904," p. 458.

如真，风光闪耀，而内部简陋，耗材低廉，一如电影拍摄布景，虚构短暂，展演文化（exhibition culture）于此发挥至极致。此种华美片刻、浮光掠影的现世乐土，营造出无数引人观看（spectacular）、真实与不真实交界暧昧的景象，为现代最终之象征。再者，博览会所牵涉的历史课题丰饶复杂，举凡资本主义的发展、国际贸易与新型外交场域、商品经济与消费、展演文化的萌发、各国自我定位与呈现、帝国主义的权力展示、现代化城市的蓝图等，均为探究现代世界政治、经济、社会、文化等面向的重要切入点，自此可体现"现代"此一巨大聚合体难以名状的若干枢纽。

据研究，万国博览会兴起于 18 世纪中期后英、法两国国内的商品及艺术品陈列活动，以此刺激工商业的繁荣。[1] 具有普世性质的万国博览会则源于英国 1851 年的"水晶宫博览会"（习称 Crystal Palace Exhibition，全名为 Great Exhibition of the Works of Industry of All Nations），自此后，举世投入博览会之设立，并竞相以规模、参与国数目等较劲，尤以英、法、美三国为烈。盛况持续近百年，于"二战"爆发后方见消萎，其间较具规模者约八十，若全数算入，不下三百。[2] 因此，将 19 世纪中至"二战"前称为"博览会世纪"，并不为过。

工业先进国广设博览会，有其原因，初衷是为促进国内商业及国际贸易，以经济原因为主，[3] 但一如许多经济活动及机制并非单纯地买进卖出、互通有无，全以金钱之多寡为依归。万国博览会自始即涉及国家的定义、国势的展现及文化的宣扬，尤其自 19 世纪中期以来，英、美、日等强国一则对内形构统一且同构型的民族国家，强调基于共同的民族特性而来的国家特色；同时，对外则以民族国家形式为基础，展现个别的特色，尽力彰显自身与他国的差别，

---

1　见 Paul Greenhalgh, *Ephemeral Vistas: The Expositions Universelles, Great Exhibitions, and World's Fairs, 1851-1939* (Manchester, U.K.: Manchester University Press, 1988), pp. 3-10.

2　见 John E. Findling, ed., *Historical Dictionary of World's Fairs and Expositions, 1851-1988*, pp. 376-381、395-402. "二战"后，万国博览会已不如之前盛行，但近如 20 世纪 90 年代或甚至世纪末之 2000 年，仍有欧陆多国举办过万国博览会。见 Robert W. Rydell, John E. Findling, and Kimberly D. Pelle, *Fair America: World's Fair in the United States* (Washington, DC: Smithsonian Institution Press, 2000), p. 4.

3　Paul Greenhalgh, *Ephemeral Vistas: The Expositions Universelles, Great Exhibitions, and World's Fairs*, 1851-1939, pp. 10-11.

并在此差别中寻求国势的展现。在国家之间竞争激烈的国际局势中，万国博览会遂成为各民族国家总体表现之竞技场。例如，法国在大革命后，即着力于定义 "法国性"（Frenchness），对国家特色的意识远早于海峡对岸的竞争对手——英国。在王朝政治形式的君主无法继续象征法国时，艺术取而代之，成为标示 "法国性" 的焦点。此一新的国家象征贯穿于法国所举办的万国博览会中，这些博览会皆强调艺术的重要性，考虑如何以建筑形式、内部装潢与展出的艺术品彰显 "法国性"，尤以 1900 年的巴黎博览会为最。[1]

　　反之，博览会的展出形式也给予参展国一个思考自己国家属性的机会，要求其展现民族国家定义下所应有的国家文化特色。日本虽非博览会之起始国，但堪称为 "博览会世纪" 中的胜出者。自 1867 年日本积极参与法国巴黎博览会以来，借着对外的展示，逐渐建构起 "日本国" 及 "日本文化"，刻意标示出的若干文化特质，如精致的工艺传统等，颇得国际社会的认同。[2] 万国博览会既然为国家整体国势的展示地，竞争在所难免，也与国际局势息息相关。1904 年，当日俄战争荼毒中国东北时，同时在圣路易斯的博览会会场上日本的文宣品流传，更因宣传上的优势，日本甚至夺取俄国原应有的参展空间。简言之，博览会会场成为日俄战争的另一个 "战场"，两者争夺的是国际社会的舆论与象征国力大小的展示空间。[3]

---

1　Paul Greenhalgh, *Ephemeral Vistas: The Expositions Universelles, Great Exhibitions, and World's Fairs*, 1851-1939, pp. 15-24、112-139。另见 James Gilbert, "World's Fairs as Historical Events," in Robert W. Rydell and Nancy Gwinn, eds., *Fair Representations: World's Fairs and the Modern World* (Amsterdam: VU University Press, 1994), pp. 20-22; Debora L. Silverman, "Conclusion: The 1900 Paris Exhibition," in her *Art Nouveau in Fin-de-Siècle France: Politics, Psychology, and Style* (Berkeley: University of California Press, 1989), pp. 284-314. 谢谢台湾大学历史系刘巧楣教授告知 Debora L. Silverman 之书。此处并谢谢审查人的提醒，法国因工业弱势，难以与英国抗衡，故取艺术为立国重镇。

2　见 Richard L. Wilson, *The Potter's Brush: The Kenzan Style in Japanese Ceramics* (Washington D.C.: The Smithsonian Institution, 2001), pp. 22-39. 谢谢耶鲁大学艺术史系博士赖毓芝提供此一书目。另见 Ellen P. Conant, "Refractions of the Rising Sun: Japan's Participation in International Exhibitions 1862-1910," in Tomoko Sato and Toshio Watanabe, eds., *Japan and Britain: An Aesthetic Dialogue 1850-1930* (London: Lund Humphries, 1991), pp. 79-92; Carol Ann Christ, "Japan's Seven Acres: Politics and Aesthetics at the 1904 Louisiana Purchase Exposition," *Gateway Heritage*, vol. 17, no. 2 (Fall 1996), pp. 3-15; "'The Sole Guardians of the Art Inheritance of Asia': Japan at the 1904 St. Louis World's Fair," *Positions: East Asia Cultures Critique*, vol. 8, no. 3 (Winter 2000), pp. 675-711.

3　除了上引 Carol Ann Christ 二文外，尚可见 Robert C. Williams, "'The Russians Are Coming!':

再者，若跨越国界藩篱，西方世界一世纪以来对于人类未来将因工业的发展、知识的提升、文明的进化而更趋向进步美好的乐观信念，也具体呈现在博览会的举办宗旨、整体设计及展出内容上，例如各博览会除了推展商业外，莫不将世界和平、文明进化及大众教育列为筹设目标。[1] 上述信念与帝国主义之意识形态实为表里：为了全人类文明之进化，以欧美白种人为主的强国剥削弱势民族及国家的做法，成为自然之理，无须怀疑；而博览会则是帝国欲望的最佳表征，具体而微地可视化帝国的意识形态与种族优越感。[2]1889 年巴黎博览会中的"开罗街"（la rue du Caire）在模拟与窃占真实之中自有法兰西帝国对于埃及的想望，[3] 更甚者，殖民地人种的展示几乎贯穿博览会的历史，殖民母国帝国权力的展现与博览会大众教育、文明进化等宗旨紧密叠合，难以厘清彼此的分别。[4] 以教育遂行意识形态的内化并非博览会之创举，而博览会的特别之处在于涵化的形式有别于前。无论是"开罗街"还是印第安人特区的生活展览，皆着眼于视觉、听觉等感官娱乐，以观看异民族异于己身的生活为中心，有权观看的人借视觉的宰制建构种族与文化的优越感。[5]

---

Art and Politics at the Louisiana Purchase Exposition," in Frances H. Stadler and the Missouri Historical Society, *Louisiana Purchase Exposition: The St. Louis World's Fair of 1904*, pp. 70-93.

1　见 Paul Greenhalgh, *Ephemeral Vistas: The Expositions Universelles, Great Exhibitions, and World's Fairs, 1851-1939*, pp. 16-24.

2　可见 Robert W. Rydell 一书中对于美国数个大型博览会的研究，尤其是 1876 年费城、1893 年芝加哥、1904 年圣路易斯博览会。见其 *All the World's a Fair: Visions of Empire at American International Expositions, 1876-1916*, "Introduction" and chapters 1、2、6.

3　见 Timothy Mitchell, *Colonizing Egypt* (Berkeley: The University of California Press, 1991), pp. ix-xvi, 1-33; Timothy Mitchell, "Orientalism and the Exhibitionary Order," in Nicholas B. Dirks, ed., *Colonialism and Culture* (Ann Arbor: University of Michigan Press, 1992), pp. 290-292.

4　见 Burton Benedict, "Rituals of Representation: Ethnic Stereotypes and Colonized Peoples at World's Fair," in Robert W. Rydell and Nancy Gwinn, eds., *Fair Representations: World's Fairs and the Modern World*, pp. 28-60.

5　因主办国之不同，各博览会对于教育与娱乐之微妙关系看法互异。英国认为二者难以互容，即使是能吸引大众目光、较具娱乐性质的展示项目，亦必须强调教育功能；法国对于过于娱乐化的人种展示并不以为意，未有教育与娱乐必须区分的观念；而美国博览会中负责人种展示的人类学家，往往对于自己筹办的人种展太过于接近娱乐性质的怪物展（freak show）而忧心忡忡。见 Paul Greenhalgh, "Education, Entertainment and Politics: Lessons from the Great International Exhibition," in Peter Vergo, ed., *The New Museology* (London: Reaktion Books Ltd., 1989), pp. 75-98. 关于美国的状况，见 Robert W. Rydell, *All the World's a Fair: Visions of Empire at American International Expositions, 1876-1916*, pp. 56-68.

　　圣路易斯博览会举行之 1904 年，距 19 世纪中叶举办的"水晶宫博览会"已有五十余年，美国在此之前也有五次举办大型万国博览会的经验，圣路易斯博览会主办方面对如此强大的传统，自然苦思如何超越。尤其是 1893 年的芝加哥博览会（The Worls's Columbian Exposition），原为纪念哥伦布登陆美洲四百周年，申办之初，圣路易斯亦极力争取，然败于芝加哥。圣路易斯与芝加哥久争中西部第一大城之地位，适逢美国自法国手中购买土地的百年纪念，遂以之名举办博览会，期望借此提升城市之声望与地位。[1] 在众多辉煌的前例面前，圣路易斯博览会采取的策略是规模更大、容纳更多，除了占地最广、建筑物尺度宏伟外，以往各博览会留下之重要传统一并收受，甚至加以扩大，例如万灯齐照的夜景、具有观景点功能的超高地标、长街形式的娱乐地带以及活生生的人种展览等。[2] 因此即使 1889 年巴黎博览会率先采用灯光照明及部落生活展示、1893 年芝加哥博览会正式将一长条形的娱乐地带纳入博览会设计中，圣路易斯博览会皆超过原有之规模，足可夸示为历来之冠。[3]

　　圣路易斯博览会筹建之初即希望展示人类文明的总和，弗朗西斯在开幕演讲中甚至指出，如果地球上的文明遭到毁灭，只要留下博览会，便可重建文明，可见其百科全书式的全览特质。[4] 此种求多求全的做法已在较早的博览会中见到，例如 1876 年庆祝美国独立百年纪念的费城博览会（The Centennial Exhibition）即将显示人类文明进步的物品分成七大类，1889 年巴黎博览会以"活的百科全书"（living encyclopedia）为目标将参展品分成九类。[5] 圣路

---

1　Paul Greenhalgh, *Ephemeral Vistas: The Expositions Universelles, Great Exhibitions, and World's Fairs, 1851-1939*, pp. 39-40; Robert W. Rydell, *All the World's a Fair: Visions of Empire at American International Expositions, 1876-1916*, pp. 41-43; Stephen J. Raiche, "The World's Fair and the New St. Louis 1896-1904," pp. 98-121.

2　Robert W. Rydell, *All the World's a Fair: Visions of Empire at American International Expositions, 1876-1916*, pp. 157-159.

3　*World's Fair Bulletin*, vol. 2, no. 10 (August 1901), p. 2; Debora L. Silverman, "The 1889 Exhibition: The Crisis of Bourgeois Individualism," *Oppositions*, no. 8 (Spring 1977), pp. 71、80; Robert W. Rydell, *All the World's a Fair: Visions of Empire at American International Expositions, 1876-1916*, pp. 62-63、160-178.

4　见 Mark Bennitt, ed., *History of the Louisiana Purchase Exposition: St. Louis World's Fair of 1904*, p. 134.

5　见 United States Centennial Commission, *International Exhibition, 1876, Official Catalogue* (Philadelphia: John R. Nagle and Co., 1876), p. viii; Debora L. Silverman, "The 1889 Exhibition: The Crisis of

易斯博览会所定下之展览品分类更为全面，共十五大类；与 1876 年的费城博览会相比，其除了多出属工业文明的"运输宫"、"电力宫"（Palace of Electricity）外，还有关于人文教养（Liberal Arts）、人类学（Anthropology）、社会经济（Social Economy）、体育（Physical Culture）等分类。[1] 所增加的部分与博览会的宗旨关系密切，圣路易斯博览会主办方初始即标榜教育，与之前博览会有所不同。[2] 因为教育功能，主办方要求参展国不只展示完成的物品，更应展示制造过程；圣路易斯博览会也比费城博览会多出许多与教育有关的项目，例如度量衡器具、乐器、民族学（ethnology）等，意图与以商品展示为重点的法国、比利时等国的博览会有所区别，形成特色。同时，博览会希望借由动态的展示传授新知识给观众，当然"动"（motion）本身即是现代文明的象征之一。[3] 上述的特色均由主办方告知参展国，而德国与日本的运输展即是成功配合之例（图 2.6），美商胜家（Singer）动态的缝纫机使用示范也是一例（图 2.7）。[4] 展示本为博览会之核心概念，但要求动态及生产、使用细节说明而不只是成品陈列，恐为圣路易斯博览会之特色。[5]

尚有两点值得注意：第一，为了强调人类全体知识的发展与教育，以及

---

Bourgeois Individualism," pp. 78、80.

1　见 *Official Catalogue of Exhibits*, Universal Exposition, St. Louis, 1904, 其中分类及展览场地的名称。

2　Eugene F. Provenzo, Jr., "Education and the Louisiana Purchase Exposition," in Frances H. Stadler and the Missouri Historical Society, *Louisiana Purchase Exposition: The St. Louis World's Fair of 1904*, pp. 109-119.

3　John Brisben Walker, "The Five Great Features of the Fair," *The Cosmopolitan*, vol. XXXVII, no. 5, pp. 493、496; J. W. Buel, ed., *Louisiana and the Fair: An Exposition of the World, Its People and Their Achievements*, vol. 4, pp. 1410-1458、1481-1507. 关于圣路易斯博览会的十五大分类、一百四十四项细目，见 China. Imperial Commission, Louisiana Purchase Exposition, 1904, *China: Catalogue of the Collection of Chinese Exhibits at the Louisiana Purchase Exposition*, pp. ix-xiii.

4　德国与日本的运输展因展出方式新颖而颇受赞赏，见 William H. Rau, *The Greatest of Expositions Completely Illustrated* (St. Louis: The Official Photographic Company of the Louisiana Purchase Exposition, 1904), p. 44; Martha R. Clevenger, ed., *"Indescribably Grand": Diaries and Letters from the 1904 World's Fair*, p. 62.

5　据学者研究，许多博览会仍以静态陈列为主，尤其是最早的"水晶宫博览会"，类似今日美术类博物馆的做法。见 Tony Bennett, "The Exhibitionary Complex," *New Formations*, no. 4 (Spring 1988), pp. 73-102; Thomas Richards, "The Great Exhibition of Things," in his *The Commodity Culture of Victorian England: Advertising and Spectacle, 1851-1914* (Stanford, Calif.: Stanford University Press, 1990), pp. 17-72.

图2.6　圣路易斯万国博览会之德国铁路展　　　　图2.7　胜家缝纫机使用示范展

显示美国学术的成熟，博览会也邀请世界各国学者出席"人文与科学大会"
（Congress of Arts and Science），涵盖当时各个学科领域。[1]第二，与教育宗
旨合一的是前所未见的大规模人种展，尤其是展出美国近年来在海外的殖民
收获。在1898年美西战争中，美国自西班牙手中夺得菲律宾等地，正式进入
帝国强权的行列，获得殖民地。圣路易斯博览会特别安排一区为"菲律宾保
留区"（Philippine Reservation），自当地运来上千人，包括不同的部落，将
其生活全然展示在参观者面前，以强化"白种人的优越感"及殖民的正当性。[2]
此一举动不啻宣示美国帝国主义的新纪元，这也是圣路易斯筹展当局初始的
计划：在美墨、美西战争后，美国国势如日中天，正可以博览会形式庆祝之。[3]

　　以上的讨论可见博览会宗旨、性质与意义之复杂，绝非商品展示可解释。
国外学界以博览会为专题之研究涵括甚广，前文提及之有关博览会的重要历
史课题均有研究成果，不再赘述。[4]相对于1851年伦敦博览会、1889年巴黎

1　A. W. Coats, "American Scholarship Comes of Age: The Louisiana Purchase Exposition 1904," *Journal of the History of Ideas*, vol. 22 (1961), pp. 404-417.

2　Robert W. Rydell, *All the World's a Fair: Visions of Empire at American International Expositions, 1876-1916*, pp. 167-178; Eric Breitbart, *A World on Display: Photographs from the St. Louis World's Fair*, 1904 (Albuquerque: University of New Mexico Press, 1907), pp. 51-61.

3　见 *World's Fair Bulletin*, vol. 2, no. 10, p. 2.

4　关于博览会的研究概况与书目的介绍，见 Robert W. Rydell, "The Literature of International Expositions," in his *The Book of Fairs: Materials about World's Fairs, 1834-1916, in the Smithsonian Institution Libraries* (Washington D.C.: Smithsonian Institution, 1992), pp. 10-41; Robert W. Rydell,

博览会、1893 年芝加哥博览会，圣路易斯博览会或因未有任何新的发明，或因圣路易斯的重要性远不如当年，研究成果较少，但关于中国参展的讨论仍有四种。除了早期一篇介绍性文章外，近年计有三篇西文论文或多或少触及中国参展圣路易斯博览会一事，虽非专题讨论，但均从文化史的角度提出有趣的议题。[1]

　　苏・布拉德福德・爱德华（Sue Bradford Edwards）一文讨论圣路易斯大众对于参加博览会之中国全体成员的印象。同一专号中，芭芭拉・范纳曼（Barbara Vennman）一文则处理了清末五个美国博览会中的中国形象，尤其作者以中国表现方式及美国反应，勾勒出 1876 年至 1904 年美国对于中国的视觉宰制与所形成的刻板印象，颇有启发性。然而，该文处理圣路易斯博览会之部分虽占较多篇幅，但仍不够完整，若干细节不察，例如：作者认为中国参展品集中于一地——未遵照博览会规定将之分置于不同主题的展览场地——乃美国的安排，而中国参展品目录全依物品征集地之通商口岸编排。此二细节的误判正好符合该文的宗旨，因为作者认为中国在各博览会中的呈现为"他传"而非"自传"，掌控权全然被赫德领导而以洋员为主的通商口岸的海关所把持，中国于此一新兴场域中为被压迫的一方，压迫者除了由外国人统领的海关外，尚有主办国。在此一状况下，作者似乎暗示唯有喧嚣嘈杂、脱离西方固有秩序的"中国村"，方有中国自己的声音。1904 年圣路易斯博览会的状况比作者陈述的更为复杂，主导者有多方，如果将此视为西洋人对于中国形象的操弄，毋宁是各种势力混合交糅出来的结果。

---

John E. Findling, and Kimberly D. Pelle, *Fair America: World's Fair in the United States*, pp. 5-7、153-61; Robert W. Rydell and Nancy Gwinn, eds., *Fair Representations: World's Fairs and the Modern World*, pp. 218-247. 这些书籍并未讨论日文学界的研究成果，关于相关研究书目或可见吉田光邦编：《万国博览会の研究》；吉见俊哉：《博览会の政治学：まなざしの近代》（东京：中央公论社，1992），页 282—300。

1　四篇论文依发表时间排列如下：Irene E. Cortinovis, "China at the St. Louis World's Fair," *Missouri Historical Review*, vol. LXXII, no. 1 (October 1977), pp. 59-66; Barbara Vennman, "Dragons, Dummies, and Royals: China at American World's Fairs, 1876-1904," pp. 16-31; Sue Bradford Edwards, "Imperial East Meets Democratic West: The St. Louis Press and the Fair's Chinese Delegation," pp. 32-41; Carol Ann Christ, "'The Sole Guardians of the Art Inheritance of Asia': Japan at the 1904 St. Louis World's Fair," pp. 675-710.

　　与之相似的是卡洛·克里斯特（Carol Ann Christ）一文，也以文化史角度讨论博览会参展国之视觉呈现与权力关系。该文主要以日本为中心，讨论日本在博览会中借着贬抑中国而塑造自己为"亚洲艺术遗产的唯一守护者"，思路清晰，颇有见地。就中国部分而言，一则引述前文之说，认为中国未能有强力的主导权，展品与布置完全被海关洋员及主办方操控，并更进一步具体陈述美方在艺术部门不看重中国、独厚日本；二则作者指出，中国会场布置因海关人员全以买卖为考虑，陈列方式不合其他参展国所呈现的秩序感，相对之下就显得无意义（meaninglessness）与无秩序（disorder）。该文触及中国的部分不多，然而作者引用若干理论著作，注意到具体的陈列方式、展览秩序与意识形态的问题，就中国参展博览会之议题而言，实为首创。但作者的若干意见必须再经思考，本章将在其基础上，更全面、仔细地探讨中国参加博览会的展品与陈列方式以及其所代表的意义。与之最大的不同或在于，该文强调日本在圣路易斯博览会中的帝国展示，进而弱化中国的主动性，同时也简化中国所面对的现代情境，而此一情境的重点即是现代性的视觉表述。

　　谈到陈列与展示的现代性，不得不提及20世纪初的本雅明，笔者视其为此种论说角度的重要开创者：他指出了博览会的现代性，并与巴黎当时新兴的如"长廊商店街"（passage）等展示体就意义与视觉表述上作一联结。简而言之，在资本主义高度发达的西欧，商品的价值并非来自生产所耗费之原料与劳动力，超越内在制造价值的商品取得了类似宗教的崇高性，转换成新的拜物对象。在商品价值的神化过程中，尤其重要的是19世纪中期后逐渐出现的如商店街、博物馆、博览会等大型物品展示体，以及相关的特殊建筑空间设计、陈列形式。由此可见，本雅明所注意之处并不止于经济学范畴之商品生产、消费问题，他将视觉展演中所具有之"可观"特质置入资本主义商品经济发展中，关切及现代与现代形式表现的问题，实有独到之处。[1] 或取法如此，今之学者在博览会举办宗旨、筹备过程及商业效益等讨论外，尚论及博览会及其空间安排、

---

1　见 Walter Benjamin, "Paris, Capital of the Nineteenth Century," in his *The Arcades Project*, trans. by Howard Eiland and Kevin McLaughlin (Cambridge: The Belknap Press of Harvard University Press, 1999), pp. 3-13.

陈列形式如何呈现帝国主义权力运作及现代消费文化等。[1] 此一研究基于研究对象作为展示体而具有实质形式，且形式并非外在于观念的附着物，以此研究博览会确实恰当。

图2.8　圣路易斯万国博览会会场

### 三、中国参展品及陈列方式

#### （一）圣路易斯博览会的展示区

清政府所参加的圣路易斯博览会以巨大无比的尺度傲视其前的一切展示空间，除了占地面积 1270 亩、为芝加哥博览会的两倍外，担任主要展览场地的十二栋建筑高达 60 英尺左右，人步行其中，仿佛进入了一个远比现实世界辉煌伟大的国度（图 2.8）。博览会以象牙色为底，略配其他色彩；与芝加哥博览会相似，建筑风格以仿希腊、罗马的"新古典主义"（neo-classicism）为主，将建国仅百余年的美国与西方文明的起源地相连接，用意可见。十二栋建筑物全以"宫"为名，将芝加哥博览会中仅用于展示"精致艺术"的"美术宫"名称扩展至全部参展类别。[2] 这十二栋建筑物呈扇形分布，如前所述，以"美术宫"为中轴顶点，下接人工湖与渠道，两旁分列各宫，自正通道入口观之，即是一幅壮丽无比的图画（图 2.9）。除了前已提及之"美术宫"、"运输宫"、"电力与机械宫"外，十二宫中尚有人文教养、制造、矿业与冶金、教育与社会经济、"多样工业"（Varied Industries）、机械、园艺、农业、农林、渔业与狩猎等展览专属场地（见图 2.1）。1876 年费城博览会之前，展览场地大致集中于一处，如最早的"水

---

1　其中有名之例如 Thomas Richards, *The Commodity Culture of Victorian England: Advertising and Spectacle, 1851-1914*, pp. 1-72; Curtis M. Hinsley, "The World as Marketplace: Commodification of the Exotic at the World's Columbia Exposition, Chicago, 1893," in Ivan Karp and Steven D. Lavine, eds., *Exhibiting Cultures: The Poetics and Politics of Museum Display* (Washington D.C.: Smithsonian Institution Press, 1991), pp. 344-365; Timothy Mitchell, *Colonizing Egypt*, pp. ix-xvi, 1-33; "Orientalism and the Exhibitionary Order," pp. 290-292.

2　关于芝加哥博览会的会场与建筑设计，见 Stanley Appelbaum, *The Chicago World's Fair of 1893: A Photographic Record* (New York: Dover Publications, Inc., 1980).

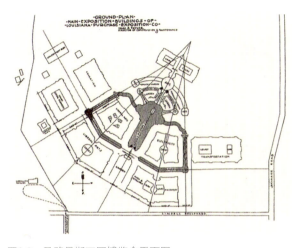

图2.9　圣路易斯万国博览会平面图

晶宫博览会"，即在单一建筑中将各国物品依国别展出。[1] 费城博览会首先将艺术品独立另辟展场，1893 年芝加哥博览会则更为完整，以分类项目展出，遂形成各馆分立、以主题区分的展览形式。[2] 圣路易斯博览会主办方因为标榜人类文明的总和，不希望展览场地呈现各国分立对抗之状；再因规模宏大，势必分地分类展出。

除了各宫外，扇形设计的右方为各国分馆区，代表参展的二十余国文化的各栋建筑林立道旁，具有普天同庆、共襄盛举的象征意义。与之相似，美国各州政府的会馆列于扇形地带左侧，显示出携手赴会的盛况。各国分馆区之右则是"菲律宾保留区"、奥林匹克运动会之竞技场，博览会与世界运动会同时同地举行此乃首次，然因中国未派员参赛，不再多述。再转往各国分馆之左下侧，即为博览会所设之娱乐地带，也就是前已提及的"大道"。博览会原附设有娱乐摊位，因观者日众、收益颇夥，但吵闹杂乱、管理困难，芝加哥博览会遂将其纳入正式的展览中，广取利源，又方便管理。"大道"位于圣路易斯博览会正通道之南，水平列于全会场南面边缘，入场须另外收费，费用不包含在 50 美分的正式入场费中（见图 2.1）。由此可见，此一娱乐地带的尴尬境地：博览会既思其利，又恐其内形形色色、光怪陆离的表演与游乐设施破坏了举办大会的神圣宗旨，遂将其置于边缘地带，介于正式与非正式之间。此一广集当时所有娱乐形式的街道包含甚广，观者既可体验阿尔卑斯山冰河奇观、古罗马街景及海底世界，又可观看来自中东的肚皮舞娘表演、中国堂会中常见的开场"天官赐福"与布尔战争（Boer

1　*Tallis's History and Description of the Crystal Palace and the Exhibition of the World's Industry in 1851* (London: John Tallis and Co., 1851). 此书共有 3 册，见第 1 册及第 2 册附图。

2　见 Robert W. Rydell, John E. Findling, and Kimberly D. Pelle, *Fair America: World's Fair in the United States*, pp. 20-21; Stanley Appelbaum, *The Chicago World's Fair of 1893: A Photographic Record*, pp. 7-74.

图2.10　圣路易斯万国博览会之"大道"　　　　图2.11　圣路易斯万国博览会"大道"中的中国戏剧表演

War）实况重现（图 2.10、图 2.11）等。除了视觉感受外，品尝锡兰茶、日本茶、中国食物及当时新发明的蛋卷冰激凌等，未尝不是另一种难忘的体验。举世新奇之事物，莫以此为全为盛。佛罗里达州的迪士尼乐园，差可比拟，唯圣路易斯博览会的规模与当时的新奇程度显然远超今之主题乐园。[1]

　　在博览会的三个主要展览区中，包括十二宫、各国分馆及"大道"，皆有以中国为主题的展览。远自中国运来的大量物品几乎全然置于"人文教养宫"中展出，自成一区。"中国馆"位于各国馆区中，按照国名China的首字母安排，位于比利时（Belgium）馆旁。位置上应无优劣之别，也无歧视之意（图 2.12）。上述二区的展示为官方性质，而"大道"中的"中国村"则为非官方性质，由两位美国人与一位在美华人筹备、策划而成，与两清政府无关，故不讨论。[2]

　　（二）外销品、复古器、古物与模型："人文教养宫"中的中国物品
　　清政府的参展品由黄开甲之外的另一副监督柯尔乐（Francis A. Carl）于

---

1　关于圣路易斯博览会整体的设计，见 Timothy J. Fox and Duane R. Sneddeker, *From the Palaces to the Pike: Visions of the 1904 World's Fair* (St. Louis: Missouri Historical Society Press, 1997). 对于"大道"声光奇景的记载，可见 *World's Fair Bulletin*, vol. 5, no. 6 (April 1904), p. 34; *The Piker*, vol. 1, no. 2 (June 1904), p. 35; *The Cosmopolitan*, vol. XXXVII, no. 5, pp. 615-620. 关于"大道"所留下的记忆，可见时人日记与今人所摄之纪录片。见 Lillian Schumacher, *A Wichita Girl Comes to the 1904 World's Fair* (St. Louis: The 1904 World's Fair Society, n.d.); Eric Breitbart, *A World on Display: The St. Louis World's Fair of 1904* (Corrales: New Deal Films Inc., 1994).
2　见 *World's Fair Bulletin*, vol. 5, no. 9, p. 88.

图2.12 圣路易斯万国博览会各国馆区，图中右方所见最明显的建筑为比利时馆，其上方即为中国馆

1904年4月陆续运至圣路易斯，总重超过1400吨。[1]柯尔乐乃美国人，长期服务于中国海关，当时为东海关税务司。柯氏出生于美国南方，圣路易斯为美国南、北交界之大城，或因地缘因素，柯氏受总税务司赫德保荐为清政府赴美参会之副监督。当然必须提及柯尔乐为赫德之美国表亲，柯姑娘之弟弟，亲属关系或是一因。[2]在此之前，黄开甲于前一年7月抵达圣路易斯时，首要任务即是与博览会主办方交涉清政府之参展场地。黄开甲提议将中国展品同置一处，估计需地34000平方英尺。博览会负责展览事务的史吉夫（Frederick J. V. Skiff）与之协调，解释博览会系依照分类原则将各国展品分置。[3]协调过程未见记载，然结果可见的是中国展品几乎全置于"人文教养宫"中，似中国未遵循博览会章程的要求，美方的说辞则是中国首次以"国家"（nation）身份参展，因此展览会主办方特别应允之。行文间并引黄开甲之说，隐约暗示若有一完整的展示空间，较能呈现中国匠艺成就与人民生活。[4]综观博览会十二宫，"人文教养宫"最具弹性，"Liberal Arts"一词的模糊性，博览会主办方原已承认，但认为在未有更好的统合性标题之下，"人文教养"所涵盖的展品应比"制造"高一级，但低于"美术"。[5]美方给中国此一展区，应是协调后基于中国展品

1 见 *World's Fair Bulletin*, vol. 5, no. 6, p. 56.

2 官方选派柯尔乐的文件见《各国赛会公会》，《外交档》，02-20-2-（1），"散鲁伊斯会"。关于柯尔乐小传及其关系网络，见陈霞飞主编：《中国海关密档：赫德、金登干函电汇编》，第4卷，页821；第5卷，页51；Mark Bennitt, ed., *History of the Louisiana Purchase Exposition: St. Louis World's Fair of 1904*, p. 286.

3 见 World's Fair Bulletin, vol. 4, no. 10, p. 3.

4 见 J. W. Buel, ed., *Louisiana and the Fair: An Exposition of the World, Its People and Their Achievements*, vol. 9, pp. 3441-3442.

5 见 J. W. Buel, ed., *Louisiana and the Fair: An Exposition of the World, Its People and Their Achievements*, vol. 9, p. 3438. 中国将此宫翻译成"工艺宫"，颇符合美方设计原意，也可见中国并非不知各宫

的性质而确定，其他较专门的宫，如美术、运输、电力、机械、农林、渔猎、教育等，若非过于原料取向，即是与西方传统、工业革命或新式教育有关的观念、产品，无法将中国参展品嵌入。除了上述以国为单位的展示场地外，中国另在"教育及社会经济宫"中有零星的中、英文算学、文法书籍以及儒服纸像等陈列品。[1]

　　中国的展出明显违背了美方之办展原则，可以确定的是，此乃中国本身之意愿，非美方施压、强迫，而且中国并非不知规定。按惯例，万国博览会主办方在会前会将宗旨、章程及会场平面图等寄给各参展国，中国官方档案资料即可证明。[2]中国早知美方之分类原则，各海关与行省在征集物品参展及准备说明时，应也依照此原则进行。海关所编纂的参展目录中，将十五类、一百四十四项细目的详细分类罗列于前；参展目录先依地方、公司区分，再以博览会分类原则罗列各项参展品及附带说明。据美方统计，在十五大类中，中国参展品至少涉及十三类、九十九项细目；未送展品者，或为家禽家畜，难以维持生命，或因该项细目为欧美专有，例如"电力类"相关产品。[3]中国显然尽力征集适当展品以符合美方的规定，并试图呈现一个前所未有的盛大展览。试举数例：在"建筑工程"项目，营口展出了满族住宅模型；在"一般机械"项目，天津展出风力帮浦；湖北省在"民族学"项目之下，安排的是汉代石刻拓本及古代盔甲。[4]相较于1876年费城博览会的展览目录，圣路易

---

展示原则。见《散鲁伊斯华人赛会公所上副监督黄请将陈纸像迁出会场禀》，收入广文编译所：《外交报汇编》，第25册，页96—98。

1　见《散鲁伊斯华人赛会公所上副监督黄请将陈纸像迁出会场禀》，收入广文编译所：《外交报汇编》，第25册，页96—98；Martha R. Clevenger, ed., *"Indescribably Grand": Diaries and Letters from the 1904 World's Fair*, p. 88. 另翻阅博览会官方目录，中国仅出现在"人文教养宫"，未见"教育宫"中有中国之相关展览，或因展出稀少未成单元。见 *Official Catalogue of Exhibits, Universal Exposition, St. Louis, 1904*, Department C, p. 31, Department D, p. 23, Department H, p. 76, Department K, p. 23, Department L, p. 76, Department M, p. 16, Department N, p. 16.

2　见《各国赛会公会》，《外交档》，02-20-2-（1），"美国散鲁伊斯庆贺购得鲁义地方百年纪念万国赛会案目录"。其他展览会可见同一档案，01-27-1-（2），"比使照请派员赴北京珍奇赛会案提要"；01-27-2-（2），"美使函请赴西嘎哥开办四百年志庆万国赛奇赛会案目录"。

3　见 Mark Bennitt, ed., *History of the Louisiana Purchase Exposition: St. Louis World's Fair of 1904*, p. 292.

4　见 China. Imperial Commission, Louisiana Purchase Exposition, 1904, *China: Catalogue of the Collection of Chinese Exhibits at the Louisiana Purchase Exposition*, pp. 4、33、143-144.

斯博览会目录中包含更多产品的介绍与风俗文化的阐释，而两者有时混合为一，难以界定，例如上海以七页的篇幅解释中国乐器与造纸，这一切应是为应圣路易斯博览会教育与人类文明等宗旨而做的安排。[1]

再者，除了依照品类之分准备展出外，参展国应先预定展览场地与面积，俾使主办国即期规划。黄开甲所提出的面积应是通过估量国内参展商品而来，档案资料可见中国官方及参展商人为此所作的打算。[2] 参展国甚而应在国内即已依照博览会之会场平面图，先行设计展场，包括细节如通道大门、玻璃橱柜、休息座椅、建筑装饰及地毯等。若干装潢组件或须在国内完成，届时依图行事，完成整体布置。圣路易斯博览会中展览备受赞赏的日本与德国应是如此完成其场地设计，一如今日展览之预先规划、整体设计。[3] 清政府未能完全领会此一策展理念：溥伦受钦点为正监督后，曾电召二位副监督赴京共同商议展出事宜，当时应已估量中国展区的面积，但未事先知会美方或规划布置事宜。[4] 美方以"人文教养宫"处之，给出 30000 平方英尺，包括展地与代表团办公室，相当符合中国的期望，此面积约占博览会场地总面积的十一分之一，展区位于 4、5、6 区及 A、B、6、9 四条走道（图 2.13）。[5] 在该宫参展的九国中，

1　1876 年费城博览会的展览目录，见 The Inspector General of Chinese Maritime Customs, *China: Catalogue of the Chinese Imperial Maritime Customs Collection at the United States International Exhibition, Philadelphia, 1876* (Shanghai: Statistical Department of the Inspectorate General of Customs, 1876). 圣路易斯博览会中上海参展品，见 China. Imperial Commission, Louisiana Purchase Exposition, 1904, *China: Catalogue of the Collection of Chinese Exhibits at the Louisiana Purchase Exposition,* pp. 187-225.

2　见《各国赛会公会》,《外交档》, 02-20-2-（1）,"美国散鲁伊斯庆贺购得鲁义地方百年纪念万国赛会案目录"; 02-20-2-（3）,"散鲁伊斯会"。

3　见 Carol Ann Christ, "'The Sole Guardians of the Art Inheritance of Asia': Japan at the 1904 St. Louis World's Fair," pp. 697-698; J. W. Buel, ed., *Louisiana and the Fair: An Exposition of the World, Its People and Their Achievements*, vol. 10, pp. 3711-3717; Timothy J. Fox and Duane R. Sneddeker, *From the Palaces to the Pike: Visions of the 1904 World's Fair*, pp. 128-129. 笔者在圣路易斯密苏里历史学会的收藏中曾见一盖有美国海关章记的德国展示用木柜，呈三角形，可嵌入角落，成为转角置物柜，可见德国的展览在国内已完成设计，全套装潢运至美国后再组装。

4　见《各国赛会公会》,《外交档》, 02-20-2-（1）,"美国散鲁伊斯庆贺购得鲁义地方百年纪念万国赛会案目录"。

5　见 Mark Bennitt, ed., *History of the Louisiana Purchase Exposition: St. Louis World's Fair of 1904*, p. 287; *Official Catalogue of Exhibits, Universal Exposition, St. Louis, 1904*, pp. 16、31、76.

中国与英国、德国、美国同受瞩目。[1]

依照参展目录，中国的参展品中原有大量茶叶、药材及矿石，皆属农林、矿业原料或半成品，但在美方文字或摄影资料中，少有发现。当然这并不表示该类物品全未展出，事实上，在中国参展品获奖的名单中多有植物、矿物品。真正原因应是博览会以陈列展览为主，更为重视可观性，即使上

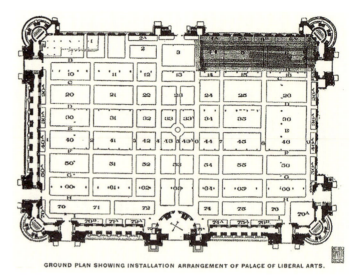

GROUND PLAN SHOWING INSTALLATION ARRANGEMENT OF PALACE OF LIBERAL ARTS.

图2.13　圣路易斯万国博览会"人文教养宫"平面图，图中标示色块处即中国展区

海茶磁公司的茶叶或其他森林产品、烟草等得奖，也不如视觉上更容易吸引目光的物品。[2] 观者以文字或影像证明最受瞩目的是表现技艺的工艺品或展示中国生活的模型，呼应前言黄开甲对于中国展览的提示。以货品而言，巨大的彩瓷花瓶、长达数尺的象牙雕刻、流利繁复的珐琅器、精美镶嵌的家具以及纹样引人注目的织物才是重点，屡屡出现在文字或影像中（图2.14、图2.15）。[3] 英文出版物在描述上海茶磁公司的展品时，多种茗茶仅占其一，未得奖的瓷器、铜器与丝织品仍有篇幅。[4]

许多展出的雕刻、器物或家具本为中国长期以来的外销贸易品，并非全为博览会而制作。中国专为外销而制的产品可上溯至唐代长沙窑器。16世纪海运大开后，贸易更为兴盛，瓷都景德镇与广东、浙江沿海地区多有专业生

---

1　J. W. Buel, ed., *Louisiana and the Fair: An Exposition of the World, Its People and Their Achievements*, vol. 9, pp. 3438-3446.

2　关于中国得奖物品的清单，见农工商部统计处编：《农工商部统计表》（北京：农工商部统计处，1908），第1次，第6册，页28上—29上。

3　除了本书页029注1所引资料外，笔者在密苏里历史学会的图书馆中，曾翻阅过上千张圣路易斯博览会的档案照片。

4　见 Mark Bennitt, ed., *History of the Louisiana Purchase Exposition: St. Louis World's Fair of 1904*, p. 296.

图2.14　圣路易斯万国博览会"人文教养宫"中的　　图2.15　圣路易斯万国博览会"人文教养宫"中的中国展区
中国展区

产工坊，如宁波、汕头、广州等，甚至出现了可接外国订单生产西洋样式物品的工坊，制作器物、家具者皆有。由于与西方接触最早，广州在外销品贸易中占有重要位置，外销品包括西式肖像、风景或风俗油画、木制家具、象牙雕刻以及漆制家具、漆盒等。[1] 油画类作品不见于历来中国的参展品中，然广州出产的漆器已见于 1876 年费城博览会中（图 2.16）。1904 年圣路易斯博览会会场上，费时费工的牙雕更引起了西方人的惊叹，称之为世界第一。[2] 环环相套的象牙球即为西方熟知的中国工艺品，今日以中国贸易品收藏闻名的博物馆中皆有。[3]

　　宁波家具也是常见的外销品之一，尤以镶嵌及复杂的雕镂技术闻名。前已提及的桌椅组合中（见图 2.5），在漆桌上摆放以寺庙建筑为仿的木柜，双门雕花镂空，屋脊上蟠龙为饰，整体镶嵌白木纹饰，种类繁多，做工精巧。桌上置柜以摆放文具，本非中国人的习惯，不见于中式家具中，椅子又为旋

1　关于 16 世纪后中国外销工艺品的研究无以数计，仅提供两本以中美贸易为主的书籍作为参考：Carl L. Crossmam, *A Catalogue of Chinese Export Paintings, Furniture, Silver and Other Objects* (Salem: The Peabody Museum of Salem, MA, 1970); Carl L. Crossman, *The Decorative Arts of the China Trade: Paintings, Furnishings and Exotic Curiosities* (Suffolk: Antique Collector's Club, 1991).

2　见 Carl L. Crossman, *The Decorative Arts of the China Trade: Paintings, Furnishings and Exotic Curiosities*, p. 287. 关于圣路易斯博览会中广州牙雕作品的记载，见 Mark Bennitt, ed., *History of the Louisiana Purchase Exposition: St. Louis World's Fair of 1904*, p. 298.

3　见 Carl L. Crossman, *The Decorative Arts of the China Trade: Paintings, Furnishings and Exotic Curiosities*, p. 294; Craig Clunas, *Chinese Carving* (London: The Victoria and Albert Museum, 1996), p. 26.

图2.16　1876年费城万国博览会中国展区　　　图2.17　路易斯万国博览会之宁波桌椅
　　　　　　　　　　　　　　　　　　　　　　　　组合中的椅子

转椅，就功能及结构而言，皆为西式。[1] 然桌椅组合整体却镶嵌中国式纹饰，包括松、梅、竹、菊、兰、龙、凤凰、鹿、太湖石、双喜、如意串等，以及花园景观、渔樵耕读中的渔人与农夫形象。无以名之，只能赞叹此作非常"中国"，因为几乎所有可连接至中国意象的纹饰全在，无一遗漏下，确保"中国"的纯度（见图2.5）。相对于西方传统，镶嵌及雕镂本为中国家具之特色，久为西方人所知，此套宁波桌椅反复展演这些技术以制造出"中国高级家具"的视觉感受（图2.17）。[2]

　　在中国外销品中，有极尽模仿西式者，也有如象牙连环套般以中国式巧艺制作者，而其中宁波家具所展现的意义最为有趣。此套桌椅一则满足西方人的功能性需求，一则显现出中国风味。所谓的"中国风味"即是中国因应外销所需的中国意象而产生的一套风格范畴，在单一纹饰的象征意义上连接

1　关于中国16世纪后家具的研究，可参考王世襄编著：《明式家具研究》（香港：香港三联书店，1991）；古斯塔夫·艾克著，薛吟译：《中国花梨家具图考》（北京：地震出版社，1991）。

2　见 Craig Clunas, *Chinese Furniture* (London: Bamboo Publishing Ltd., 1988), pp. 31、33; Mark Bennitt, ed., *History of the Louisiana Purchase Exposition: St. Louis World's Fair of 1904*, pp. 291、293、297、299; David R. Francis, *The Universal Exposition of 1904* (St. Louis: Louisiana Purchase Exposition Company, 1913), p. 317.

中国，但就全体排列或整合而言，与国内市场所呈现的物品样貌差距可见，可说是混合着西方需求与来自中国的异国风味。然而若希望通过追溯何谓中国成分，何谓西方成分，并以此判断此种"异国风味"并未呈现"真正的"（authentic）中国，又过于简化问题。姑且不论任何文化在任一时刻皆为异质性、从未有所谓的"真正的中国"存在，[1] 单就博览会当时的中国异国风味而言，其形成并非全由一方所制造，也非起自20世纪之交。也就是说，圣路易斯博览会中的文化交涉，并非西方与中国首次相遇，而是历史中的一个片段。如此来看，"异国风味"并未贬低中国，自我异文化风味化（self-exoticism）应是16世纪后中国外销产品的常态。

此次展出品中亦包括非传统外销品，其中若干甚至为晚清实业开发中的成果。工艺品的改良与研新本为当时重商强国思潮之一环，上至清廷，下至各级政府或忧国之士，皆作如是主张。[2] 例如，光绪二十八年（1902）顺天府创办工艺局，一年后将之移交农工商部，而各省各县政府也有工艺局的设立，甚至官吏、富绅皆投资经营民办工艺局。[3] 在圣路易斯博览会大出风头的"北京工艺局"（Peking Industrial Institute）原为光绪六年（1880）科举状元黄思永及其子黄中慧筹设，时为光绪二十七年（1901）；"北京工艺局"除了兴利外，亦以收容并训练庚子事变后流离失所的贫苦游民为主旨。[4]"北京工艺局"曾在光绪二十八年（1902）越南河内博览会中示范生产"景泰蓝"珐琅器，中国工匠与日本珐琅工匠当场竞美，颇受西方人好评，为中国参展之创举。[5] 在圣路易斯博览会上，也展示了"景泰蓝"自黄铜至成品的生产过程，并于

---

1  Jonathan Hay, "Toward a Theory of Intercultural," *RES*, no. 35 (Spring 1999), pp. 5-9.

2  关于晚清振兴工商业及新机构的设立，除了前引李达嘉之文外，可见阮忠仁：《清末民初农工商机构的设立——政府与经济现代化关系之探讨（1903—1916）》（台北：台湾师范大学历史研究所，1988）；龚俊编：《中国新工业发展史大纲》（台北：华世出版社，1978）。

3  见彭泽益编：《中国近代手工业史资料》（北京：生活·读书·新知三联书店，1957），第2卷，页505—576。

4  见彭泽益编：《中国近代手工业史资料》，第2卷，页515—520、575。关于黄思永的生平事迹，见金梁：《光宣小记》，收入《民国史料笔记丛刊》（上海：上海书店，1998），页13；窦镇辑：《国朝书画家笔录》，收入周骏富辑：《清代传记丛刊》（台北：明文书局，1985），页450—451。

5  见《详述华商河内赛会情形》，收入广文编译所：《外交报汇编》，第21册，页65—66。

参展目录中附有英文解说。[1] "北京工艺局" 以景泰蓝、绒毡等物品参展河内博览会，在圣路易斯博览会中亦是如此，而 "景泰蓝" 更获得大奖殊荣。[2]

　　"景泰蓝" 原指明景泰年间宫廷生产之掐丝珐琅器，元代时该工艺由阿拉伯国家传入中国，据传景泰年间生产者最称完善，成为该器类之传奇，"景泰蓝" 一词也变成中国掐丝珐琅的总称。盛清宫廷也生产掐丝珐琅，尤以乾隆朝闻名，但其后中衰数十年。[3] "景泰蓝" 复兴于清末，虽非 "北京工艺局" 独创，但其仍有推波助澜之功，甚至在 1929 年西湖博览会中 "景泰蓝" 与地毯同列北平工业品之代表，仅外销即值 80 万元以上。[4]

　　在圣路易斯博览会会场上，"北京工艺局" 复兴传统工艺的 "景泰蓝" 与古代陶瓷、青铜、珐琅等并置，或欲借古物彰显现代工艺之精巧与传承。古器中以盛清宫廷制作的桃花红球形瓶（peach-bloom oviform bottle）最受瞩目，参展目录中也稍有介绍（图 2.18）。[5] 除此之外，中国参展品中的古物尚包括钱币、玉器、汉砖、刺绣及武梁祠的拓片等。湖北省展出的 200 多件古物受到西方人的推崇，并获得大奖，其中一件康熙朝黑地五彩花果瓶为西方媒体所特别介绍（图 2.19）。[6] 当时著名的收藏家端方也借出其所收藏的古铜器、

---

1　见 Mark Bennitt, ed., *History of the Louisiana Purchase Exposition: St. Louis World's Fair of 1904*, p. 292; China. Imperial Commission, Louisiana Purchase Exposition, 1904, *China: Catalogue of the Collection of Chinese Exhibits at the Louisiana Purchase Exposition*, pp. 56-57.

2　见《华物赴赛》，收入广文编译所：《外交报汇编》，第 21 册，页 46。关于圣路易斯方面，见农工商部统计处编：《农工商部统计表》，第 1 次，第 6 册，页 29 下；Mark Bennitt, ed., *History of the Louisiana Purchase Exposition: St. Louis World's Fair of 1904*, pp. 292、294; China. Imperial Commission, Louisiana Purchase Exposition, 1904, *China: Catalogue of the Collection of Chinese Exhibits at the Louisiana Purchase Exposition*, pp. 54-57.

3　关于中国珐琅器的研究，见刘良佑：《故宫所藏珐琅器的研究》（台北：台北故宫博物院，1987），页 9—21；Helmut Brinker and Albert Lutz, *Chinese Cloisonné: The Pierre Uldry Collection* (New York: The Asia House Galleries, 1989), pp. 80-93、125-142.

4　见张鸿藻：《西湖博览会中之北平工业品》，《东方杂志》，第 26 卷第 10 号（1929 年 5 月），页 84—85。

5　见 Mark Bennitt, ed., *History of the Louisiana Purchase Exposition: St. Louis World's Fair of 1904*, p. 296; China. Imperial Commission, Louisiana Purchase Exposition, 1904, *China: Catalogue of the Collection of Chinese Exhibits at the Louisiana Purchase Exposition*, p. 50.

6　见 China. Imperial Commission, Louisiana Purchase Exposition, 1904, *China: Catalogue of the Collection of Chinese Exhibits at the Louisiana Purchase Exposition*, pp. 129-144; Mark Bennitt, ed., *History of the Louisiana Purchase Exposition: St. Louis World's Fair of 1904*, p. 295.

图2.18　圣路易斯万国博览会 "人文教养宫" 中的中国展区　　图2.19　圣路易斯万国博览会 "人文教养宫" 中的湖北省展区

瓷器等赴美展出，估值约达 1 万美元。[1]无论就种类还是数量而言，圣路易斯博览会中的中国古代文物十分突出。与当代工艺品相同，这些古物也标有定价：桃花红球形瓶价值不菲，自 5000 美元至 1 万美元不等，而在报道中，康熙朝五彩花果瓶则因类似器物曾以 1 万美元出售而显示其价值。自 19 世纪初期开始，西方人大量收藏中国古物；早期受西方人青睐的多为工艺品，尤其是瓷器。19 世纪中期后蓬勃兴起的博览会虽然促进了西方人认识中国古物，但传统绘画进入西方收藏市场仍晚至世纪之交。西方人认为中国传统绘画缺乏透视及立体画法，难以欣赏，世纪之交的收藏似乎局限于少数人，并非一般上流阶层普遍的爱好，圣路易斯博览会的中国参展品中即不见传统书画。[2]

　　上述如瓷器、铜器等各类古物在今日皆属于美术类博物馆的收藏及展品，圣路易斯博览会的中国参展目录中也将其列于艺术门类之下。除了列出古器物外，该门类中尚有当代工艺品、少许当代卷轴画及木雕。[3]然而，中国参展品即使被归类为 "艺术门" ，也全在 "人文教养宫" 中展出；舍弃象征人类

---

1　见 David R. Francis, *The Universal Exposition of 1904*, p. 317. 端方可说是清末最重要的收藏家，现今藏华盛顿弗利尔美术馆（Freer Gallery of Art）的《洛神赋图》卷即为其收藏，此作于 1911 年左右被卖给美国收藏家弗利尔（Charles Lang Freer）。见 Warren I. Cohen, *East Asian Art and American Culture: A Study in International Relations* (New York: Columbia University Press, 1992), pp. 62-71.

2　Warren I. Cohen, *East Asian Art and American Culture: A Study in International Relations*, pp. 12-73.

3　见 China. Imperial Commission, Louisiana Purchase Exposition, 1904, *China: Catalogue of the Collection of Chinese Exhibits at the Louisiana Purchase Exposition*, pp. 51-57、67.

文明最高位阶的"美术宫"，除了前文中所提到的、为表现最完整的中国外，是否也透露出了其他值得深思的历史议题？

　　圣路易斯博览会"艺术门"的分类细目中，除了在西方文化中定义为"精致艺术"（fine arts）门类的绘画、雕刻、建筑外，尚包括被称为"装饰艺术"或"应用艺术"（applied arts）的工艺品。工艺品之所以"提升"至"美术宫"中展出，卡洛·克里斯特将之归因于"美术宫"筹展者为适应日本艺术独重匠艺的特质所作的特殊安排，其实更重要的原因应是19世纪中后期以来西方艺术论述及品位的潮流趋势。"艺术与手工艺运动"（Arts and Crafts Movement）与"新艺术"（Art Nouveau）等思潮皆企图泯除西方艺术长期以来"精致"（纯欣赏）与"装饰"（应用）的上下之分，试图统合所有的艺术，因此无论是手工艺品还是工业制造的工艺品皆可被列入美术范畴。[1]1876年费城博览会中首次被独立展出的艺术门类中，即有"装饰艺术"一项。[2]圣路易斯博览会"美术宫"筹办方也骄傲地宣称，该次展览不再区别"精致艺术"与"装饰艺术"，自许此次展览为历来工艺品展中最盛大的一次，显示出欧陆艺术思潮的影响。[3]

　　综观"美术宫"的展出，各参展国的主要展品以当代绘画、雕刻为主，也有各种工艺品，并有前代大家如伦勃朗（Rembrandt）、透纳（Turner）的作品。法国的参展品中出现了精致的家具，荷兰的陶器与英国的建筑装饰颇受好评，而日本瓷器、珐琅器等工艺品在整体以绘画、雕刻为主的场地中表现突出。日本参展品中得奖的作品既有工艺品，也不乏传统的佛画及花鸟画，美方出版物中即使以西画观点对日本传统画风评点一番，也未见严厉的贬词，再加之屡获奖项，显现出日本艺术在西方世界的容受性。[4]自明治维新以来，

---

1　见 Paul Greenhalgh, *Ephemeral Vistas: The Expositions Universelles, Great Exhibitions, and World's Fairs, 1851-1939*, pp. 142-171; Debora L. Silverman, *Art Nouveau in Fin-de-Siècle France: Politics, Psychology, and Style*, pp. 1-2; Paul Greenhalgh, "Introduction," in Paul Greenhalgh, ed., *Art Nouveau, 1890-1914* (London: V & A Publications, 2000), pp. 14-35.

2　见 United States Centennial Commission, *International Exhibition*, 1876, Official Catalogue, p. viii.

3　见 Mark Bennitt, ed., *History of the Louisiana Purchase Exposition: St. Louis World's Fair of 1904*, pp. 483-487.

4　见 Frank Parker Stockbridge, ed., *The Art Gallery of the Universal Exposition*, p. 68; J. W. Buel, ed., *Louisiana and the Fair: An Exposition of the World, Its People and Their Achievements*, vol. 7, pp. 2445-

日本积极参与国际社会，成功地将日本艺术品推广至全世界，尤其将日本工艺品塑造成艺术品，甚而成为日本文化的代表。例如在瓷器上，日本选择"乾山瓷"，该类瓷器由于传统上归名于尾形乾山，与18世纪绘画流派"琳派"有关，遂较易与艺术家连接，成为艺术家心血的结晶，进而脱离工业制造的形象。然而，以今日研究来看，所谓的"乾山瓷"多为后世所制作，"乾山"云云所代表的不是艺术家，而是一种类型。[1]在圣路易斯博览会上，日本展出的珐琅器也牵系上个别名字，仿佛为单一艺术家创作出的作品；荷兰陶器即使无名，博览会上仍为其冠上"艺术陶器"（art pottery）之名。[2]

既然日本当代工艺品可置于象征人类文明最高成就的"美术宫"中展出，中国参展品的缺席则更耐人寻味。卡洛·克里斯特认为中国为"美术宫"筹办者所排挤。此点或为其因，但清政府本身并不积极在"艺术门"建立世界声望或取得光环应为主因。清政府在参与万国博览会时，并未将"艺术门"独立出来置于如"美术宫"般的特殊场地展览。原本可成为艺术品并象征文化传统的当代工艺品与古代文物，在物物有价的情形下，似乎与价值崇高而脱离商品范畴的"美术宫"距离遥远。大量展出的古今工艺品皆系于实业范畴中，而绘画多随处征集，画家名不显，题材为景物、神佛或风俗节庆，因为表现了当地地理景观、生活习俗而入选，艺术成就并非所关注之重点。[3]

进而言之，自文艺复兴以来，西方社会视艺术为文化遗产、文明结晶，保存与展示并行。尤其是18世纪后半期以来，公立博物馆的建立与民族国家的形成糅合于一体，一国艺术的保存与展示成为定义该国文化、教育现代公民的重要媒介。[4]参加圣路易斯博览会时的晚清知识界并未出现西方民族国家

---

2457; Timothy J. Fox and Duane R. Sneddeker, *From the Palaces to the Pike: Visions of the 1904 World's Fair, p.* 138; Mark Bennitt, ed., *History of the Louisiana Purchase Exposition: St. Louis World's Fair of 1904*, pp. 483-559.

1　见 Richard L. Wilson, *The Potter's Brush: The Kenzan Style in Japanese Ceramics*, pp. 22-44.

2　见 Mark Bennitt, ed., *History of the Louisiana Purchase Exposition: St. Louis World's Fair of 1904*, pp. 521、534.

3　见 China. Imperial Commission, Louisiana Purchase Exposition, 1904, *China: Catalogue of the Collection of Chinese Exhibits at the Louisiana Purchase Exposition*, pp. 15、67、75、281-282.

4　见 Carol Duncan, "Art Museums and the Ritual of Citizenship," in Ivan Karp and Steven D. Lavine, eds., *Exhibiting Cultures: The Poetics and Politics of Museum Display*, pp. 88-103.

形成时关于"艺术保存与展示"的论述，清政府也未意识到送展博览会之某些物品足以表征"中国文化"且标示出的"文化传统"有助于中国之国际形象。光绪三十年（1904）的清政府在历经甲午战败、庚子事变后，若干知识分子已有强烈的危机意识，致力于保存外力冲击下的民族文化传统，光绪三十一年（1905）《国粹学报》的创立即为一显例。"国粹"一词来自日文，光绪二十七年（1901）梁启超在论文中即提及该词，自此至光绪三十一年（1905）间，清政府及重要官员如张之洞，或知识界如邓实、黄节等人均有意于"保国粹"。姑且不论"国粹"的精准定义，在"国粹"的讨论中，"文化"作为一个范畴成为讨论的重心，在西方观念中占有重要位置的"美术"自是不能缺席。[1] 自光绪三十三年（1907）《国粹学报》第一号开始，其中陆续出现"美术篇"专栏，刊出刘师培等人的文章，其中论及明清绘画、早期铜器、汉代画像石及文人砚石等。[2]

即使如此，在光绪三十年（1904），无论在晚清国族建构的论述中还是在与日本、西方相对之下必须确定中国特性时，传统文物如何与中国历史传统、国家民族联结，并成为代表中国或中华民族的物品，仍未得到清楚厘清。[3] 细言之，中国传统的"文物观"并不等同于西方的"美术"，铜器及砚台等文物如何转化成与西方博物馆展示相结合的"美术"，并未见讨论。上言日本在传统陶瓷上锁定乾山瓷，形成了一套符合西方美术创作观的说辞，并因确定的名称易于辨识而使该类瓷器及日本文化扬名于国际。就文学领域而言，操作方式极为类同，如英国的莎士比亚、法国的巴尔扎克及德国的歌德均在

---

1　关于"国粹"与《国粹学报》，见 Laurence A. Schneider, "National Essence and the New Intelligentsia," in Charlotte Furth, ed., *The Limits of Change: Essays on Conservative Alternatives Republican China* (Cambridge: Harvard University Press, 1976), pp. 57-89; Lydia H. Liu, *Translingual Practice: Literature, National Culture, and Translated Modernity—China, 1900-1937* (Stanford, Calif.: Stanford University Press, 1995), pp. 239-246; 喻大华：《晚清文化保守思潮研究》（北京：人民出版社，2001），页 82—104。

2　关于刘师培等在《国粹学报》"美术篇"上的论文，见该学报第三年第 1 号至第 5 号（光绪三十三年［1907］1 月至 5 月）。

3　关于晚清国族论述，见沈松侨：《我以我血荐轩辕——黄帝神话与晚清的国族建构》，《台湾社会研究季刊》，第 28 期（1997 年 12 月），页 1—77；《振大汉之天声——民族英雄系谱与晚清的国族想象》，《"中研院"近代史研究所集刊》，第 33 期（2000 年 6 月），页 81—158。

图2.20 圣路易斯万国博览会"人文教养宫"中的中国展区内可见众多模型　图2.21 圣路易斯万国博览会"人文教养宫"中的中国展区内可见众多模型

此种操作下成为其国族文化的显著代表。[1]

　　中国参展品中尚包括大量的模型，有一类为生产说明，例如前述"北京工艺局"将珐琅器的制作以模型方式一步步展示自黄铜原料到成品的过程。另以模型形式展示难以运达博览会的中国大型物品，多为各式水上工具，如舢板、小船等，并附有价格卷标（图2.20）。最多者为说明中国生活习俗的建筑或人偶，茶馆、佛塔、政府官衙、坟墓皆有，街道上小贩、商人、乞丐、理发匠、补瓦匠俱全，婚丧礼及各式人等的服饰也用模型展现（图2.21）。[2]如此运用模型的做法，与圣路易斯博览会的教育宗旨有较大关系，1876年清政府参展费城博览会时未见此展陈方式。[3]尤其是生产示范类模型，虽未用动力，但未尝不是博览会所强调之"过程"（图2.22）。由此可见，清政府在展陈方式上，尝试与博览会之主张配合，并开发新的形式。无论以模型示范生产还是跳脱文字或平面图的范围、进入立体空间的展示方式，在晚清时期

<hr />

1　见 Lydia H. Liu, *Translingual Practice: Literature, National Culture, and Translated Modernity—China, 1900-1937*, pp. 244-245.

2　Mark Bennitt, ed., *History of the Louisiana Purchase Exposition: St. Louis World's Fair of 1904*, pp. 291、293、294、295、296、297、298.

3　在费城博览会的中国展览目录中未见模型，而该博览会相关出版物中也不见关于模型展示的描述。见 The Inspector General of Chinese Maritime Customs, *China: Catalogue of the Chinese Imperial Maritime Customs Collection at the United States International Exhibition*, Philadelphia, 1876; George T. Ferris, *Gems of the Centennial Exhibition* (New York: D. Appleton and Co., 1877), pp. 81-87; *Magee's Illustrated Guide of Philadelphia and the Centennial Exhibition* (Philadelphia: R. Magee and Son, 1876), pp. 112-168; *Frank Leslie's Illustrated Historical Register of the Centennial Exhibition*, 1876 (New York: Frank Leslie's Publishing House, 1877).

图2.22　圣路易斯万国博览会"人文教养宫"中的中国展区

的中国均应称新颖。然而，若将此新颖的展示方式置于中国的整体展览或圣
路易斯博览会的整个会场中，又会如何？

（三）现代展示体中的"中国"

圣路易斯博览会中的"人文教养宫"为一三维的展示空间，一如前述，
各国对展览空间的设计如同现今室内设计般，先确定展览地点、面积及布局
等，再以平面图规划，定做展示柜等，最后设计师及工匠至会场上完成布展。
中国的展览布置缺乏此一作业流程，理由究竟是经费不足、策展人员能力不够，
抑或时间仓促？前文已讨论过中国参展之用心甚且及于新形式的尝试，也提
及溥伦等人齐聚北京商讨展出事宜及黄开甲提早抵达圣路易斯准备等，可见
上述理由无法成立。更重要的或许在于，中国未能理解博览会此一现代性场
所中的"展示"，即前文提到的本雅明等学人所讨论的议题——展示的现代
意义。

在西方世界，"展示"于世纪之交已成为众人习于关注之事，展演文化
深入生活之中。就社会分工而言，商品展示设计在当时刚成为专门职业，各
地商店街的玻璃橱窗经过设计后，城市内的市民游览、观看，品赏对象不只
物品本身，陈设方式亦成为看点。圣路易斯博览会所强调的"过程"展示未
尝不受此种新兴风潮的推动，主办方甚而宣称芝加哥博览会的展示只求实效，

图2.23　1851年英国水晶宫万国博览会展览会场

而要求圣路易斯博览会的展示有艺术性及悦目。[1]

有展示就有观看，二者为一体两面。博览会主办方自初即强调展示与观看，或者更恰当的说法应是博览会为展示与观看而设计。1851 年伦敦博览会的水晶宫以钢铁与玻璃建成骨架，内部空间不见隔间，结构体之钢架形成自然的分段，将各国物品在长条形空间中分两侧依序排列，一国一区，观者在中间主通道中自一端走到另一端，看尽左右排列之各国物品，视觉并无障碍（图 2.23）。选择钢铁、玻璃为骨架虽为该博览会的权宜之计，但所产生的效果却远超出当初的想象。玻璃为一透明媒介，本为展示与观看的最佳材质，一整座水晶宫即与本雅明所说的"长廊商店街"相似，不仅展示其内物品，也展示自身。除了身在其中漫步、浏览外，观者还可上二楼侧廊，自高处定点静观其下陈列的商品与来往的人群。往后万国博览会场的内部设计皆遵循此一原则，即使外观未采用玻璃，内部也以长廊形式设计，将各国物品分区罗列于长廊两侧。一如本雅明所阐释的城市"漫游者"（flâneur），观者在现代性的展示体中既可沿着长廊大道闲逛，也可自定点观看城市风光。[2]

万国博览会在展示与观看上的用心，尚见于观景地标。例如，1889 年巴黎博览会建有埃菲尔铁塔，首次出现一全为观景而设的建筑,既是博览会地标,也是被观看的对象。1893 年芝加哥博览会的菲瑞斯巨轮（Ferris Wheel）的性

1　J. W. Buel, ed., *Louisiana and the Fair: An Exposition of the World, Its People and Their Achievements*, vol. 9, pp. 3403-3404.

2　见 Walter Benjamin, Rodney Livingstone, trans., "The Return of Flâneur," in Walter Benjamin: *Selected Writings*, vol. 2, 1927-1934 (Cambridge: The Belknap Press of Harvard University Press, 1999), pp. 262-267. 本雅明所说的"漫游者"虽永远在移动，但仍以特别方式观看特定景观，其中应包括为时短暂的定点凝视。事实上，本雅明在解释"漫游者"如何在都市快速移动的人群及事物中见到风景（landscape），即是将运动转成静止，方能见到。此一观念与其历史观接近，见 Hannah Arendt, "Introduction: Walter Benjamin, 1892-1940," in Hannah Arendt, ed., Harry Zohn, trans., *Illuminations: Essays and Reflections* (New York: Schocken Books, 1968), pp. 12-14.

质与之类似。[1] 圣路易斯博览会将此一巨轮
买下后重新组装，立于博览会场，也是将之
作为地标。日本在择地建本国馆时，特别离
开中国所在的各国馆区而选择在巨轮旁，原
因即是着眼于观看与展示。一是观景人潮在
巨轮上低头即见日本馆全景，二是摄影取地
标之景时想必会带到日本馆，三是为该馆拍
照时，以巨轮为背景尤有意义，可彰显本身
科技文明的进步（图 2.24）。日本的考虑可
说是深谙现代性的视觉表述，无怪乎整体展
览深受好评。[2]

图2.24　圣路易斯万国博览会 "日本馆"

　　西方人的观展文字中关于展示的评语颇多，如前所述，中国的展示方式
及参展品亦是品评的重点。在多数称赞的声音中，两处异质之音特别引人注
目：一则以同情语气提及中国展之拥挤，将之归因于分配到的展地过于狭小，
另一则直指中国的展地 "乱七八糟"（topsy-turvydom），令人无法观看。[3] 场
地不敷使用确实难为，但如前所述，中国对 "现代性的展示" 一事缺乏概念
则更值得讨论。在与他国对照之下，中国的 "混乱" 似乎难以为观者理解，
也无法找到易于观看的角度。何谓 "现代性的展示秩序"？又如何有 "易于
观看的角度"？

　　试以日本在 "多样工业宫" 的设计为例，入口处建一传统形式的门道，
两侧以对称排列之玻璃柜引导视线，与入口形成一漏斗形，运用透视法将焦
点集中于中轴线顶端的入口。入口建筑上挂有巨牌，标示 "JAPAN"，太阳

1　主要观念见 Debora L. Silverman, "The 1889 Exhibition: The Crisis of Bourgeois Individualism,"
pp. 71-91; Thomas Richards, *The Commodity Culture of Victorian England: Advertising and Spectacle,
1851-1914*, pp. 1-72; Tony Bennett, "The Exhibitionary Complex," pp. 73-102.
2　见 Dorothy Daniels Birk, *The World Came to St. Louis: A Visit to the 1904 World's Fair* (St. Louis:
Chalice Press, 1979), pp. 71-72; Carol Ann Christ, "Japan's Seven Acres: Politics and Aesthetics at the
1904 Louisiana Purchase Exposition," pp. 3-15.
3　Mark Bennitt, ed., *History of the Louisiana Purchase Exposition: St. Louis World's Fair of 1904*,
p. 287; Martha R. Clevenger, ed., *"Indescribably Grand": Diaries and Letters from the 1904 World's
Fair*, p. 58.

图2.25　圣路易斯万国博览会"多样工业宫"中的日本展区入口　　图2.26　圣路易斯万国博览会"农业宫"中的日本展区

图2.27　圣路易斯万国博览会"运输宫"中的英国与德国展区

旗与圣路易斯博览会会旗同悬于其下。此一设计主题清楚,即为"万国博览会中的日本"。该设计主动引导行走与视线方向,主从了然,观者一望便知如何循动线浏览、如何选定位置观看、如何取角入镜,自然充满秩序感。门道建筑装饰细致繁多,运用传统展现日本特色,加上尺寸巨大、壮观宏伟,予人印象深刻(图2.25)。再观日本在其他宫的入口设计,虽不华丽,但原则一致。"农业宫"入口采用传统的鸟居形式,下悬"JAPAN",四处可见太阳旗帜,边角地界以玻璃柜围出,既突出自己,又隔离他人,"日本"仿佛为一主体完整、形象清晰的区域(图2.26)。"运输宫"中英国、德国两国的入口处更可见到清楚的划分,左侧为德国,德国对面为英国,皆以具有本国特色的建筑形式界定出自己,标示清楚,"GERMANY"与"GREAT BRITAIN AND IRELAND"绝对不会混淆,硬件设计仿佛盔甲保卫着各自的地域,一如民族国家的主权不容侵犯(图2.27)。

　　每个国家的展区基本上皆为块状,以走道分出彼此,各国在自己的地域内布置,并以各式设计标示出国名、地界与特色。此种统合性即使在长条形空间难以布置的状况下,也可以本雅明提及之巴黎"长廊商店街"形式,依样完成。即在建筑内部作出拱廊设计,无论以原有建筑之钢梁为骨架还是在

图2.28　巴黎居福洛伊"长廊商店街"，1845—1847年

图2.29　圣路易斯万国博览会"制造宫"中的长廊设计

室内另行搭建，配上走廊两侧之玻璃柜，整齐有序的观看空间随即形成，参观者可在其中观览（图2.28、图2.29）。再以标示国名的匾额挂于走道尽头，自然入镜，区域完整又一目了然，一如日本的设计（图2.30）。

　　各国以玻璃或木质材料界定展区，其内放置的是最能彰显各国成就与特色的物品，多为同类相聚，丝织品、瓷器与轮船模型各自成区，不会混淆。物品多置于玻璃柜中，其成为视线的焦点，仿佛为观看而存在。为了让物品发光发亮，吸引人的目光，法国服装的展示柜在夜晚会点亮灯光，颇有迷离幻境之感（图2.31）。物品即使未置于玻璃柜中，也依照易于观看的原则，以主从位阶排序。例如，奥匈帝国利用多层台架展示物品，依次而上，重要的物品置于最高点，观者能立即掌握观看的次序，理解设计者预设的观看之道（图2.32）。除了用装置展示外，法国在"制造宫"的展出，每一大型陈列柜相距两尺以上，厅中设一环形座椅，观者可借以休息，更重要的是提供了固定的观看点与被观看点。该展地的摄影照片令人印象深刻：影像中的男孩坐于环形座椅上，此正是摄影最好的取景点，可统摄所有背景。由此可见，此一照片不仅指向展览厅中现代性的展示秩序，本身也代表了一种现代性的观看秩序，画面中主人翁与从属背景似乎全在摄影者眼睛的掌控之下（图2.33）。

图2.30　圣路易斯万国博览会"制造宫"中的日本展区

图2.31　圣路易斯万国博览会"制造宫"中的法国服装展

图2.32　圣路易斯万国博览会"制造宫"中的奥匈帝国展区

图2.33　圣路易斯万国博览会"制造宫"中的法国展区

　　漫游在博览会现场的观看者，或贴近玻璃柜，视线高于物品；或与物品有一段距离，进行全览式观看；但无论如何，观者的视线如欲掌控被观看的景物，必有适合之观看点。如此一来，壅塞之空间无法为观者提供观览的观看点，观者将难以观看。

　　最能表现此一现代性展示与观看秩序者要首推英国，此一老牌博览会国家在其参展目录中即印有大量图版，以图说话。除了一张地图标示英国物品的所在地、便于观者搜览外，其他共有27张照片影像，来展示英国展览中的现代性秩序。照片中大型玻璃柜的风格明亮整洁，脚柱轻盈，增强了柜内物品的雅致感。空间安排上以柜子为主，观者隔着玻璃柜观看柜内以织布衬托的瓷器。27张照片拍摄的角度也具体体现出了现代的秩序感，摄影术本是现代的象征，以此为媒介表现现代，可见英国参展方深谙展示与观看之道（图 2.34）。[1]

图2.34　圣路易斯万国博览会"美术宫"中的英国展区

通过上述的分析，博览会中西方观者对于中国展地"乱七八糟"的观感似乎可以想见。中国展地呈长条形，并非块状，遂不见如日本、德国或英国般的明显入口或地界圈限；再者，未如"长廊商店街"般布置展品，遂不知展地自何而始，又终于何处。中国展地上可见若干"CHINA"标志物，但被悬于梁柱上，不够清楚，而黄龙旗则混杂在多种旗帜中，未能突出中国展地区域的完整与主权的统一。黄龙旗来自满族的八旗制度，原为清代皇室正黄旗的代表，在清末国际外交中用以象征"CHINA"，也可见皇室地位远高于国家。一如前言，中国的展品未见国族意识，而中国展地的布置也未如民族国家般具有明确的地界与象征（见图 2.35）。

再细看中国的布展：展地占有四条长廊，整体段落不分，且各式工艺品与模型混合陈列，品类复杂，观者难以分辨其中之不同（见图 2.35）。展品未有主从之分，小几、屏风、瓷瓶、佛塔模型与做成传统屋宇形式的展示柜并陈在拥挤的空间中，再夹杂绣有"大清国"三字的旗帜（见图 2.21）。观者在狭窄的走廊中，行走未有余裕，与物品无法维持一定的观看距离，既难有漫游之趣，又难以突出重点，只见无以胜数且装饰繁复华丽的物品令人目不暇接、眼花缭乱。但究竟看到什么，也无法确定。即使陈列于玻璃柜中的器物，虽有放置高低之别，但无设计与秩序感，仿佛仓库般见隙就放、多层堆积。若将之与英国展示柜中以精致织品烘托的瓷器相比，犹如今日地摊货与美术馆藏品的比较，身价一望即知（见图 2.36）。

1　Sir Isidore Spielmann, compiled, *Royal Commission, St. Louis International Exhibition 1904, The British Section* (London: Hudson and Kearns, 1906), pp. 248、249、287、288、289、332、333、334、336、340、341、366、393、398、399、401、402、419、431、432、433、434、436、437、438、440、444. 关于摄影与现代性的研究，见 Walter Benjamin, "A Short History of Photography," in Alan Trachtenberg, ed., *Classic Essays on Photography* (New Haven: Leete's Island Books, 1980), pp. 199-216.

图2.35　圣路易斯万国博览会"人文教养宫"中的中国展区　　2.36　圣路易斯万国博览会"人文教养宫"中的中国展区

中国传统中并非不见物品展示，然展示地多为小型商店或市集广场，仍以货品买卖为主，场地设计未在考虑之内。私人收藏或宫廷收藏面向的毕竟为少数观者，不需通过设计展场来吸引众人目光，观物之场所甚至为私人宅第，强调的是友朋间的亲密感与对文化的共同体认。[1]中国传统中未尝不见秩序感，尤其强调严整的君臣位阶的政治秩序，具体体现在帝国都城的设计上。若以明清时期北京皇城为例，以绝对对称的设计突出中轴线建筑群的至高无上，大小城墙重重相套，居中行走的人视线局限，只见城墙的高耸，唯有经过层层大门后，方可见到帝王所在的大殿。此种设计着重的是闭锁与层层包围的空间，在有限的视线下，观者仅能惊叹于帝国的宏图壮观与君威的浩荡难测。[2]明清皇城重对称与隐藏，设计元素以障蔽的城墙、门道为主，而西方现代性的展示秩序注重在长廊直道的开放式效果、力求视线无碍与观看清晰，二者差别极大。

晚清中国在涉入博览会此一现代性的展示体时，展示思路不脱杂货店式以货品买卖为主的思考模式，即使参展品中有1893年张之洞所设之汉阳钢铁

1　关于中国若干观看情境，见 Craig Clunas, *Pictures and Visuality in Early Modern China* (Princeton University Press, 1997), pp. 102-133.

2　见 Wu Hung, "Tiananmen Square: A Political History of Monuments," *Representations*, no. 35 (Summer 1991), pp. 84-117.

厂新式炼钢及“北京工艺局”运用新方法制成的复古器物，[1] 而如何展示却未经深思。上海茶磁公司为展览会制作了多页的说帖，上呈清廷，其中念兹在兹之处在于如何取西洋新式瓷器之法大开中国瓷器销售之门，然销售方却只提出经理人才。[2]

综上所述，中国在“人文教养宫”呈现的是晚清实业开发与物品的生产面，尚未触及资本主义社会消费层面中最重要的展示与观看问题。就展演而言，清政府虽极力适应博览会的教育宗旨，也尝试以模型作立体呈现，但终究不见现代性的展演。对于看惯其他各国主从有序、完整统合的展示的观者来说，清政府于博览会上的展示只能说是主权不清、难以界定且乱七八糟。

## 四、结论：谁的“中国”？什么形象?

清政府于圣路易斯博览会上的展示呈现出传统市集般的混乱秩序，不免要问布展人为谁? 如前所述，展地面积与集中展示应为代表团在国内的决定，主导者为溥伦及两位副监督。1904 年 3 月开始清政府始布置展览，柯尔乐与海关相关人员于 1904 年 4 月方至，[3] 在此之前，黄开甲可能全权处理布展事宜，其后海关人员参与布置。黄开甲系办洋务出身，曾服务于招商局，当时获选为外务部代表，[4] 而海关久为博览会之负责单位，自然较熟悉展览业务。美方资料显示，海关洋员法国人巴有安（ J. A. Berthet ）为“人文教养宫”实际布展人。[5] 如此看来，混乱的中国式展示与“真正的”中国人无关?

圣路易斯博览会中的中国，主导展示的单位多重，不能推至巴有安个人。物品征集地包括通商口岸之外的行省，如湖北省、湖南省，也包括个人如端

---

1　关于汉阳钢铁厂的展品，见 China. Imperial Commission, Louisiana Purchase Exposition, 1904, *China: Catalogue of the Collection of Chinese Exhibits at the Louisiana Purchase Exposition*, p. 109.

2　见《各国赛会公会》，《外交档》，02-20-2-（1），“散鲁伊斯会”。

3　见 Mark Bennitt, ed., *History of the Louisiana Purchase Exposition: St. Louis World's Fair of 1904*, p. 291; World's Fair Bulletin, vol. 5, no. 6, p. 56.

4　见陈霞飞主编：《中国海关密档：赫德、金登干函电汇编》，第 7 卷，页 368 ;《各国赛会公会》，《外交档》，02-20-2-（1），“散鲁伊斯会”。

5　Mark Bennitt, ed., *History of the Louisiana Purchase Exposition: St. Louis World's Fair of 1904*, p. 287.

方价值 1 万美元的古物收藏，更有如"北京工艺局"等参与，并非全由海关把持。再者，展地面积及集中展示的方案已经大致决定了展览拥挤无序的状况，巴有安所能做的应为细部整理。更何况，前已言及中国当时对于博览会的看法是将之视为商业利益竞逐场，在实业开发的背景下看到的皆为生产面，本与展示或文化传统等论述无关。"人文教养宫"的布置体现了中国在现代性的展示与观看秩序之外，但讽刺的是，即使如此，中国仍无法逃脱西方人安排好的现代展示场所及无处不在的凝视。

在圣路易斯博览会的脉络中，就国家代表而言，"中国馆"应更能标示民族国家框架下定义的"中国"，但事实却非如此。以溥伦官邸为参照设计"中国馆"的决策过程今已不详，但清政府确实花费了一番心思布置该馆。黄开甲在北京与溥伦开完会后，随即南下上海，由两位英籍建筑师绘制蓝图，带图与数十名工匠至美国后，由美国建筑商依图建成；但细部雕琢为保证原汁原味，则由中国匠人负责。[1] 为使内部如生活场景般的客厅、卧房更加华美，据闻慈禧有意借出内府之若干家具，也向江南富室巨绅等商借。[2] 今所见之照片影像，外部建筑与内部装潢确实精雕细琢，花样繁多，难怪花费不赀（图2.37、图 2.38）。选择以溥伦宅邸而非其他文化古迹为蓝图设计场馆，也显示出中国当时的"文化传统论述"并不彰显，而与之相连的"国族论述"尚未在文物范畴中发展。清廷注意之点似乎在于建筑、装饰是否美轮美奂以符合皇室之尊，而不是如何代表中国、展示形象。与之相较，日本选择以复原金阁寺为"日本馆"建筑之一，在摩天巨轮的映照下，传统与现代并陈，既有历史文化又有工业文明，参展圣路易斯博览会的日本即以此两种看似不容、实则互补的形象而大获成功（见图 2.24）。[3]

行文至此，仿佛能看出晚清中国面对现代情境的困境——既无反身观照

---

1　见《各国赛会公会》，《外交档》，02-20-2-（1），"美国散鲁伊斯庆贺购得鲁义地方百年纪念万国赛会案目录"；《圣路易斯赛会之华式房屋》，《时报》，1904 年 7 月 6 日，2 张 6 页；*World's Fair Bulletin*, vol. 4, no. 10, pp. 3-4. 笔者曾翻阅相关研究，并未发现任何关于溥伦宅邸的记载或讨论，例如赵志忠：《北京的王府与文化》（北京：燕山出版社，1998）。

2　见《赛会汇记》，收入广文编译所：《外交报汇编》，第 21 册，页 91。

3　见 William H. Rau, *The Greatest of Expositions Completely Illustrated*, p. 67; Carol Ann Christ, "'The Sole Guardians of the Art Inheritance of Asia': Japan at the 1904 St. Louis World's Fair," pp. 675-710.

图2.37　圣路易斯万国博览会"中国馆"外观　　　　图2.38　圣路易斯万国博览会"中国馆"
　　　　　　　　　　　　　　　　　　　　　　　　　　　　内部

后对于自身文化传统的定义，又无学习西方后对于展演文化的熟识。然而，
在西方国家与日本帝国主义和民族国家一体两面双重体系的强势作为下，圣
路易斯博览会中的中国并非全然不见能动性。前言中国代表在圣路易斯的高
度曝光与形象营造，即是与其他文化交涉后必须呈现自己的展演行为。更具
历史意义的是，美籍画家柯姑娘所绘之慈禧油画像，由于笔者于下章中将详
论此作，在此仅简述如下：画中形象的呈现与传统帝王或后妃像不同，具有
新的样貌，视觉展示性远非传统肖像画所能比拟，而其制作目的与使用空间
均涉及公共领域，意图借此发挥影响力，制造公众舆论。由此种展示性与公
共性融为一体之作，可见中国帝后肖像之运用与意义已有重大改变，慈禧油
画像已进入现代文化中自我形象的塑造与展示的范畴（见图2.4）。[1] 慈禧肖
像的绘制者虽为外国人，但其风格之主导者仍为慈禧本人，一如前言，此亦
可视为中国在国际舞台上的主动作为。

　　再观清人关于博览会的记述，更能体会圣路易斯博览会此一历史情境如
何映照出复杂的"中国"。参观 1876 年费城博览会的李圭及 1878 年巴黎博

---

1　Cheng-hua Wang, "Presenting the Empress Dowager to the World: Cixi's Images and Self-
fashioning in Late-Qing Politics," pp. 1-27.

览会的徐建寅，在字里行间透露出对于博览会上视觉展示的好奇，他们也注意到了中国展馆的陈列方式。尤其是李圭的参展描述，与西方观者的观感类似，充满好奇与新鲜，恍若进入了大观园。然而，20世纪初之后的言论有所改变，无论是亲自参会还是转述他者之言，关注的重点在于代表物品或人员所显示出的中国形象与中国参展所受的不公平待遇，民族主义式的情感充盈于文字间。评论多集中于中国陈列什么物品，而非如何陈列。例如抗议圣路易斯博览会展出弓鞋、烟具、小脚妇人与城隍庙等模型，用意在于物品本身有违中国形象，却未及展示形式。唯一例外者为钱单士厘，他在不平之情外，尚提及中国参加1903年大阪内国劝业会时的陈列悉如西法。[1] 由此可见，庚子事变后的晚清在与西方、日本帝国主义及民族国家密切接触后，知识分子及商人已有炽烈的民族情绪，对于中国形象极为敏感，十分注意对于外国人（尤其是海关洋员）的态度。姑且不论这些抗议言论是否合理，显而易见的是当时的精英之士并非无知之辈，可被帝国主义随意操弄。

另以《时报》为例，新式传播媒体对于圣路易斯博览会的报道，更可见出中国当时的能动性与生命力。《时报》乃上海之大报，派员至圣路易斯博览会会场专题报道博览会之状况。[2] 在特别报道及海外新闻中，《时报》描写溥伦受到的欢迎与礼遇，一如前文所述。值得注意的是，在一系列关于溥伦穿着、用车及活动的细节描述中，阅报的晚清精英之士是否感觉到皇室形象与皇权政体的转变？[3] 因为一个身着清朝服饰且因皇室身份而受到破格待遇的国家代表，履行如英国皇室般的职责，不免令人想到皇室无实权、却成为国

---

1　见李圭：《环游地球新录》，收入钟叔河主编：《走向世界丛书》，第6册，页201—239；黎建昌：《西洋杂志》，收入钟叔河主编：《走向世界丛书》，第6册，页479—486；梁启超：《新大陆游记及其他》，收入钟叔河主编：《走向世界丛书》，第10册，页520；钱单士厘：《癸卯旅行记》，收入钟叔河主编：《走向世界丛书》，第10册，页685—691；广文编译所《外交报汇编》，第1册之《论各省派员赛会办法未合》，页265—268；《论伦贝子赛会之结果》，页505—508；《书美洲学报实业界记散鲁伊斯博览会中国入赛情形后》，页599—610；广文编译所《外交报汇编》，第21册之《华物赴赛》，页46；《详述华商河内赛会情形》，页65—66；《赛会汇纪》，页91—92；《赛会近事》，页100—101。另曾纪泽出使英、法日记中也提及博览会，但记述简短。
2　关于《时报》的研究，见 Joan Judge, *Print and Politics: 'Shibao' and the Culture of Reform in Late Qing China* (Stanford, Calif.: Stanford University Press, 1996), pp. 17-53.
3　例如《时报》，1904年6月13日，2张6页；1904年6月20日，1张6页，2张6页；1904年7月3日，2张6页。

家象征的立宪制政体。《时报》也登载了外交参赞孙正叔参观圣路易斯博览会后的感想，他检讨了中国参展的利弊得失，对于商品陈列方式着墨甚多。文内详细叙述了值得效仿的各参展国的陈列方式，标举该会中最佳的展示国——德国、日本，提及包括所在位置、置物柜、摆设方式、解说人员及纪念品等项，并积极提倡中国日后商品销售中应注意的陈列方式。[1]

　　总而言之，圣路易斯博览会中的"中国"未呈现出民族国家式的同构型与统合性，但也未因西方或日本帝国主义的压迫而完全失去自主性，景象异常复杂，显示出了多重的历史意义，既有困境，亦见能动性。中国所呈现出的形象并未合唱着现代性的和谐之声，而是交相混杂、难以定义。

---

1　见《时报》，1905 年 3 月 21 日，2 张 7 页；1905 年 4 月 4 日，2 张 7 页；1905 年 4 月 5 日，2 张 7 页；1905 年 4 月 6 日，2 张 7 页。

第三章

# 走向"公开化"
——慈禧肖像的风格形式、政治运作与形象塑造[1]

## 一、引言

光绪三十年（1904）五六月间，发生了三件与慈禧（1835—1908）肖像有关的事情，若与当时重大的政治事件或议题相比，这些事情看似微不足道，也难有历史效应。但笔者认为这三件事情不仅不是微尘，更引发出晚清历史中重要的两大议题。其一关系着清朝转变成国际社会中国家成员时，慈禧通过肖像的形象塑造成为国家代表；其二讨论肖像成为统治者形象塑造的最重要的媒介，并在新兴的公共领域中塑造公众舆论，成为具有影响实际政治的视觉资源。

这三件事情简述如下。第一，光绪三十年（1904）五月慈禧开始与外国统治者、贵族及使节交换照片，并且留下正式记录，此应为官方机制[2]。第二，同年六月十二日至次年十二月二十九日，有正书局频频在上海的《时报》上刊

1　本文的完成端赖国家科学及技术委员会在研究经费上的资助，更承蒙多位学者的帮助与鼓励，内心非常感谢，尤其是以下诸位：张瑞德、杨丹霞、赖贞仪、霍大为（David Hogge）与鲁道夫·瓦格纳（Rudolf Wagner）。
2　《圣容账》，光绪二十九年（1903）七月立，中国第一历史档案馆藏；《各国呈进物件账》，光绪三十年（1904）十月十六日立，中国第一历史档案馆藏。

登广告，贩卖慈禧的照片。第三，同年六月十三日，美国女画家凯瑟琳·卡尔（Katherine A. Carl，？—1938，当时宫中之人称其为柯姑娘）所绘的慈禧油画像运抵美国圣路易斯，在揭幕仪式后，成为该城所办万国博览会中的展示品。[1]

　　本章主要分为四个部分，其中三个部分分别讨论上述三件事情，通过分析档案、报纸等文献及慈禧的摄影照片、油画像，在这些肖像与慈禧自我形象塑造之间建立联系，并探究当这些肖像拥有超越以往的国内外观众时，晚清政治所可能有的变化。除此之外，本章也试图讨论并未在外交或公共领域流通的慈禧之传统肖像画，因为慈禧自我形象的塑造并不始于光绪三十年（1904），从较早的传统肖像画中可见相对于慈安太后（1837—1881），慈禧如何建立有利于自己的形象。

## 二、光绪三十年（1904）慈禧肖像之相关议题

　　在清末纷扰多事的国内外变局中，光绪三十年（1904）与慈禧肖像有关的三件事情看起来既不相关，也微不足道。但这三件事情所涉及的肖像在媒材上相差甚远，也各有其制作与使用脉络。一方面，再就能动者（agent）而言，摄影肖像的外交使用与油画像的制作展出均经过慈禧本人的推动，自有其政治考虑；慈禧的照片成为商品，出现在以上海租界为基地的消费市场上，并非清廷主动为之，却可见新兴媒体与商人的能动性（agency）。这三件事情若并置合观，除了皆运用西方肖像技术之外，有何历史关联？另一方面，慈禧油画像的展出不过是中美外交史上的一个小注脚，慈禧照片所涉的外交与照片的社会流通既无关国计民生，也无涉于当时正如火如荼进行的政治改革，更与主流艺术之发展不相关连，这三件事情无论在现今政治外交史研究还是艺术史研究中均较为边缘，研究的目的为何？

　　笔者并不认为上述三件事情为历史中的微尘，共同发生于光绪三十年（1904）也并非偶然。若将这三件事情置于光绪三十年（1904）的历史情境

---

1　见 Mark Bennitt, ed., *History of the Louisiana Purchase Exposition: St. Louis World's Fair of 1904* (St. Louis: Universal Exposition Publishing Company, 1905), pp. 291-292; *World's Fair Bulletin*, vol. 5, no. 9 (July 1904), p. 28.

中解读，其中的关联处与共通性将引出重要的历史信息。就政治外交而言，首先是中国通过参与国际社会而形成的国家建构与慈禧代表性的建立。慈禧身为皇太后，在以国家为主体的国际政治外交场域中成为大清国的代表，与清朝的国家属性合一，确立了其统治者的地位。这关系着清朝国家属性的进一步确认，与其在国际社会的代表，应为晚清政治外交史中重要的议题。除此之外，慈禧通过肖像的风格形式如何传达自己身为大清国统治者的角色，更是分析之重点。

与之相关但更为宏大的议题在于近现代政治与社会文化中统治者的再现与能见度，包括能见度所缩结的统治基础。统治者的再现多半通过肖像而来，形象塑造为其用意所在，有其所针对的观者。通过肖像而进行形象塑造并非近现代统治者所专擅，然而当观者为大众媒体与公共空间（包括公开展览与报纸舆论）中所预设的"大众"时，统治者的执政基础将触及近现代社会的新兴阶层，也就是所谓的"大众"。此阶层不是帝制中国传统上所仰赖的皇亲贵族与官僚士人等，难以使用传统社会的地位、财富与文化资本等来区分，但通过报纸等媒体却能揣测其意向，晚清政府已不得不将大众舆论纳入考量的视野。"大众"也可针对统治者肖像阐发意见，并通过连接时政而形塑舆论，拥护或颠覆当朝权要及政权本身。这不仅是政治史的议题，也因为涉及代表统治者的各种视觉形式或物质形式，包括最具再现功能的肖像，也是艺术史学者应该关心的研究课题。

除了肖像可代表统治者外，中国帝王传统中其余可作为帝王代表的事物尚有他种。最明显的为皇帝发出的诏谕，以文字加上印章的视觉与物质双重形式，代表皇帝的权威与意志。前人的研究更指出皇帝手迹所具备的代表性与神圣性，甚至超越最具象的肖像。[1] 统治者在世之痕迹具有意义，并不局限于传统中国，但中国的特殊性在于其强调以毛笔写下的手迹。皇帝的笔迹被赋予了特殊的意义，观者与接受者皆能感受到此意义。然而，到了近现代，肖像却成为统治者最重要的象征，全球皆然，此点从慈禧肖像在光绪三十年

---

1　Jonathan Hay, "The Kangxi Emperor's Brush-Traces: Calligraphy, Writing, and the Art of Imperial Authority," in Wu Hung and Katherine R. Tsiang, eds., *Body and Face in Chinese Visual Culture* (Cambridge: Harvard University Asia Center, 2005), pp. 311-334.

（1904）左右的政治运用与曝光度上即得到揭示。

再者，中国传统中并不乏统治者的肖像，但在光绪三十年（1904）的中国，当大众媒体与公共空间开始蓬勃发展时，统治者以肖像的形式公开出现在大众面前，确实是新的历史文化现象。传统中国帝王像的能见度又如何呢？就帝王像形成制度的宋代及其之后而言，帝王像的能见度与流通性有其限制。如果以最严格的明代为例，除非子孙有祭祀崇拜的需要，帝王像并不容易见到，拥有帝王像更是限制重重。[1] 清代帝王像的能见度远大于明代，例如雍正皇帝（1678—1735，1723—1735 年在位）与乾隆皇帝（1711—1799，1736—1795 年在位）留下了有众多个人像，某些甚至以贴落的形式呈现在来朝的蒙古部族领袖与使臣前。[2] 即使如此，盛清时期的帝王像仍远非一般人所能见到，帝王的体貌更非民间普遍熟知并能加以议论。

身为皇太后的慈禧，虽为实际的统治者，但她毕竟不是皇帝，又身为女性，其体貌原本应深藏于宫禁内。中国历来的女性统治者，无论是身为女皇帝的武则天，还是历代以皇后或皇太后之名掌握大权的皇家女性，皆运用艺术媒介展现及谋取权力；[3] 然而，女性统治者对于肖像的政治运用则较为少见，慈禧乃为特例。慈禧运用肖像塑造形象并且赋予肖像政治作用的做法，虽见于其前之帝王，但其肖像能见度之广，实为仅见。

光绪二十八年（1902）慈禧首次成为影中人物，次年夏天她主动入镜并拍摄了系列影像；[4] 约于同时，慈禧接受西洋油画家柯姑娘为之近身写像；[5] 接续而来，光绪三十年（1904）慈禧之肖像在外交与社会场域中流通，横跨

---

1　关于明代帝王像的皇权观念与能见度，见 Cheng-hua Wang, "Material Culture and Emperorship: The Shaping of Imperial Roles at the Court of Xuanzong (r. 1426-35)," (Ph.D. diss., Yale University, 1998), chapters 2、3、4.

2　见杨伯达：《〈万树园赐宴图〉考析》，收入氏著：《清代院画》（北京：紫禁城出版社，1993），页 178—210。

3　关于中国历代女性统治者如何运用艺术形式塑造形象的研究不少，李慧漱的新书虽集中讨论宋代皇后与皇太后，其中亦有全面性的概述。见 Hui-shu Lee, *Empresses, Art, and Agency in Song Dynasty China* (Seattle: University of Washington Press, 2010), pp. 3-22.

4　慈禧首次入镜应是 1902 年年初，却是偶发事件，并非主动为之。照片见 Gilles Béguin and Dominique Morel, *The Forbidden City: Center of Imperial China* (New York: Harry N. Abrams, Inc., 1997), pp. 88-89, 关于慈禧与摄影，详见下文。

5　慈禧油画像的绘制，见 Katherine A. Carl, *With the Empress Dowager of China* (London: KPI Limited, 1986).

中外。当慈禧的油画像在圣路易斯万国博览会中被公开展出时，其摄影照片
不但在国际外交圈中流通，而且在中国国内也通过报纸等被公开贩卖。圣路
易斯万国博览会为期七个月，参观者有两千万人，只要支付门票费用，观者
皆可一览大清国皇太后肖像。[1] 因为摄影照片的复制相对容易，流出宫廷的照
片散布于民间，民众也可通过金钱交易而取得照片。这些关于慈禧肖像的状
况若于数年之前，仍然难以想象，光绪三十年（1904）的转变确实值得探究。

　　慈禧油画像与摄影照片之间若相呼应的微妙关系，尤其是二者所显示的
"公开化"现象，发人深思。一方面，慈禧的油画像在圣路易斯被公开展出，
此已涉及公共空间中的展览行为，所造成的大众舆论虽有操控法则，但非传
统帝后肖像的形象塑造可比拟想象。圣路易斯博览会观众的组成与大众舆论
的形成虽非清廷所能控制，但慈禧愿意将自己的肖像"暴露"在不知其名、
无法揣度的群众中，此亦可视为她对于近现代世界公共空间与大众舆论的新
体会与新态度。另一方面，有正书局位于上海租界内，贩卖皇太后照片，清
廷无可置喙，而卖出的慈禧照片，即便为平民购买者毁损涂抹、辱及慈禧，
也全非清廷所能掌握。虽然如此，在当时开放的氛围中，清廷并未禁止慈禧
摄影照片的买卖；甚至有资料显示，就在光绪三十年（1904）五月，慈禧接
受外国使节夫人的建议，采取国际惯例，允许民间拥有君主肖像，以示爱戴
之忱。[2]

　　光绪三十年（1904）的慈禧并非初次接触肖像运用与形象塑造等课题，
事实上，早在同治年间（1862—1875），慈禧已然入画而留有肖像，肖像画
皆为中国传统绘画的形制与风格。虽然本章讨论的重点在于新式的油画像及
摄影像，但以中国传统绘画风格所呈现的多幅慈禧肖像画也被一并讨论，用
以展现长期以来慈禧对于自我形象的塑造，以及不同时期形象的转变。综观
慈禧入宫后的际遇，随着地位的改变，自有相应的形象塑造，所呈现的角色

---

1　圣路易斯万国博览会的展期为四月三十日至十二月一日。有关圣路易斯万国博览会的举办细
　节，见王正华：《呈现"中国"：晚清参与 1904 年美国圣路易斯万国博览会之研究》，收入黄克
　武主编：《画中有话：近代中国的视觉表述与文化构图》（台北：台湾"中研院"近代史研究所，
　2003），页 421—432。
2　《太后照相传闻》，《大公报》，1904 年 5 月 5 日，"时事要闻"栏。

也有所不同。只有对慈禧早期到晚期的传统肖像画有深入认识，慈禧晚期的新式肖像画中的特有形象及其转变方能清楚浮现。

　　总而言之，本章集中讨论了光绪三十年（1904）左右与慈禧新式肖像有关的三件事情，共涉及两大议题：其一，在大清王朝转型成为国际社会国家成员的过程中，慈禧如何成为国家的代表；其二，在清末大众媒体与公共空间兴起的背景之下，慈禧通过肖像的能见度与公开化，如何进入近现代世界大众舆论的场域。一方面，清朝政权因为必须正视"大众"与"公共"的出现，其统治基础或也微现改变的曙光。另一方面，触动慈禧肖像"公开化"的报社、书局等社会机构与见到慈禧肖像的"大众"也参与舆论的产生，成为颠覆或支持慈禧的政治力量。

　　如欲探究上述两大议题，必须了解光绪三十年（1904）左右慈禧与清廷所处的历史情境，并参照中国传统中统治者肖像的政治运用、形象塑造与能见度。除了与传统对话外，清末国际社会与中外媒体对于慈禧肖像的评论并不少见，这些舆论与慈禧自我呈现及形象塑造之间的对照互动，显现出慈禧之形象并非孤立存在、全然是个人想象出来的产物，而应有对应的观看脉络可循，隐含着慈禧形象塑造所默认的运作逻辑及其产生作用的政治场域和社会网络。这正是新旧文化与中外政治交错中的清末历史，具体彰显在慈禧的新式肖像上。这一番光景并非微不足道、不值得探究，反而映照出清末十年在政治、社会与文化上的巨大变化。

## 三、传统肖像画中的慈禧形象

　　据保守估计，慈禧留下的肖像达五十多件，其中约三分之二为摄影照片，群像、独像皆有；其余画像皆为独像，包括油画像及传统形制与风格的肖像画。现存于世的帝、后、妃像，皆出自宋代之后。宋代之前虽然在记载中可见帝、后、妃像，但既不见实物，数量上也难以追溯。若以现存宋代之后的帝、后、妃像为例，慈禧肖像的数量，除了雍正与乾隆外，无人出其右者。[1] 相对于宋、

---

[1] 雍正皇帝最引人入胜的画像为六套扮装像册页，总共八十八页。虽然学界对于这六套册页

元、明三代，清代留下了大量的帝、后、妃像，此状况应不只是因为其前三代距今时间较远而造成的画作亡佚；即使与时代最近的明代相比，清代皇室对于画像的喜好与新种类画像的创发，也让人印象深刻，遑论盛清三位皇帝对于画像有相当高超的政治运用，尤其是雍正与乾隆。[1]

考虑到盛清宫廷对于画像的制作与运用，慈禧太后肖像的多元风格与罕见数量似乎并不突出，然而慈禧并非皇帝，在对照现存宋代以来的后妃像后，慈禧肖像的"非传统"更为彰显。一般而言，除了妓女画像外，中国传统的女性肖像多半为祭祀祖宗时所需的大妇像，换言之，一般女性只有进入宗族祭祀谱系中，才有资格留下肖像。如是之故，宋、明二代仅有皇后留下肖像，蒙元皇室虽不遵循汉人的祭祖传统，但也只有皇后留影于后世。[2]清代皇室虽然留有不少嫔妃像，但正式的祖宗像并未脱离前代规范，基本上只有皇后方能留下形制统一的巨幅画像。[3]此类帝后像有其定制，自清初确定后，其后历朝皆遵循之，无论服制、姿势还是配置上，均见一惯性。一般而言，在像主离世后，这些帝

的制作时间究竟是雍正登基之前或之后，尚未见定论，但雍正本人对于画像的兴趣显而易见。相关的研究见 Wu Hung, "Emperor's Masquerade: 'Costume Portraits' of Yongzheng and Qianlong," *Orientations*, vol. 26, no. 7 (July/August 1995), pp. 25-35; Hui-chih Lo, "Political Advancement and Religious Transcendence: The Yongzheng Emperor's Deployment of Portraiture," (Ph.D. diss., Stanford University, 2009), chapter 4; 陈葆真：《雍正与乾隆二帝汉装行乐图的虚实与意涵》，《故宫学术季刊》，第 27 卷第 3 期（2010 年春季号），页 49—58；邱士华：《青史难留画业名？〈胤禛行乐图册〉之作者及相关问题研究》，收入李天鸣主编：《两岸故宫第一届学术研讨会：为君难——雍正其人其事及其时代论文集》（台北：台北故宫博物院，2010），页 469—499。根据民国政府接收清宫后所进行的物品点查，景山寿皇殿中即有五十余件乾隆肖像。见清室善后委员会编：《故宫物品点查报告》（北平：故宫博物院，1929），第 6 编第 1 册，寿皇殿，页 1—46。

1　关于盛清三帝对于画像的政治运用尚未有全面性的研究，雍正与乾隆的部分，见 Wu Hung, "Emperors Masquerade: 'Costume Portraits' of Yongzheng and Qianlong," pp. 25-41; Hui-chih Lo, "Political Advancement and Religious Transcendence: The Yongzheng Emperor's Deployment of Portraiture," chapters 1, 2, 4; 陈葆真：《雍正与乾隆二帝汉装行乐图的虚实与意涵》，页 49—102。

2　关于宋、元、明三代帝后像，见《南薰殿图像考》的记载。胡敬：《南薰殿图像考》，收入卢辅圣主编：《中国书画全书》（上海：上海书画出版社，1997），第 11 册，页 774—780。元代帝后像的研究，见 Anning Jing, "The Portraits of Khubilai Khan and Chabi by Anige (1254-1306): A Nepal Artist at the Yuan Court," *Artibus Asiae*, vol. LIV, no. 1/2(1994), pp. 40-86。

3　较个别者为乾隆慧贤皇贵妃肖像，也是绢本巨幅，原收储于寿皇殿中，应为祭祀之用。见清室善后委员会编：《故宫物品点查报告》，第 6 编第 1 册，寿皇殿，页 2。图版见商务印书馆：《清代宫廷绘画》（香港：香港商务印书馆，1996），页 207。

后像会被置于景山寿皇殿等处，以供皇室祭祀，一般人难以得见。[1]

　　慈禧的祖宗像依照祖制，全身穿戴着正式的明黄色礼服，包括朝服、朝冠、朝挂与披领，佩戴朝珠与采帨，这是清代等级最高的服制。[2] 慈禧作为像主，端坐于凤椅上，正面完全面对观者的姿势加强了此种端正效果。据容貌判断，此像之特征与其逝世时的七十多岁相称，脸上表现出肃穆气息，但未流露出明显的情绪（图3.1）。即使慈禧在清末近五十年间贵为天下主宰，权倾一世，但在帝王的祭祀系统中，她仍是皇后、皇太后，[3] 所坐者为凤椅，而非皇帝的龙椅。其形象与其前的皇后、皇太后祖宗像接近——穿戴配置一致、表情姿势相似，呈现出曾经母仪天下与作为家族女性祖先值得尊敬和景仰的一贯特质。

　　除了祖宗像之外，慈禧还留下了至少五幅"行乐图"。所谓的"行乐图"，描绘的是像主的各式活动，像主多半呈现出悠然闲逸或赏心玩乐之态。在中国晚期肖像画传统中，"行乐图"与"祖宗像"并列为两大类。"行乐图"此一名称或始于元代，经明代初年而成为定制，16世纪后，文人士大夫留下了大量的"行乐图"，其中可再细分为各式肖像，但"行乐图"作为常见的门类并未改变。[4]

　　慈禧的"行乐图"系列画像中有两幅看似并不出奇、描写慈禧于宫苑中的闲坐之姿，此种风格常见于文士"行乐图"画像中，但伴随慈禧出现的物品可看出慈禧的自我标志。另外，就肖像画模式而言，"弈棋像"与"扮观音像"较为突出，显示出像主的自我定位与政治运作，值得更进一步地讨论。

　　慈禧以兰贵人身份入宫，清代嫔妃制度共分七级，贵人为第五级，身份不高。咸丰四年（1854）慈禧晋升为懿嫔，咸丰六年（1856）生子载淳后，母以子贵，慈禧连升两级为懿贵妃。因为当时并无第一级的皇贵妃，懿贵妃已是皇后之下等级最高的嫔妃。咸丰皇帝（1831—1861，1850—1861年在位）

---

1　见章乃炜、王蔼人编：《清宫述闻》（北京：紫禁城出版社，1990），页955—960。

2　见昆冈等：《钦定大清会典图》（光绪二十五年［1900］石印本），卷58、59。

3　慈禧在咸丰皇帝（1831—1861）死后，因为亲生子载淳继位为帝而被尊为皇太后，徽号慈禧皇太后，但其生前并未当过皇后，死后谥号为孝钦显皇后。

4　关于"行乐图"的名称与其在明代初年成为定制的发展过程，见 Cheng-hua Wang, "Material Culture and Emperorship: The Shaping of Imperial Roles at the Court of Xuanzong (r. 1426-35)," pp. 216-221.

图3.1　《慈禧祖宗像》，绢本设色，253厘米×110.5厘米，北京故宫博物院藏

驾崩后，载淳继位为同治皇帝（1856—1875，1862—1875 年在位），懿贵妃
与皇后同尊为皇太后，徽号分别为慈禧与慈安，慈禧皇太后位于慈安皇太后
之下。两位皇太后联合恭亲王奕訢夺权成功，开始垂帘听政并逐渐掌握实权。
同治年间，慈禧虽与慈安、恭亲王奕訢共享权力，但慈安个性温谨恭简，对
于政事兴趣不大，恭亲王奕訢又于同治四年（1865）被削去"议政王"头衔，
慈禧意欲集权于己的企图相当明显。同治十二年（1873），同治皇帝亲政，
名义上两宫归政于帝，但慈禧仍然不时干预朝政。次年岁末，同治皇帝染病
早逝，慈禧力主同辈的光绪皇帝（1872—1908，1876—1908 年在位）载湉入
嗣以维持其皇太后的地位，并能再次垂帘听政。

　　慈安皇太后虽不管事，但毕竟位居慈禧之上，唯光绪七年（1881）慈安
逝世后，慈禧成为唯一的皇太后，名位与权势无人能比。光绪十年（1884），
慈禧罢去奕訢军机处要职，更进一步独掌大权。其后虽曾重用醇亲王奕譞
（1840—1891），而奕訢于光绪二十年（1894）中日甲午战争后因其涉外经
验被再次重用，但已时不我与，皆无法与慈禧的权势抗衡。光绪于光绪十五
年（1889）大婚后，慈禧名义上归政于帝，实际上仍监督朝政，朝内逐渐形
成帝党、后党之争。直至光绪二十四年（1898）戊戌政变，慈禧在权力天平
上显现出从未弱化的实力，一举幽禁光绪并谋废立，重新主导政事。自此至
光绪三十四年（1908）十月光绪与慈禧相继病逝，皇帝仅是宫内苍白的影子，
无论光绪二十六年（1900）庚子事变后帝后避祸西安，还是光绪二十八年（1902）
"西狩"归来后的大规模"新政"，全是慈禧的决定，慈禧掌握权柄，直至
生命最后一刻。[1]

　　上述对于慈禧地位与权势之变化的简述，为以下对于慈禧几幅画像的讨
论做铺垫。清代虽不乏嫔妃肖像，咸丰时期的两张画像更画出了后宫中年轻
嫔妃的青春气息，但作为咸丰妃子的慈禧并未在入宫初期留下美丽的身影。[2]
反过来说，祖宗像一般是像主最后的肖像，其制作时间较易掌握，据一般惯

---

1　关于慈禧入宫后的际遇与政治，见徐彻：《慈禧大传》（沈阳：辽沈书社，1994）。
2　关于这两张画，见朱诚如主编：《清史图典》（北京：紫禁城出版社，2002），第 10 册，咸丰、
　　同治朝，页 273—274。

图3.2　《慈禧吉服像》，纸本设色，130.5厘米×67.5厘米，北京故宫博物院藏

图3.3　《慈禧便服像》，纸本设色，130.5厘米×67.5厘米，北京故宫博物院藏

例与慈禧形貌观之，《慈禧祖宗像》应是慈禧逝世后不久的制作。[1] 现存的五幅慈禧"行乐图"，由于其上并无任何签款、印章，单凭慈禧容貌所显现的年龄感，很难确定制作时间，仅能在考虑画面内外诸多因素后，约略推断。

## （一）同治年间画像

《慈禧吉服像》（图3.2）与《慈禧便服像》（图3.3）应是较早的画像，

---

1　根据光绪元年《内务府造办处各作成做活计清档》中关于同治祖宗像制作的记载，我们可知这类帝后像制作的梗概。见光绪元年（1875）二月八日、十二日、十六日条目。本章所参照的"活计档"为台北故宫博物院图书文献馆所收藏的影印本。

图3.4　《慈安便服像》(《慈竹延清》)，纸本设
色，130.5厘米×67.5厘米，北京故宫博物院藏

图3.5　《慈安便服像》(《璇闱日永》)，纸本设
色，169.5厘米×90.3厘米，北京故宫博物院藏

画作完成时，慈禧并未独揽大权，慈安太后仍在人世，两宫垂帘听政，共同
辅佐同治皇帝。[1]两画尺幅与慈安太后画像《慈竹廷清》(图3.4)大小相同，《慈
禧吉服像》的构图形式与慈安的另一幅画像《璇闱日永》(图3.5)相似，而
《慈禧便服像》中的衣着又与慈安画像中的衣着仅有颜色红蓝之别。再根据《内
务府造办处各作成做活计清档》(以下简称"活计档")的记载，同治四年(1865)
三四月间，慈安与慈禧同时接受绘像，先有半身脸像，后绘成全图。[2]如此来看，

1　由于慈禧肖像并未有确定且公认的画名，此命名系根据画上特征而来。感谢北京故宫博物院
　　杨丹霞女士告知《慈禧便服像》的尺寸。
2　见《内务府造办处各作成做活计清档》，同治四年(1865)闰五月初四日条目。其他相关记

这两幅慈禧画像与两幅慈安画像的制作时间相隔不远，其中两幅更可能为同时之作。慈安太后的两幅画像上皆有同治题名与印章，其制作年代为同治年间并无疑问。

《慈禧吉服像》中的服制属于礼服的一种，适用于吉礼、嘉礼等。[1] 虬松挺立的宫廷院落中，慈禧坐于雕饰精美的椅榻上，啜饮茗茶，手撮鼻烟。几案上的如意有吉祥意味，也是身份地位的象征。在数张雍正皇帝与乾隆皇帝的肖像中，如意或出现在像主手中，握之如权柄；或置于其旁几案上，视为身份之象征。画中的鼻烟壶亦然，也见于咸丰、同治等皇帝的画像中，成为慈禧可以借镜的表征，用来象征天下至尊。慈禧画像中出现的辛夷与牡丹皆为春季开花，加上鲜花、水果与蝴蝶图样的环绕，慈禧理应在春光中闲适度日。然而，其神情端庄，穿戴礼服，身边不乏身份地位的象征，显然春日花园闲坐并非慈禧之意图，慈禧借着画像意欲彰显自己的地位。若与慈安的画像相比，此点更为明显。《慈竹延清》与《璇闱日永》两幅画中的慈安，皆穿着简单的蓝色团寿纹便服，身边除了瓶花与团扇等寻常肖像装饰物外，并无其他。

相似的状况亦见于《慈禧便服像》中。像中的慈禧闲坐于庭院中，小几上摆着茶盏、摊开的书，虽无明确内文，但书的形象相当明显。若比较此幅慈禧画像与两幅慈安画像，虽可见类似的风格与制作时间，但书籍一物暗示了慈禧特别的心机。[2] 无论在日常生活中还是形象塑造上，慈安太后皆不以文艺擅场。[3]《慈禧便服像》可见慈禧强调自己品茶读书的知性，手上的折扇似乎也透露出相似的信息。自康熙以来，读书形象已是清代帝王像中常见的模式，慈禧娴熟于前朝统治者的形象，并将相应格套屡屡运用于自己的画像中。

慈禧喜好文艺、能读能写的长处，为其加分不少，传闻在咸丰年间，她已为皇帝代批奏章。[4] 另据"活计档"，咸丰五年（1855）慈禧仍为懿嫔时，

载也显示同治四年两宫太后的画像同时被装裱，见同治四年五月二十九日、六月初六日条目。

1　见宗凤英：《清代宫廷服饰》（北京：紫禁城出版社，2004），页 122—124、图 67。

2　除了前文提出的衣物相似外，慈禧与慈安的发饰相同，坐姿也相同，而画面左侧皆出现修竹与太湖石。同治五年（1866）亦见慈禧画像记载，见《内务府造办处各作成做活计清档》，同治五年五月二十四日条目。

3　徐彻：《慈禧大传》，页 166。

4　徐彻：《慈禧大传》，页 45—46。

其画作已经内务府造办处装裱成幅，[1] 似乎企图以文艺取胜，标榜自己与其他后妃之不同。清代皇帝与皇室多人能书善画，皇子教育中也有书画项目，今日留存之咸丰、同治等皇帝的书画手迹可资证明。[2] 在此种氛围下，慈禧以读书的形象塑造画像，意图与慈安有所区别，亦可想象。

与前两幅肖像相较，《慈禧弈棋像》（图 3.6）更能展现慈禧强烈的政治企图心，但此作在表现上却较为幽微，在对弈的两人之间、在弈棋的传统意象上，此肖像隐然透露出棋盘与天下等政治符号的连接。画面中慈禧与一男性对弈，在典型的清宫肖像背景中，两人地位具有微妙的对比，在高下之别中又有颉颃平等之意。

按照围棋之惯例，持白子的慈禧应为尊长者，棋力也较强，画中棋子数确实显示出白子略胜。北京故宫博物院将此作命名为"奕詝、孝钦后弈棋图轴"，此名并不正确。一方面，画中男子显然不是咸丰皇帝；另一方面，弈棋双方各据棋桌左右，棋桌前方正中摆设盆花，以盆花为中轴线，双方各据其位。盆景作为中轴线，标志出以"中"为上的位阶性，此构图方式常见于帝王肖像中，从宋徽宗的《听琴图》到乾隆皇帝的《是一是二图》，位于中轴线南面的盆景皆与坐于北面的帝王相对。[3] 同样的情形可见于《光绪与珍妃弈棋像》中，此作与《慈禧弈棋像》如出一辙，只是光绪立于棋桌北面正中位置，与盆花相对，一如宋徽宗与乾隆皇帝在画中的位置，珍妃则坐在棋桌右侧的绣墩上。[4] 光绪与珍妃之间的权力关系相当清楚，仿佛光绪在指导珍妃下棋，光绪为主，珍妃为辅。与之相比，《慈禧弈棋像》中对弈双方的权力关系则较为复杂，慈禧虽为尊者，但对弈的男性也可成为对手，各据一方，共同下棋。此人之地位显然并非如太监般卑下，[5] 既然图中男性并非太监，此画的意图显

1　《内务府造办处各作成做活计清档》（台北故宫博物院图书文献馆藏影印本），咸丰五年（1855）五月二十一日条目。

2　见朱诚如主编：《清史图典》，第 10 册，咸丰、同治朝，页 276—284。

3　关于《听琴图》中尊卑位阶性的讨论，见王正华：《〈听琴图〉的政治意涵：徽宗朝院画风格与意义网络》，《台湾大学美术史研究集刊》，第 5 期（1998），页 84—86。

4　图版见叶赫那拉·根正：《我所知道的慈禧太后》（北京：金城出版社，2005），页 98；徐彻：《美丽与哀愁：一个真实的慈禧太后》（北京：团结出版社，2007），页 376。

5　有些出版品的说明文字中提出该男子是太监，见徐彻：《慈禧画传》（上海：上海科学技术文献出版社，2006），页 222。另据慈禧照片，影像中若出现太监，太监与慈禧之间的尊卑关系相

图3.6　《慈禧弈棋像》，绢本设色，235厘米×144.3厘米，北京故宫博物院藏

然也不在于表现慈禧闲暇优游的生活片段。[1]

　　文献中并未见慈禧喜好或擅长围棋的记载，此画是否为实景描写，颇有疑问。历来与围棋相关的图像众多，若是对弈，对弈者皆为同性，未见有异性的对手，且二者平分秋色。这些图像除了表现闲情逸致之外，有两幅作品因为其政治寓意值得注意。其一是传周文矩《重屏会棋图卷》，画中出现南唐中主李璟兄弟四人，中主居中观棋，旁坐同样观棋的大弟，另两位皇弟对坐弈棋。[2] 此图虽可视为李家兄弟之闲暇活动，但也可能具有政治意涵，棋局竞赛中对于落子地盘的掌控，象征现实世界中政治权力的争夺或分享。[3] 其二是南宋《中兴瑞应图卷》，该画以多画面绘出高宗即位前的祥瑞征兆，用来宣传高宗取得大位的正当性。画中第七段落描写了韦太后以围棋子占卜并卜得吉兆，预示高宗登极。[4]

　　围棋在中国历史悠久，历来相关的论述，皆以兵法中常见的说法来表述棋盘上的胜负争夺。棋盘犹如领土范围，双方在此领土内攻防掠地，以取得大半领土为胜，与天下的观念有所连接并不难想象，所谓"世事如棋，一局争来千秋业"。[5]

　　综合以上所论，与慈禧弈棋的年轻男子非居高位者不宜，此人地位可与慈禧对弈，共论天下，除了同治、光绪两位皇帝以及恭亲王奕訢、醇亲王奕譞外，其他人并无可能。比对四人的面容、相对年龄及其他线索后，推断此人或为同治皇帝。观察现存的同治皇帝的多幅画像，其面貌的一大特色是嘴

当清楚，并未有如本幅肖像般对等的可能。

1　《慈禧太后生活艺术》与《清史图典》两书认为该画描写的是慈禧闲暇时的娱乐生活。《慈禧太后生活艺术》（香港：香港区域市政局与故宫博物院，1996），页 88；朱诚如主编：《清史图典》，第 10 册，页 293。

2　见单国强：《周文矩〈重屏会棋图〉卷》，《文物》，1980 年第 1 期，页 88—89。

3　南唐时期的统治往往委赖宗室的支持，在王位的继承上，中主与其兄弟皆有可能继位，其间多有合作关系，但也见有若干矛盾。由于本章的重点不在于此画，仅能约略揣测该画的动机。见马令：《马氏南唐书》（台北：台湾商务印书馆，1966），卷 2、3、4、7。另见陈葆真：《南唐中主的政绩与文化建设》，收入氏著：《李后主与他的时代：南唐艺术与历史论文集》（台北：石头出版股份有限公司，2009），页 81—83。

4　见 Julia Murray, "Ts'ao Hsün and Two Southern Sung Historical Scrolls," *Ars Orientalis*, no. 15 (1985), pp. 1-7.

5　见何云波：《围棋与中国文化》（北京：人民出版社，2001），页 289—304、387—396。

型小、额骨高,《慈禧弈棋像》中的男性与之相似。再者,同治幼时有一肖像,腰间右侧系着挂表与香袋,与弈棋男子相仿。[1] 在同治成年后的肖像中(图3.7),手戴绿翡翠扳指,身穿团寿纹蓝袍,与慈禧画像中的男子穿戴相像,面容相似。

除了"宣示"与同治之间的母子关系外,《慈禧弈棋像》中双方对弈的活动也加深了共治的印象。画中的母子关系较为仪式化,框构在弈棋规则与帝王像中轴为上的形式中,同治姿势恭谨,手持黑子,正欲出棋,与对弈的慈禧之间呈现出距离感。位于慈安画像上的同治的题名与印章,点出了同治与慈安之间的关系远比与慈禧更为亲近。更何况,"璇闱日永"题字可能为慈安祝寿,"慈竹延清"的意象也与母亲有关。慈安画像中缺乏象征物品的烘托,"居家式"的服装与背景,再加上同治的手迹,弥漫着的是家人之间的感觉。相比之下,同治年间的慈禧已深谙盛清皇帝对于画像的政治运用,善于运用图像塑造有利形象,此时的形象着重于凸显自己的特色、标志自己的统治地位。

## (二)光绪年间观音扮装画像

慈禧两幅观音扮装画像应制作于光绪年间,[2] 众所周知,慈禧的摄影照片中有多张观音扮装像,而慈禧喜好观音扮像的时间,或在光绪朝后期。[3] 这两幅画像继承了雍正、乾隆肖像画风格的重要特色,突破了传统"行乐图"的窠臼,展现出较为活泼的自我想象与呈现。"扮装像"或"变装像"为现今学界之通称,并非传统之名,用来指称雍正、乾隆穿戴特定类型人物服饰的肖像画,背景也配合人物类型,烘托该人物出现的特殊环境。例如,雍正留有高达八十多

---

1 见朱诚如主编:《清史图典》,第 10 册,页 275。

2 慈禧另有三幅观音扮装像,一为宫廷画家私作,未经慈禧认可;一为册页像;一为《心经》扉页。这三幅画像各有其制作与观看的脉络,与立轴画像不同,且本章的重点在于论述慈禧公开的形象,故舍去不谈。关于这三幅画像,见 Yuhang Li, "Gender Materialization: An Investigation of Women's Artistic and Literary Reproduction of Guanyin in Late Imperial China," (Ph.D. diss., The University of Chicago, 2011), pp. 54-66.

3 关于慈禧扮装观音的相关资料与照片,见刘北氾:《慈禧扮观音》,收入氏编:《实说慈禧》(北京:紫禁城出版社,2004),页 197—205。另据"活计档",光绪三十年(1904)二月左右,确有慈禧传统肖像画的制作,此时间与慈禧拍摄照片的时间一致。见《内务府造办处各作成做活计清档》,光绪三十年(1904)二月十二日条目。

图3.7　《同治皇帝便装
像》，绢本设色，182.5
厘米×98厘米，北京故
宫博物院藏

页的扮装像,他乔装成文人高士、和尚道士、西藏喇嘛、蒙古王公,甚至戴起假发假扮西洋人。[1] 乾隆的扮装像不如雍正多变,他最常扮演的是汉族高级文士。[2] 扮装像犹如演戏,但并不一定扮演有名有姓的角色,而是像主穿起某种类型人物的衣饰,在场景的配合下,转变成另一人物。又因为雍正、乾隆扮装像表现出一致的面貌特征,像主身份容易分晓,仍属于像主的自我呈现,仿佛不断地在各种角色间转换,既有娱乐效果,又可呈现给不同的观者,传达出不同的政治信息。

雍正所扮演的角色多半以类型区别,并不具体指向确定的人物;乾隆的肖像中,有些较为特别,虽可称为"扮装像",但扮演与再现的层次显然与雍正不同。雍正之"扮装像"犹如沙龙照,不同装扮的雍正身处各式布景中,由画家画下容貌、身姿,再现的是演戏中的雍正,乾隆的多数汉装像亦是如此。对比之下,丁观鹏《扫象图》中的文殊菩萨虽然可说是乾隆的扮演,但演出确定的角色已与雍正不同。另外,在多幅唐卡中,乾隆穿戴犹如藏传佛教祖师形象,被视为文殊菩萨的化身,一般称之为"乾隆佛装像"。[3] 这些画像并非是乾隆披上佛教袈裟、在真实世界中展演以给画家观察入画。这些画像或仿自清宫收藏的图像,例如《扫象图》来自晚明丁云鹏的同名作品,或取材自已有久远传统的藏传高僧唐卡,在相似的构图中,画家将其中的文殊菩萨或藏传祖师以乾隆代替,宛如乾隆进入画中世界,且原画的象征意义也全为乾隆所挪用,分毫不差。这种扮装已经进入演戏的最高境界,扮装者与被扮装者难以分辨,二者合而为一。也就是说,乾隆分明已是文殊(或化身为祖师的文殊),该类画作既可归为肖像画,也可归为佛教绘画。

清代之前,鲜有扮装像。少数的例子如马麟《静听松风》,据学者研究,

---

1 关于雍正扮装像的研究,见 Wu Hung, "Emperor's Masquerade: 'Costume Portraits' of Yongzheng and Qianlong," pp. 25-35; Hui-chih Lo, "Political Advancement and Religious Transcendence: The Yongzheng Emperor's Deployment of Portraiture," chapters 2、4; 陈葆真:《雍正与乾隆二帝汉装行乐图的虚实与意涵》,页 49—58。

2 关于乾隆扮装像的全面讨论,见陈葆真:《雍正与乾隆二帝汉装行乐图的虚实与意涵》,页 58—80。

3 今存有七幅"乾隆佛装像",相关研究见 Patricia Berger, *Empire of Emptiness: Buddhist Art and Political Authority in Qing* China (Honolulu: University of Hawai'i Press, 2003), pp. 59-61; 罗文华:《龙袍与袈裟:清宫藏传佛教文化考察》(北京:紫禁城出版社,2005),页 537—546。

画中人物或为宋理宗扮装成陶弘景或陶渊明的样貌出现，属于确定历史人物的扮装像。[1] 扮装像的盛行应是清代宫廷肖像画的一大特色，复杂的表现手法彰显出这批画像在肖像画史上的重要性，其中多层次的扮演与再现大大丰富了中国肖像画的传统，而雍正及乾隆的扮装想象与自我呈现也开启了新的传统。此一传统并未在其后的帝王像中见到，而《慈禧观音扮装像》为此传统的后期佳构。

在慈禧之前，除了乾隆外，穿戴成佛教神明的扮装像少见。即使学者认为武则天在龙门所建造的大日如来像融合了她本人的面容特色，[2] 但其主体仍是佛像，只是其中的若干特征会令人想起武则天。《慈禧观音扮装像》中慈禧是主体，慈禧仍是慈禧，但穿戴起观音的服饰而成为观音，与武则天之例不同（图 3.8、图 3.9）。慈禧扮装像应放在前述清宫帝王像的传统中来观察，如此一来，这两幅画像又有了不同层次的扮演与再现意涵。

第一幅扮装像一如雍正扮装像，画家再现的是扮装成观音的慈禧，仿佛当时真有此事、画家对景作画（见图 3.8）。慈禧身穿正式的吉服，戴着吉服珠，[3] 一如皇太后应有的形貌。画面整体背景仍呈现宫廷环境，屏风、座椅与漆桌装饰繁复，显然为清宫样式。在此一基础上，慈禧头戴五佛冠，吉服上罩着披肩，坐在雕饰着莲花的座椅上，其旁桌上放有观音的持物柳枝净瓶，背后屏风上也画着常伴随观音出现的紫竹丛，扮演观音的意图不言而喻。

五佛冠常见于与佛教有关的神明或人物身上，类似的头冠可在藏传佛教的观音造像中发现，[4] 慈禧画像与藏传佛教的关系尚见于桌上的金刚杵与法铃。[5] 披肩为戏台上女角的常见装束，留存至今的晚清宫廷戏曲图册中可见，慈禧的扮相显然受戏剧表演的影响。[6] 此一披肩可解读为与观音造型有关的璎珞，

1    见王耀庭：《从〈芳春雨霁〉到〈静听松风〉——试说台北故宫博物院藏马麟绘画的宫廷背景》，《故宫学术季刊》，第 14 卷第 1 期（1996 年春季号），页 39—86。

2    Hui-shu Lee, *Empress, Art, and Agency in Song Dynasty China*, pp. 14-15.

3    见宗凤英：《清代宫廷服饰》，页 116、135，图 67。

4    罗文华：《龙袍与袈裟：清宫藏传佛教文化考察》，页 352—353。

5    关于藏传佛教仪式用器金刚杵与法铃，见罗伯特·比尔（Robert Beer）著，向红笳译：《藏传佛教象征符号与器物图解》（台北：时报文化出版企业股份有限公司，2007），页 116—124。

6    见陈浩星等编：《钧乐天听：故宫珍藏戏曲文物》（澳门：澳门艺术博物馆，2008），上卷，页 125。

图3.8　《慈禧观音扮装像》（之一），绢本设
色，191.2厘米×100厘米，北京故宫博物院藏

图3.9　《慈禧观音扮装像》（之二），绢本设色，
217.5厘米×116厘米，北京故宫博物院藏

小说《西游记》及多种戏剧表演中的观音即身披璎珞。[1]

　　根据晚清宫廷戏曲文物，同治十一年（1872）为了庆祝慈禧生日，宫中
曾演万寿承应戏《慈容衍庆、蝠献瓶开》，戏中即出现了观音的角色。[2] 慈禧
喜好看戏，同治、光绪年间宫中常演出的祝寿节令承应戏中，有多出与观音
相关。[3] 观音除了具有一般熟知的大慈大悲救苦救难的神性与神力外，观音出

1　周秋良：《观音故事与观音信仰研究：以俗文学为中心》（广州：广东高等教育出版社，2009），
页396、439。
2　陈浩星等编：《钧乐天听：故宫珍藏戏曲文物》，下卷，页188。
3　见周明泰辑：《清升平署存盘事例漫抄》，收入学苑出版社主编：《民国京昆史料丛书》（北
京：学苑出版社，2009），第4辑，页24、50—51、66。

现时的服饰姿容、随从排场、舞台布景甚至火彩杂耍等，更为观者增添了观戏的乐趣，与祝寿节庆等场合相得益彰。[1]

观音形象与造型在中国文化中历经了多种转变，更为了普度众生，观音可幻化成百般样貌，在明末清初即有三十二像、五十三像之说。[2]慈禧的扮装画像并未遵循这些变容，她并不企图通过图像传统为自己的扮演展现历史深度。画面中的主要服饰指示出慈禧皇太后的身份，身为皇太后的慈禧正扮演着观音形象，但其扮演并不正统，反而揉杂了多种文化因素，既显示出了藏传佛教的信仰，又有来自舞台上戏剧演出的影响。慈禧仿佛在轻松娱乐的气氛中挪用了观音慈悲与救世的正面意涵。

就女性统治者而言，观音信仰中根深蒂固的慈悲与救世内涵，正可满足统治者的道德诉求，可用来进行政治教化。更重要的是，自宋代以来转变成女性形象的观音，至晚明时期观音信仰涵化为女性身为母亲所具有的抚育与保护意义，因而舞台上的观音有时以老旦扮演，表现观音众生之母的观念。[3]佛教中的其他神祇均无此种意涵，唯有观音与女性、母性紧密相连，又不失其高贵尊严与神奇的力量。在慈安与恭亲王奕訢逝世后的光绪晚期，慈禧在清代皇室中本以宗族之母的角色扮演宗族之长，又是女性统治者，观音的形象相当适合其身份地位。在第一幅慈禧扮装画像中，慈禧仅是扮演观音；第二幅画像中的慈禧更成为观音，一如乾隆为文殊菩萨的化身。

在第二幅《慈禧观音扮装像》中，慈禧不再身穿符合其皇太后身份的吉服，而穿上较为朴素的蓝袍，依然头戴五佛冠与璎珞，坐于岩石高台上（见图3.9）。慈禧身旁的桃树结满果实，挺立于后的竹林也高耸茂盛。慈禧座前有一童子，正手捧灵芝献给慈禧，其应是善才。除了桃实指向祝寿用的仙桃外，整幅画中还充满着长寿的象征——灵芝与蝴蝶。"蝶"因其读音，在画中常被转化成"耋"（七十岁）的意涵，用来祝寿，可见此画或为庆祝慈禧七十岁生日

---

1　周秋良：《观音故事与观音信仰研究：以俗文学为中心》，页444、447、453、475。

2　见［明］丁云鹏等编绘：《明代木刻观音画谱》（上海：上海古籍出版社，1997）。

3　Chün-fang Yu, *Kuan-yin: The Chinese Transformation of Avalokitesvara* (New York: University of Columbia Press, 2001), chapters 10, 11; 周秋良：《观音故事与观音信仰研究：以俗文学为中心》，页444、447。

而作，大约是光绪三十年（1904）。在这幅用来祝寿的画像中，慈禧身着戏台上常见的观音素色蓝袍，[1] 坐在历来观音图像中常见的高台石座上，宛如接受信众的膜拜。画中的善才弯身向前，即敬奉之意。对善才面容的描绘并非个人肖像画模式，而是一般的人物画，显现出画家并非再现现实世界中的扮演行为，而是将慈禧转化成画中的观音，正接受善才的敬奉与祝寿。在此画中，观音即慈禧，慈禧即观音。

　　上述画像中观音所处的场景，与一幅雍正肖像画（图3.10）甚为相似。在该画像中，坐于岩石高台上的雍正皇帝被四周的牡丹包围。两幅画中的主角皆位居全画中心，为高树笼罩，宛如华盖，而四周的人物与植物皆环绕着像主，以像主为宗。除此之外，慈禧在此画中被转化成观音，一如乾隆被转化成文殊，其画像在扮演与再现层次上深得乾隆画像之三昧。

　　慈禧援引清代早期帝王像的例证不止于此，由前述对于慈禧画像的分析已知，慈禧对于清代帝王像传统相当熟悉，她有心运用这些传统来彰显自己的地位。当慈安仍在世时，慈禧引用前代帝王像仅及于其中的某些象征对象，等到慈禧成为皇室宗族之长、唯一的统治者后，其扮装像对于前代帝王像的援用转趋明显。就历代后妃像而言，慈禧之画像，不仅数量第一，在画像样式的多样上也难见匹敌者。更何况慈禧画像援引帝王图像传统，在同治朝时意图巩固自己的地位，甚至搬演读书像与"共治"的弈棋像作比。在光绪朝晚期时，慈禧更以宗族之长、统治者与佛教神祇三者合一之身自居。

　　慈禧"行乐图"系列画像的使用与流通，由于未见具体资料，可能一如传统帝后行乐图，用来记录的功能远大于悬挂展示。在画作完成时，观者不外乎慈禧自己、宫中女眷、皇亲贵族与身旁近侍等人，相当有限。随后这些画像多半被收藏于宫中，与历史文献一般，等待后世审阅，这些共同形塑了慈禧的历史形象，在历史评判的场域中发挥作用。[2]

---

1　周秋良：《观音故事与观音信仰研究：以俗文学为中心》，页396。
2　造办处档案中仅见慈禧之御容被装裱与收藏的记载，例如：《内务府造办处各作成做活计清档》，同治四年五月二十九日条目、同治五年六月四日及十七日条目、光绪三十年二月十二日条目。

图3.10 《雍正观花行乐像》，绢本设色，204.1厘米×106.6厘米，北京故宫博物院藏

## 四、《圣容账》与慈禧照片的政治外交运用

光绪三十年（1904），七十岁的慈禧似乎着迷于扮演观音，除了上述两幅画像外，还留下有九种照片。将这些照片连同慈禧其他类别的独照与群体照合观，慈禧似乎在相似性甚高的四十多种影像中领略新的生活乐趣与政治运作的机制。光绪二十八年（1902）才因一场意外的会面而被动入镜的慈禧，不久之后就转被动为主动，甚至娴熟于运用新式摄影媒体。

光绪二十八年（1902）初，慈禧回到北京，当初因八国联军进攻北京城而避祸西安的记忆想必仍然深刻。当时慈禧自永定门入北京，在正阳门内举行回朝仪式，一群欧洲人就聚集在城墙上观看，慈禧的反应如何？据闻，她拱手为礼，身躯微弯，有礼又优雅，让这群人相当惊讶。当时留下的影像显示慈禧被官员及太监簇拥着，仰头向上，举手招呼或位于城墙上的外国人，手中的浅色绢帕特别能凸显其面对镜头时热烈响应的肢体动作，这是两年前才下诏给义和团攻击洋人而导致八国联军占领北京的慈禧吗？[1]

久驻北京的意大利外交官丹尼尔·华蕾（Daniele Varè, 1880—1956）在其 1936 年出版的关于慈禧的书中，明白表达出此刻中国所面临的重大的转变。[2] 今之学者有更进一步的解释，历来从未有皇帝或皇太后出现在公众面前，慈禧此举扬弃了旧有传统，显示出中国正迈向新的历史纪元。[3] 确实，光绪二十八年（1902）初的这天恐怕是慈禧本人第一次出现在未经事先规划且非宫廷人物的群众面前，也是第一次进入现代的影像世界中。比起其他清朝皇室成员对于摄影的接触，慈禧显然晚了许久。然而，慈禧灵敏机警，学习能力强，从光绪二十九年（1903）夏天开始，慈禧拍摄了约四十多种照片，随

---

1　此张照片首次发表于 1908 年 11 月 20 日的法文周报《画报》（*L'Illustration*），见 Gilles Béguin and Dominique Morel, *The Forbidden City: Center of Imperial China*, pp. 88-89、140. 此照片与说明其后收入该周报关于中国报道的合集中，见 Eric Baschet ed., *Les Grands Dossiers de L'Illustration: La Chine* (Paris: L'Illustration, 1987), p.87. 关于慈禧此一照片的资料，感谢鲁道夫·瓦格纳（Rudolf Wagner）教授与吴芳思（Frances Wood）博士的帮助。

2　Daniele Varè, *The Last Empress* (New York: Doubleday, Doran, 1936), pp. 258-261.

3　Frances Wood, "Essay and Photo of Cixi," in *Christie's Empress Dowager Cixi: Elegance of the Late Qing*, auction catalog, December 3, 2008, pp. 10-21.

着对摄影复制技术的利用，其影像公开化的速度与广度远超他人，正预示着
政治新纪元的来临。

　　因应慈禧的摄影行为与其外交目的，内务府设立《圣容账》作为正式记录。
此一记载慈禧照片种类、数目等资料的文件簿于光绪二十九年（1903）七月
设立，其中记录的照片多为当时所摄，只有两张圣容是光绪三十二年（1906）
八九月间由载振（1876—1947）呈上。如果与今存慈禧照片相对照，此档簿
除了并未登录慈禧与身边近侍犹如家人般的合照外，其余各种照片种类皆在
其中。慈禧的大部分照片为个人照，多用于外交场合的馈赠与交换，但慈禧
的簪花照镜独照应非为了外交，而是自我欣赏。群体照包括慈禧乘轿、与美
国公使夫人合照以及扮观音照等，前两者也用于外交，但扮观音照应是例外。
若就影像的视觉效果与复杂程度来看，慈禧之簪花照镜照与扮观音像照最为
吸引人，但就本章所欲讨论的能见度与公开化议题而言，这两种照片反而最
不重要。

　　根据裕容龄回忆录，光绪二十九年（1903）闰五月间，美国公使康格（Edwin
Conger, 1843—1907）推荐柯姑娘为慈禧画像，慈禧不耐烦于画像过程中要求
像主久坐，遂想以摄影照片代替。[1] 慈禧自西安返回北京后，持续推动新政，
并了解国际社会的社交习惯。容龄的父亲裕庚曾任驻日、驻法公使，容龄与
其姐德龄（1885—1944）成长于国外，熟于西文，遂因载振的推荐，成为慈
禧御前女官。[2] 为慈禧照相的摄影师裕勋龄（1874—1944）为两人的兄长，据
现存慈禧照片推断，风格一致，质量一般，应为业余摄影师的作品，出自勋
龄之手也可想见。[3]

---

1　容龄：《清宫琐记》，收入德龄、容龄：《在太后身边的日子》（北京：紫禁城出版社，2009），
　　页 237—238。
2　容龄：《清宫琐记》，收入德龄、容龄：《在太后身边的日子》，页 216—218。另见德龄：《清宫
　　二年记》，收入德龄、容龄：《在太后身边的日子》，页 9—21。德龄曾撰写有多种关于晚清宫廷
　　史的著作，其中多有舛误。相对之下，容龄的记述则较为可信。见朱家溍：《德龄、容龄所著书
　　中的史实错误》，《故宫博物院院刊》，1982 年第 4 期，页 25—46。
3　据《中国摄影史 1840—1937》，勋龄所拍摄的慈禧照片，为两年（1903—1905）之间陆续所成，
　　惜未说明出处。陈申等编：《中国摄影史 1840—1937》（台北：摄影家出版社，1990），页 83。该
　　书也许考虑到勋龄留在颐和园的时间，遂有此一说法；但据《圣容账》，目前所熟悉的慈禧照片
　　几乎皆在其中，此档簿所列时间相当确定，且今存照片的风格相近，应非两年内陆续完成。

另有记载，庆亲王奕劻（1838—1917）引介日本摄影师山本赞七郎为慈禧拍照，慈禧并在光绪三十年（1904）六月间将之赠送给高级官员。[1]庆亲工一家在慈禧晚年备受宠信，其女儿长年陪伴慈禧，儿子载振也承担了许多与宫廷外交有关的任务。光绪三十二年（1906）载振所呈上的照片或许即为日本摄影师所摄，由现留存至今的照片来看，很难想象质量不高的影像中有花费不赀的职业摄影师的作品。[2]

慈禧在短期内共拍摄有四十多种照片，难道只是为柯姑娘准备画像所用？以照片为肖像画的参考确实见于当时画像的惯例中，[3]但慈禧的目的并非如此。德龄在记载中更认为慈禧因为见到其房内摆设照相之逼真，因而心存仿效。[4]言下之意，慈禧似乎在先前并无任何与摄影有关的经验。一般认为晚清皇室颟顸迂腐，甚至将现代世界视作洪水猛兽，其实他们对于摄影并不陌生，更能有效运用摄影的各种性质。

首先接触摄影的是恭亲王奕訢，因为处理清廷对外事务，早在咸丰十年（1860）交涉第二次鸦片战争善后事宜时，英军随行摄影师费利斯·比特（Felix Beato, 1832?—1907?）曾为奕訢留影。第一次摄影时，据说奕訢相当惊讶，或许是在半强迫的状况下接受摄影，第二次则欣然接受。[5]由今存两张照片来看，奕訢对于镜头的熟识程度有限，透露出紧张与生涩。这两张照片以单张方式出

---

1　见游佐彻：《蜡人形·铜像·肖像画——近代中国人の身体と政治》（东京：白帝社，2011），页111—112，页120注10。

2　关于慈禧援引日本摄影师拍照之事，另可见徐珂：《清稗类钞》（北京：中华书局，1984），第7册，页3294；Isaac Taylor Headland, *Court Life in China* (New York: Fleming H. Revell Company, 1909), p. 108. 据徐珂的记载，该日本摄影师所照为簪花小像，且花费超过万金。今日所见慈禧照片中，确有两张簪花像，但与其他照片的质量并无区别，而且华盛顿弗利尔美术馆（Freer Gallery of Art）收藏有这两张照片，据该馆档案室主任霍大为（David Hogge）所言，该馆所收藏的慈禧照片全来自德龄家族，应为勋龄所拍摄。

3　在溥仪出宫后的清查中，内务府造办处下属的如意馆中即见画像与照片存放一起的状况。清室善后委员会编：《故宫物品点查报告》，第2编第8册，如意馆，页21。关于晚清时期摄影对于肖像画的影响，可见 Zhang Hongxing, "From Slender Eyes to Round: A Study of Ren Yi's Portraiture in the Context of Contemporary Photography," a paper presented at the conference New Understanding of Ming-Qing Painting, The Central Academy of Fine Arts, Beijing, 1994.

4　德龄：《清宫二年记》，收入德龄、容龄：《在太后身边的日子》，页120—121。

5　Robert Swinhoe, *Narrative of the North China Campaign of 1860* (London: Smith, Elder and Co., 1861), pp. 378-379; David Harris, *Of Battle and Beauty: Felice Beato's Photographs of China* (Santa Barbara: Santa Barbara Museum of Art Press, 1999), p. 28.

售，被不同的收藏者收入照相册中，在当时也曾
以铜版或石印方式出版。[1]

　　其后，同治十一年（1872），苏格兰摄影师
约翰·汤姆逊（John Thomson, 1837—1921）在
中国作摄影之旅时，也曾为奕訢拍摄过两张照片，
其中一张收于其关于中国的摄影集 *Illustrations
of China and Its People* 中。该摄影集以珂罗版印
刷，于 1873 年出版，共分四册，第一册首张照
片即奕訢之影。[2] 不独奕訢，当时总理各国事务
衙门的官员也曾被约翰·汤姆逊摄成照片。[3] 在
约翰·汤姆逊镜头下的奕訢，与摄影机之间充满
张力，积蓄力量的身体微向前倾，眼睛专注地看
着镜头，直视镜头的眼神中既有敌意也见自信，
一副其奈我何之样（图 3.11）。经过了十年，此
时镜头中的奕訢已经态若自然，表现出面对镜头
时的神气。

图3.11　恭亲王奕訢照，约翰汤姆逊（John
Thomson）摄

　　晚清皇室中最热衷于摄影者莫过于光绪的生父醇亲王奕譞，他留下了多
张影像，有私人性质的独影，也有家族合照，更有因公巡视时的留影。在北
京故宫博物院收藏的皇室照片中，奕譞最早的照片摄于同治二年（1863）左右，
并有多张 19 世纪 80 年代的官服照，例如光绪十二年（1886）摄于天津大沽

---

1　David Harris, *Of Battle and Beauty: Felice Beato's Photographs of China*, pp. 130、159、162、
170、175.

2　见 The British Council, *John Thomson: China and Its People, 1868-1872* (Hong Kong: The British
Council, 1992), p. 59; Judith Balmer, "Introduction," in John Thomson, *Thomson's China: Travels and
Adventures of a Nineteenth-Century Photographer* (Hong Kong: Oxford University Press, 1993), p.
xvii. 奕訢两张照片见 Richard Ovenden, *John Thomson (1837—1921): Photographer* (Edinburgh:
National Library of Scotland, 1997), pp. 124-125.

3　约翰·汤姆逊的底片目前收藏于伦敦威尔康图书馆（Wellcome Institute Library），笔者
曾于 2008 年 12 月调阅底片，包括奕訢与总理各国事务衙门官员的照相，也翻阅原版的
*Illustrations of China and Its People*. 翻印照片见 Stephen White, *John Thomson: A Window to the Orient*
(Albuquerque: University of New Mexico, 1985), fig. 112; Richard Ovenden, *John Thomson (1837-1921):
Photographer*, p. 126.

图3.12 珍妃照

口炮台的马上戎姿。[1] 这些照片显示出当时官场已经流行拍照纪念,奕譞巡视大沽口海防时,随行即有摄影师,并曾将照片进呈宫中。[2]

今日北京故宫博物院还收藏有许多皇室的照片,其中光绪与珍妃的照片以椭圆形框出头胸半身像,边缘淡出,正是当时流行的样式(图3.12)。[3] 光绪此时尚称青涩,而珍妃于光绪二十六年(1900)庚子西狩前离世,两张照片的时间应为19世纪90年代。据闻,光绪与珍妃均喜好摄影,留下了多张照片。[4] 慈禧对于光绪、珍妃留影的行为岂有不知之理,收藏于清宫的奕譞的照片也有可能被慈禧审视。更何况,摄影早已与清朝施政密切相关。

清政府的体制运作中对图像的运用并非始于摄影,清末之前的奏折中可见地图或图示,用来解说或补足文字所述。[5] 19世纪中期摄影术传入中国后,一如欧美社会的看法,其被视为再现真实世界的最佳工具。摄影当然能够通过取角或构图的差异,呈现不同的观点,操控所

---

1 刘北汜、徐启宪主编:《故宫珍藏人物照片荟萃》(北京:紫禁城出版社,1994),页52—63。关于奕譞摄影照片的研究,见 Jeffrey W. Cody and Frances Terpak, "Through a Foreign Glass: The Art and Science of Photography in Late Qing China," in Jeffrey W. Cody and Frances Terpak, eds., *Brush and Shutter: Early Photography in China* (Hong Kong: Hong Kong University Press, 2011), pp. 34-35、45-47. 感谢 Harriet Zurndorfer 告知此书。

2 周馥:《醇亲王巡阅北洋海防日记》,《近代史资料》,1982年第1期,页9、10、24。

3 关于19世纪下半叶人像摄影的流行样式,见 Régine Thiriez, "Photography and Portraiture in Nineteenth Century China," *East Asian History*, nos. 17/18 (June/December 1999), pp. 92-93; Roberta Wue, "Essentially Chinese: The Chinese Portrait Subject in Nineteenth-Century Photography," in Wu Hung and Katherine R. Tsiang, eds., *Body and Face in Chinese Visual Culture* (Cambridge: Harvard University Asia Center, 2005), p. 278.

4 见吴群:《中国摄影发展历程》(北京:新华出版社,1986),页108—114。感谢 Oliver Moore 告知此书。

5 奏折中所附的地图与图示,可参见台北故宫博物院的展览图录:《知道了:朱批奏折展》(台北:台北故宫博物院,2004);《治河如治天下:院藏河工档与河工图展》(台北:台北故宫博物院,2004)。

谓的"真实"。然而，不能否认的是，如果拍摄的对象是真实存在的人、物
或地点，在拍摄的当下，照片可以保证该人、物或地点真实地存在于镜头之
前。再者，摄影所具有的再现功能、形似能力与实证性质能够制造出写实效
果（reality effect）与真实价值（truth value）。[1] 晚清时期地方官员想必已认识
到摄影的特性，因而在施政报告中屡屡运用照片来呈现他们想让清廷了解的
政绩"实况"。19 世纪 90 年代，张之洞等地方大吏已经上呈照相册，附上贴
说，将汉阳铁厂等新式工业的建设信息以图文并茂的形式告知清廷。[2] 在今存
实物与文字记载中，尚可见到晚清宫廷中收藏有许多与施政相关的照片，例
如江南制造局的机器与平定捻匪战图照片。[3]

　　清宫还藏有外国人致赠的照片，如英国维多利亚女王与俄国沙皇、皇后
的照片，在光绪二十九年（1903）慈禧热衷于摄影之前，这些照片应已进入宫廷，
甚至成为慈禧寝宫的摆设。[4] 由此可见，慈禧并非对摄影无知无识，也未曾因
为种种迷信而将摄影摒弃于宫外。无论慈禧当初对摄影有何意见，庚子事变后，
新形势显然相当严峻，摄影也是用来调适的手段之一。

　　摄影成为慈禧于肖像制作与使用的新取径，慈禧全盘运用摄影与其国际
形象息息相关。不满于国际社会对其形象的负面描绘，慈禧意图运用摄影展
示自己真实的面容与统治者的特质。摄影所制造出的真实效果为观者传达出
像主真实存在的感觉，此种感觉包括像主面容与身影的写实性呈现。在讨论
慈禧照片的风格细节之前，我们必须先回顾一下慈禧的国际形象。

　　慈禧在国际上的形象大致可以庚子事变为分水岭。身为实际统治者，又
是守寡的女性，历经丧夫丧子、慈安逝世、两次宫廷政变与多次权力斗争，
慈禧显然无法期待名声之清白。光绪二十四年（1898）戊戌政变后，逃往国

1　关于中国早期摄影对于"真实"的建构，见 Wu Hung, "Introduction: Reading Early Photographs of China," in Jeffrey W. Cody and Frances Terpak, eds., *Brush and Shutter: Early Photography in China*, pp. 15-16. 关于摄影的实证与形似能力，见 Susan Sontag, *On Photography* (New York: Bantam Doubleday Dell Publishing Group, Inc., 1977), especially pp. 5-6、120-122.
2　吴群：《中国摄影发展历程》，页 156—159。
3　清室善后委员会编：《故宫物品点查报告》，第 4 编第 3 册，南三所，页 21；第 5 编第 1 册，寿安宫，页 39。
4　见 Katherine Carl, *With the Empress Dowager*, pp. 206-207；容龄：《清宫琐记》，收入德龄、容龄：《在太后身边的日子》，页 257。维多利亚女皇逝世于 1901 年。

图3.13　英国期刊《评论》(*Review of Reviews*)中刊登的慈禧肖像(The Empress Dowager of China)

外的康有为、梁启超散播了大量不利于慈禧的传言，甚至包括与荣禄、李莲英等人的奸情，确实对慈禧的形象有莫大的影响。[1]

　　在此之前，慈禧即使无法维系全然正面的形象，西方报道中不时可见对其之偏见与误传，但慈禧之图像仍属于"正常人"形象之范围，甚至深具女性的气质与美貌。例如，光绪二十四年（1898）十二月慈禧首次接见各国驻中国使节夫人，伦敦与巴黎的报纸均有所报道，并附上了明显的插图，图中的慈禧毫无本人形貌的任何特征，但显无嘲弄或讽刺意味。[2] 另一幅缺乏根据的慈禧"肖像"还出现在明恩溥（Arthur H. Smith, 1845—1932）颇具影响力的《中国人的气质》(*Chinese Characteristics*)一书中，该书首版见于1892年，其后同一作品又在1900年发表于英国有名的期刊《评论》(*Review of Reviews*) 上（图 3.13）。[3] 据今日艺术史学者的研究，此一"画像"实为盛清时期的作品，与慈禧毫无关系，也不是其肖像。[4] 画中仕女托腮斜倚，情思款款，显然为了吸引男性观者而摆出的诱人姿势。将情色意味如此浓重的仕女画当作慈禧肖像，可以想见当时西方人对于中国宫闱的绮思与遐想，其中还有征服的意味。

　　庚子事变时，慈禧下令义和团攻击外国人与各国使馆的行为，违反了国

1　邝兆江：《慈禧形象与慈禧研究初探》，《大陆杂志》，第 61 卷第 3 期（1980 年 9 月），页104—105；斯特林·西格雷夫（Sterling Seagrave）著，秦传安译：《龙夫人：慈禧故事》（北京：中央编译出版社，2005），第 15 章。

2　*Le Petit Parisien Supplément littéraire illustré*, December 18, 1898, p. 408; *Illustrated London News*, March 18, 1899, p. 37.

3　Arthur H. Smith, *Chinese Characteristics* (London: Kegan, Paul, Trench, Krubner and Company, 1892), p. 98; "Tsze Hsi, Empress of China," *Review of Reviews*, no. 22 (July 1900), p. 22.

4　James Cahill, *Pictures for Use and Pleasure: Vernacular Painting in High Qing China* (Berkeley: University of California Press, 2010), pp. 185-187.

际外交惯例，甚至她被西方人认为是"人类"
（human race）公敌、侵犯人性。[1] 既然不符
合强权国家对于"人"的定义，西方媒体中
所呈现的慈禧形象转趋极度负面，丑化与讽
刺不遗余力。此前美丽可人的慈禧转变成既
老又丑的形象，奸笑狰狞的脸上还带着残忍
的痕迹，更甚者已脱离正常人的形貌。例如，
法国杂志《笑声》（*Le Rire*）封面上具有"鼠脸"
特质的慈禧形象，冷眉低吟，正算计着如何
使用手中短刀来谋杀更多人；慈禧优美的长
指甲也变成了鹰爪，仿佛可随时刺向敌人的
咽喉，一旁像串烧般的尸体正是其战利品（图
3.14）。[2]

图3.14　法国杂志《笑声》（*Le Rire*）封面上具有"鼠脸"特质的慈禧像

对于西方媒体的报道，慈禧即使不知细
节，但上述丑化的倾向通过各种渠道亦不难
得知。由慈禧自西安返回北京后的诸种行为
可知，她已意识到当初的做法是对西方"人类"价值的侵犯，同时也严重违
反了国际外交通例。例如，慈禧扩大觐见者的范围，光绪二十八年（1902）
六月起持续举办宴会，宫中女眷与女官也参与其中，与外国使节夫人等贵宾
交际往来。[3] 慈禧不得不努力学习国际外交惯例与礼节，以皇太后的名义与各
国使节或访客进行联谊，这也攸关清廷及慈禧的国际声望与形象。唯有谨守
国际礼仪，慈禧才能修补因仇外事件而严重受损的声誉，照片正具有此种功用。

西方人之间互换照片殊为寻常，在外交场域中尤然。其他国家的统治者
学习西洋礼仪、喜好摄影与互换照片者也不乏其人，暹罗国王蒙固（Mongkut,

1　Daniele Varè, *The Last Empress*, p. 261.

2　*Le Rire*, no. 297 (14 Juillet 1900). 除此之外，搜集到的图像来自 *Kikeriki*、*Der Floh*、*Der Flob*
等德文杂志，时间皆为 1900 年左右。以上关于西方媒体中慈禧形象的讨论，非常感谢霍大为及
鲁道夫·瓦格纳的帮助。

3　Isaac Taylor Headland, *Court Life in China*, pp. 69-72; 容龄：《清宫琐记》，收入德龄、容龄：《在
太后身边的日子》，页 231—233。

1804—1868）即是其一，他曾赠照片予多国统治者，包括英国维多利亚女王。[1] 清朝官员中最早见证此一礼节者为两广总督兼五口通商大臣耆英，道光二十四年（1844）法国海关总检察长埃迪尔（Jules Itier）来华访问时，曾为耆英拍照，耆英并将该照分赠英、法等国的使臣。为此，耆英曾上奏表明此事，并说明此举是基于国际外交礼仪。[2]

根据《圣容账》，慈禧的照片确实多为外交礼仪所需。自光绪三十年（1904）四月到光绪三十二年（1906）八月，慈禧之照片曾被赠与各国统治者、皇亲贵族、使节与其夫人，包括德国、奥地利、俄国、日本、英国、美国、法国、墨西哥、意大利、荷兰等国。这些赠送给各国政要的照片，即可能为了表明礼尚往来与关系亲善。例如，光绪三十年（1904）农历十月，美国、奥地利、德国、俄国及比利时统治者曾以亲笔签名信恭贺慈禧寿诞，慈禧回赠照片以示谢忱；[3] 慈禧在光绪三十年（1904）、光绪三十一年（1905）分赠意大利君王与美国总统罗斯福之女的照片，在光绪三十二年（1906）获得了对等回赠；光绪三十二年（1906）三月日本使臣内田康哉之妻进呈内田照片，次月慈禧回赠圣容一件。[4] 在两年多时间中，慈禧频繁地赠送各国政要照片，显见企图以学习国际外交礼仪来修复与各国的邦谊，并且表现出强烈希望加入国际社会的愿景。

慈禧用于外交的照片有高低位阶之别，据《圣容账》记载，尺寸大者高于尺寸小者，戴头冠者高于梳头者，手上拿绢帕者高于拿团扇或折扇者。梳小头、拿团扇、乘轿者只能赏给使臣，而戴冠大圣容则留给皇帝、皇后或总统。若有展示或赠送的需要，照片则被放大至 75 厘米 ×60 厘米左右，甚至于其上加彩、配上雕花金漆镜框。[5] 例如，慈禧送给美国罗斯福总统及其女儿的照片，

1  Judith Balmer, "Introduction," in John Thomson, *Thomson's China: Travels and Adventures of a Nineteenth-Century Photographer*, pp. x-xi.
2  陈之平：《两广总督分赠小照给外国使节》，《老照片》，第 1 辑（1996 年 12 月），页 51。
3  除了《圣容账》外，见 "Congratulate China's Ruler: Mr. Roosevelt and Other Heads of States Send Autograph Letters," *New York Times*, November 13, 1904, p. 3. 感谢赖贞仪提供该则材料。
4  他国所赠予之照片，见《各国呈进物件账》，光绪三十年（1904）十月十六日立，中国第一历史档案馆藏。
5  见林京：《慈禧摄影史话》，《故宫博物院院刊》，1988 年第 3 期，页 82—88。

依照西洋习俗，会被装裱在西式相框中，且送给罗斯福总统的照片经过加彩、放大。[1]

图3.15 慈禧正式独照，1903年摄，北京故宫博物院藏

今存慈禧的独照中，慈禧正面（或稍侧）对着镜头，位于相片正中位置，多为坐姿，也可见站姿。除了照镜簪花像外，慈禧的姿势均较端庄，表情正经，背后及身旁有屏风、花瓶及果盘等装饰，其上并有横幅匾额写明慈禧的头衔、徽号与"万岁"等嵩呼，最多者达二十六字（图3.15、图3.16、图3.17）。无论字数多寡，每处之匾额都包含"大清国"与"皇太后"两词。

如果是群体合照，慈禧在隆裕皇后、瑾妃、格格与近侍等人的环绕之下，众星拱月，多半也面对镜头，端正严肃，布景中或也出现头衔标语。其中乘轿照（图3.18）中，慈禧为众多太监簇拥，仿佛正要出巡或上朝，根据《圣容账》，此照被赠送了外国使臣。另有慈禧与美国公使康格夫人（Sarah Pike Conger）等人的合照（图3.19），慈禧端坐中央，特地将左手置于左方康格夫人的手中，以示亲善。此照也登记在《圣容账》中，想必冲洗后也被赠予了合影之公使夫人。

无论是独照还是群照，慈禧之影像与当时所流行的肖像大相径庭，呈现出相当特殊的风格。此种特殊性在独照中更为清楚，应来自慈禧意欲塑造的国际形象，非摄影者勋龄所致，以下分三点讨论。

第一，与慈禧传统肖像画不同，慈禧照片的风格一致，且形成"系列性"，表现出统一的形象。所谓的"系列性"在于每张照片大同小异，虽在装扮、

---

1　"Gift to the President," *The Washington Post*, February 26, 1905, p. 6. 感谢赖贞仪提供此资料。再者，谢谢霍大为提供照片及解说。两张照片的西式相框并非原样，但当初致赠照片时，确有西式相框。送给罗斯福的照片系翻拍自另外的照片，撷取其中主要部分加彩、放大而成，尺寸为28英寸×22英寸。关于该照片中的加彩，见刘北汜、徐启宪主编：《故宫珍藏人物照片荟萃》，页14。

图3.16 慈禧正式独照，1903年摄，北京故宫博物院藏　图3.17 慈禧正式独照，1903年摄，北京故宫博物院藏

图3.18 慈禧乘轿照，1903年摄，北京故宫博物院藏

图3.19　慈禧与公使夫人合照，1903年摄，北京故宫博物院藏

姿势与装饰物上可见细微差异，但不掩其共通性——相同的构图、慈禧身份的展示与正经严肃的表情。唯有借助摄影才能实现此种"系列性"，慈禧仿佛在短时间的拍摄中，每次尝试一点变化，进行修正，达到想要的效果，这是绘画媒介所无法提供的特点。此种"系列性"为慈禧创造了一致且稳定的形象，但又不至于陷入重复与无聊中。一致的形象展现出慈禧控制下的形象塑造，也是她建立国际形象的第一步。

　　第二，为了清除负面及被丑化的国际形象，慈禧欲借照片建构其道德与政治上的权威感。就道德层面而言，慈禧均正面直视镜头，以一种直白无隐的态度，让观者直接看到慈禧的正经与严肃，更仿佛看到了慈禧的真诚。同样地，绝对对称的花瓶、果盘与屏风等装饰物构成了层层的框架，将慈禧框构与定位在构图中间，也框构在抽象的道德框架中间。再者，慈禧的照片表现出了平稳与恒定的特色，也具有道德意味，但却与摄影媒介的特性背道而驰。在20世纪初，照相机已经可以捕捉快速的表情与姿势变化，慈禧的影像却以冻结的画面屏除变动与意外的可能，也排除不定与浮动。

　　慈禧照片中的一致性与恒定感，有其道德诉求，正可扭转西方世界所塑造的、对其极尽恶意与讽刺的形象，尤其道德上的诉求更是消除慈禧"非人"与邪恶形象的最好策略。任何政权的正统性都带有道德成分，仅靠政治权威并不能支撑统治的延续，塑造道德高度应是慈禧照片的目标之一。看起来不具灵巧设计感的照片，却可能塑造出慈禧具有道德诉求的形象。

　　第三，慈禧通过照片来显现政治权威，此种权威加强了慈禧贵为皇太后的身份，进一步扭转了慈禧的不良形象，也加强了慈禧在国际社会为大清国代表与当然统治者的地位。慈禧照片的政治能动性表现在风格细节中。首先，像主与照片中的所有物象皆与相机平行，缺乏斜线的构图使照片中的空间呈现出浅、短的效果。在有限的空间中，慈禧位于构图中轴线位置，更能凝聚目光。中轴线本是视线的焦点，也是照片中最重要的位置。其次，此空间布满装饰纹样，从地毯、衣袍到屏风，无处不是吉祥的符号与地位的象征。例如，孔雀即是凤凰，象征皇太后的地位。[1] 在代表大清国的空间中，在各种象征符号的环绕下，慈禧是照片中最显眼者。

　　慈禧照片中正面的形象与对称的构图风格似乎相当符合 19 世纪晚期西方摄影师对于中国肖像的描述，他们批评或嘲讽此种风格，认为与当时西方人物摄影美学大相径庭。在早期中国摄影文献较为缺乏的状况下，西方摄影师的描述成为今日对于 19 世纪晚期中国人物摄影的认识。然而，一如巫鸿的论述，此种被建构出来的刻板印象用来支撑西方与中国摄影的二元对立结构，形成可供批评的他者——"中国性"。[2] 虽然正面性与对称性确实可见于中国祖宗像与受祖宗像影响的摄影肖像，慈禧照片中对各种风格要素的统合仍具特殊效果。换言之，慈禧的照片并非被动地继承传统祖宗像的风格，也不是可简单纳入西方摄影师所描述的"中国性"风格之中。

　　最好的例证见于明代中后期的帝王像，尤其是明孝宗（1470—1505，1487—1505 年在位）（图 3.20）。孝宗像与慈禧像有三个共同点，包括全正面

---

1　孔雀在中国传统中有其独立的象征意义，但其形象历来为凤凰所借用，而凤凰为皇后或皇太后的象征。

2　Wu Hung, "Inventing a 'Chinese' Portrait Style in Early Photography: The Case of Milton Miller," in Jeffrey W. Cody and Frances Terpak, eds., *Brush and Shutter: Early Photography in China*, pp. 79-85.

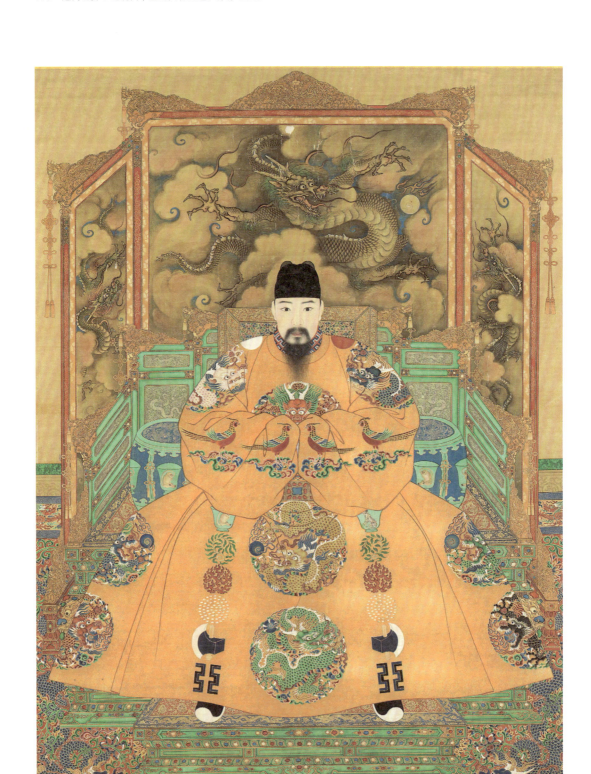

图3.20　《明孝宗像》，绢本设色，209.8厘米×115厘米，台北故宫博物院藏

图3.21　上海妓女照

的姿势、完全对称且框架性强的构图与弥漫表面的装饰，这些特点强调像主地位的重要性，以及道德与政治上的权威。慈禧与明孝宗年代相隔甚远，虽然孝宗像在清宫南薰殿收藏的帝王像中，但慈禧照片征引此特别的帝王像传统，重点在于慈禧政治意图的展现，而非直线的风格继承关系。

更何况，画中的孝宗脸色苍白，几何身形犹如剪影，缺乏生命力，照片中的慈禧却有脸色与皮肤等实质感觉，为真实存在的人物。再者，慈禧以横幅标语显示身份，恐怕是中外第一人。使用类似标语标示出拍照场合或像主与合影人关系的做法，其后屡见不鲜。此一做法或与传统肖像有些许关联，在清代文士肖像中常见有题款标明像主身份；题款通常为直式，位于画面右上角，但偶见横写者，题于图像上部。[1] 即使如此，在摄影照片中运用具体的匾额或旗帜表明影中人身份的行为，仍与传统肖像的题名做法有所差距。

就中国早期影像而言，慈禧正式照片中的对称性与正面性仍有其特殊性。试比较当时上海流行的妓女照，慈禧照中端谨严正的形象与对于身份地位的强调，在当时照片中实属少见。上海有正书局出版的《海上惊鸿影》收集有上海500位妓女的照片，可说集当时女性摄影之大成，各种姿势与布景皆有（见图3.21）。[2] 即使从如此齐全的视觉资料库中，也寻找不出哪张照片如慈禧照片般具有此等的稳定感与权威感。再观察同时的西方摄影，少见正面像，遑论像主之全部正面，对称构图更为欧洲传统肖像所不取，摄影亦然。即使

---

1　例证见麟庆：《鸿雪因缘图记》（北京：线装书局，2003）中作者的肖像，页15、137、263。谢谢梅韵秋告知资料。

2　该摄影册的出版年份不详，但据有正书局在宣统元年十二月初二日（1910年1月12日）《时报》首页上大幅刊登的广告看来，当时该册应为书局的主力出版品。

是正式的西方摄影肖像，影中人物姿势与身形
也脱离了较显板滞的正面性与对称性构图，正
襟危坐未免过于僵硬，有时甚至以侧面示人，
例如英国维多利亚女王的正式影像（图3.22）。

　　若置于前述慈禧照片使用的国际外交脉
络中观察，慈禧照片的特殊风格——端谨严正
的姿势与崇高地位的象征有其作用。慈禧的身
份、地位想必是其作为大清国外交代表的必要
条件，而端正之姿彰显出慈禧之德行与品格。
如是之故，慈禧的正式照片像所呈现出的缺少
变化与稍嫌呆板的风格有其存在价值，与被西
方媒体丑化的图像相比，正常且具规范性的慈
禧照片，消解了慈禧"非人"的形象。除此之
外，穿戴贵气、手拿扇面或绢帕的慈禧，虽已

图3.22　英国维多利亚女王照

届高龄，仍然呈现出高贵华丽的姿容，并以之对抗被丑化的图像中的残忍、
奸邪等特质。

　　除了用于国际外交场合，慈禧的照片尚有其他用途。根据《圣容账》，
她也曾将照片赏赐给李莲英与喜寿等总管，并将之悬挂于紫禁城宁寿宫乐寿
堂、颐和园乐寿堂与西苑海晏堂中。前两处为慈禧日常活动之地，海晏堂则
为慈禧返回北京后新修之西洋式建筑，她曾在此接见外国公使夫人。[1] 这些悬
挂于宫中的照片应为正式独照，与外交场合所用者属于同一系列。除了慈禧
自己与身边亲近的人可见到这些照片外，来到海晏堂觐见慈禧的外国公使夫
人或也可得揽其影，此依旧在外交场合中发挥矫正慈禧形象的功能。

　　慈禧自己与近身之人观看此类照片，又是为哪般？慈禧的自恋心理与表
演特质在簪花照中已可见到，[2] 悬挂于宫中的独照也显露出她自我观照与展示

---

1　见章乃炜、王蔼人编：《清宫述闻》，页 875—881；北京市地方志编纂委员会编著：《颐和园
志》（北京：北京出版社，2004），页 145—149；树军编著：《中南海备忘录》（北京：西苑出版
社，2005），页 66—68。

2　关于慈禧簪花照的研究，见 Carlos Rojas, *The Naked Gaze: Reflections on Chinese Modernity*

的心理需求，更具有标举空间主人与凝聚向心力的作用。慈禧对于气氛营造颇为擅长，常与身旁之人轻松说笑，营造出亲近感与家庭感，连柯姑娘都对此有切身感受。[1]慈禧与身边之人的集体合照，想必具有培养感情的作用，而悬挂于起居空间中的独照，应可凝聚宫中成员的集体感情。

在清宫中，除了景山寿皇殿悬挂帝后像以供皇室瞻仰外，前代帝王像也于诞辰、忌辰与重要时节时被悬挂于乾清宫、养心殿等帝王起居处。[2]若以群像而言，当朝帝王像中深具政治意味、为了特殊目的所绘制的肖像，确实曾展示于宫殿中。例如，《万树园赐宴图》描写乾隆十九年（1754）夏季，乾隆于避暑山庄万树园册封、宴请准部诸王公的状况。此作完成后以贴落形式张贴于避暑山庄卷阿胜境殿内，日后前来觐见的蒙古等部族，可借由观看此图，领会当年准部来归、满蒙一心的情境。[3]

在清宫中，当朝帝王像并非全然不见，但后妃属于宫内女眷，画像应相对隐蔽。由慈禧于宫中公然悬挂自己的照片来看，慈禧晚年对于身为统治者的身份、地位未曾有丝毫的掩饰。至于大量赠送照片给外国人一事，更可见慈禧在国际社会中也被视为统治者。在国际外交中，统治者通过交换肖像画以示亲善的做法也见于传统中国，例如宋辽（907—1125）之间，但互赠品局限于帝王像。[4]慈禧身为皇太后却全然掌控宫廷外交的场域，作为皇帝的光绪却缺席，确实为历来仅见之例。

再者，慈禧用于外交的照片上多见"大清国"的标示，更显示出慈禧是在代表国家进行国际外交。"大清国"此一国家自称在晚清时期确定，标志着中国成为国际社会的成员。康熙二十八年（1689）康熙皇帝与沙俄签订《尼布楚条约》时，仍自名"中国"。当中国于晚清时期踏入国际社会与外交场域时，

---

(Cambridge: Harvard University Asia Center, 2008), pp. 1-30; 彭盈真：《顾影自怜——从慈禧太后的两张照片所见》，《紫禁城》，第 188 期（2010），页 71—75。

1　Katherine A. Carl, *With the Empress Dowager of China*, pp. 52-56.

2　关于咸丰与同治皇帝薨亡后其肖像被悬挂于乾清宫、养心殿等处的记载，见《内务府造办处各作成做活计清档》，同治四年闰五月初八日、光绪元年二月十二日条目。

3　见杨伯达：《〈万树园赐宴图〉考析》，页 178—210。

4　见徐梦莘：《三朝北盟会编》（上海：上海古籍出版社，1987），第 1 册，卷 6，页 12—13；石田肇：《御容の交換より見た宋遼関係の一齣》，《东洋史论》，第 4 期（1982 年 9 月），页 24—31。

原有的朝贡体系中用以自称的"中国"难以表明特殊的统治权，从咸丰八年（1858）中英签订"天津条约"时，即以"大清国"为名。[1] 除了是国际社会公认的统治者外，慈禧也成为国家的代表，一如英国维多利亚女王。

慈禧照片中最为人乐道的部分是其扮观音照，据野史记载，这些照片被悬挂于寝宫中。无论其用法为何，自慈禧择日入影与指导扮装等事来看，拍照一事已经为慈禧与身边之人带来某种集体扮装、宛若演戏的乐趣，这是画像所无法具有的氛围。[2] 一如前言，画像运用两种手法让像中之慈禧与观音连接：一是利用少数物象表现观音特质；二是慈禧进入虚拟世界，成为观音。在照片中，慈禧化己身为观音的意图相当明显，不但穿戴力图与观音形象一致，背后的紫竹林屏风框构出观音活动的场景，前景的荷花池更以绘画或人造荷花手法制造出拟真效果。

在虚拟的实境中，慈禧恍若变身为观音，但屏风上"普陀山观音大士"的标识，又提醒观者这是舞台上的做戏，并非真实。再者，摄影捕捉到成像时刻的片刻真实，而就慈禧的照片而言，此"真实"由扮演与虚拟而来。照片与画像不同，照片逃脱不了慈禧只是扮演观音的"真实"。于是，在是与不是、像与不像之间，照片中虚拟与真实之间的关系远比画像更复杂，也更具戏剧效果。慈禧扮观音照之所以吸引目光，或许就在于扮演、虚拟与真实之间所形成的视觉张力。

慈禧扮演观音像被摄成照片，或也有特殊的政治企图，但政治本就是"扮演"，扮演给不同群众观看，也给自己看。形象上的"扮演"即是清代皇室在统治多元种族与文化时的一项重要政治传统，对于满、蒙、汉、藏、回等不同族群而言，清代皇帝有着不同的统治形象与治理观念，此也充分显现在盛清三帝的画像上。相对于此，慈禧画像所诉诸的实际观者，仍在清宫之内，而后代的观者群范围虽然较为广大，但相当抽象，属于历史评价的范畴。总

---

1  见《中外条约汇编》（台北：文海出版社，1964），页5、6、325。
2  关于慈禧扮观音照的研究，见刘北汜：《慈禧扮观音》，页197—205；Carlos Rojas, *The Naked Gaze: Reflections on Chinese Modernity*, pp. 1-30; Yuhang Li, "Gender Materialization: An Investigation of Women's Artistic and Literary Reproduction of Guanyin in Late Imperial China," chapter 3.

体而言，慈禧画像影响的范围不出传统帝王像，甚至比不上乾隆画像——能够超越宫廷与历史评价的范围，影响到治下蒙古等部族。

　　然而，慈禧照片所含摄的观者与影响力，显然远超上述两种范围。首先，摄影过程比画像快速，也更能丝毫不差地呈现像主当时的姿势与表情。在反复观看照片与经历摄影演出后，像主更能精确地表现出个人理想的形象，而且此种形象因为摄影所具备的再现能力而深具真实效果。受赠者观看照片想必如睹其人，相信慈禧的真实存在——拥有崇高的地位与端正的品质。一如康格夫人在引介柯姑娘为慈禧画像时所言，当时登载在画报上的讽刺画在极力丑化慈禧，唯有让世界见到"还原如实"的慈禧，才能改变世界的看法。[1]

　　画像与照片的区别还在于后者的复制性——可快速复制的底片的传播速度远非绘画可比。根据《圣容账》，慈禧"梳头穿净面衣服拿团扇圣容"的底片曾被冲洗过高达 103 张照片，流布状况令人好奇。光绪三十年（1904）七月，慈禧的正式独照登载在日本颇具影响力的《时事新报》；[2]次年，上海的《万国公报》与《新小说》亦登载慈禧之个人独照，但所载照片不同；[3]光绪三十四年（1908）慈禧过世后，英国著名画报《伦敦新闻画报》（*Illustrated London News*）刊出慈禧照镜簪花照，以示纪念。[4]

　　由此观之，一方面，虽然欧洲人对于中国皇太后的想象，仍然通过慈禧最为女性化的簪花形象透露出来，慈禧努力改变西方人对其极端厌恶与诋毁形象的意图，尚称有成。另一方面，取得慈禧的照片看来并非难事，即使是日本与英国媒体，仍有其渠道。这些渠道将开启关于慈禧影像的新故事，详见下文分晓。

## 五、慈禧照片的社会流动与其意义

　　慈禧照相一事最吸引人的还在于这些照片的社会流动，流动在身份地位

1　Sarah Pike Conger, *Letters from China* (London: Hodder and Stoughton, 1909), pp. 247-248.

2　见游佐彻：《蜡人形·铜像·肖像画：近代中国人の身体と政治》，页 107—115。

3　《万国公报》，第 193 期（1905 年 2 月），封面；《新小说》，第 13 期（乙巳年一月），封面。

4　*Illustrated London News*, November 21, 1908, p. 25.

不明的大众之间，慈禧的照片创造了历史，中国的统治者开始有社会形象可言。光绪三十年（1904）六月，上海发行的《时报》陆续登载有正书局贩卖慈禧照片的广告，在此后数年的时间中，类似的广告虽非每日见报，但也屡屡出现，慈禧照片为有正书局致力推销的影像商品之一。[1] 与此同时，上海的耀华照相馆也出售慈禧照片，但广告内容极为简单，并未如有正书局般大肆宣传。[2] 另外，光绪三十一年（1905）天津的照相馆的橱窗中已摆设有慈禧照片以供选购。[3]

有正书局的广告以慈禧身为皇太后的身份为号召，吸引读者。例如，光绪三十年（1904）六月十二日的广告标题为"大清国皇太后真御影"，广告内容强调照片为真，自外人取得，更是原版晒出，广告词还宣称"欲使清国人民咸睹圣容，如西方人之家家悬其国主之相也"，"咸睹圣容"四字以放大字体凸显诉求。

广告中出售的照片与今日所见之类型雷同，既有慈禧独照、慈禧与后宫女眷、太监及德龄一家等各式团体合照，也有慈禧扮装观音像。[4] 由此来看，勋龄为慈禧所拍摄的照片，历经一年左右，就已经流出宫外。至于流出的渠道，由于资料不全，仅能推测。目前存于美国弗利尔美术馆的慈禧照片来自德龄家族，可见照片在拍照当时或许特准勋龄或德龄持有。有正书局的广告，曾以日人高野文次郎之名刊登，另一日人饭冢林次郎之名也出现在有正书局《北京庚子事变照相册》的广告中。[5] 这两位日本人的身份，今日已难追溯。

有正书局与《时报》同属狄葆贤所有，皆在上海法租界四马路上。狄氏倡议政治改革，甚至主张革命，曾两度流亡日本，与康有为、梁启超甚为友好。

---

1　广告较为密集的时期为 1904 年 6 月到 1905 年 12 月，但其后 1907 年 7 月 30 日也出现过类似广告。

2　例如，1904 年 6 月 26 日的《申报》，刊登耀华照相馆出售慈禧御容小照的广告，全文连标题不过三十四字。耀华照相馆为德人施德之所有，位于上海英租界抛球场。关于施德之，见 Zaixin Hong, "An Entrepreneur in an 'Adventurer's Paradise': Star Talbot and His Innovative Contributions to the Art Business of Modern Shanghai," in Jennifer Purtle and Hans Bjarne Thomsen, eds., *Looking Modern: East Asian Visual Culture from Treaty Ports to World War II* (Chicago: Center for the Art of East Asia, University of Chicago, 2009), pp. 146-165.

3　此说出自华士·胡博（Hubert Vos）之口，该人于 1905 年受慈禧邀请来华为其画像。见 "Painting an Empress," *New York Times,* December 17, 1905, p. 18. 感谢赖贞仪提供此。

4　例如 1904 年 7 月 6 日及 1904 年 10 月 13 日刊登在《时报》的广告。

5　分别刊登于《时报》1904 年 8 月 11 日及 1903 年 7 月 3 日。

除了身为清末著名的政治人物与重要改革报刊的出版人外，狄葆贤家富收藏，对摄影极有兴趣，并热衷于新式摄影印刷技术的引进。[1] 狄氏与日本人关系良好，曾因此种关系得以在八国联军占领北京时进入圆明园等皇家宫殿参观。以外国人为名刊登广告，是否为了规避清廷的追索，难以确定。姑且不论慈禧的照片如何自勋龄手中至上海租界的商号成为商品，有利可图确为事实。

　　早在光绪二十八年（1902），有正书局已经开始出售照片，《北京庚子事变照相册》中包含慈禧自西安回銮进京的影像，虽不见慈禧真容，皇太后銮轿入影且成为商品已非传统。[2] 有正书局关于慈禧照片的广告词中强调其前所贩卖者皆非真实，此次费尽心力才网罗到珍贵影像。再根据广告词，先前流传的照片中，已有柯姑娘所绘慈禧油画像的翻拍照。姑且不论此照是否为真，慈禧的各式肖像在民间确有吸引力，统治者肖像的广泛流传已势不可挡。

　　对于宫闱内只闻其名却不得一见的上层人物的好奇，历来皆然，唯有到了近现代时期，中国统治者的影像才广泛流传于无名大众之间。拜摄影之赐，统治者形象的公开相当容易，但此一趋势并非仅因新式技术的引进，同时应有更宏大的政治想象的推动。更何况，如果考虑到狄葆贤的政治履历，除了商业利益外，贩卖慈禧照片应有政治谋算在内。

　　有正书局贩卖之名人照片并不止于慈禧，光绪皇帝、恭亲王及曾国藩等人的照片也可买到。[3] 然而，多种广告均以慈禧为主，显然慈禧的照片最能吸引购买者，也是其背后政治考虑的中心。前引广告词中的"国主"，不清楚其指向何种政治制度的统治者，可能是英国女王，也可能是美国总统，但毋庸置疑以之来比附慈禧之地位亦可想象。由此可见，慈禧身为清廷统治者甚至国家之主的角色已然确定。前已言及，在清朝宫廷内部与国际社会上，慈禧代表"大清国"已成定势，由广告词来看，此认识也为消费大众所认同。

---

1　关于狄葆贤的生平，见 Joan Judge, *Print and Politics: 'Shibao' and the Culture of Reform in Late Qing China* (Stanford, Calif.: Stanford University Press, 1996), pp. 27、42、183、187、208、253, n. 41; Cheng-hua Wang, "New Printing Technology and Heritage Preservation: Collotype Reproduction of Antiquities in Modern China, circa 1908-1917," in Joshua A. Fogel, ed., *The Role of Japan in Modern Chinese Art* (Berkeley: University of California Press, 2012), pp. 273-308、363-372.
2　见钱宗灏：《纪录国耻的相册》，《老照片》，第 4 辑（1997 年 10 月），页 91—94。
3　例如，《时报》1905 年 7 月 11 日广告，详见下文分析。

　　有正书局出售慈禧照片时所用的修辞，援引了西方世界统治者肖像的普及与流传状况，振振有词地为自己的商业行为提出冠冕堂皇的理由。这理由虽未涉及中国的政治制度与西方的差异，也未攻击清朝政权的统治，却仍具颠覆作用。此一颠覆作用来自统治者肖像的能见度与商业性，当寻常人可见甚至可以买卖统治者的肖像，统治者高高在上的神秘感与神圣不可侵犯的权威感便遭到了破除。换言之，统治者的肖像变成了商业市场中的商品，只要出得起价钱，人人皆可拥有，也可转手出售。此种消费与掌控的感觉，前所未有，掌握肖像就可进行个人诠释，消解统治者权力与道德结合的制高点。

　　除此之外，统治者肖像的能见度与政权立基的群众基础有关，前言张贴于避暑山庄的乾隆大幅肖像画即是例证，借此意图拉拢与清朝政权基础息息相关的蒙古部族。传统帝王像之相当有限的观者为该政权意欲诉求的对象，所以其基本为文人士大夫与皇亲、贵族等。进入近现代社会，政权的统治基础转向民众，尤其是民主制度，统治者与所谓的"人民"必须通过直接或间接的政治手法产生接触，包括各种政治制度与信息的透明化，也包括统治者的相关信息与容貌。如是之故，通过商业流传的慈禧肖像有可能会颠覆清朝统治者的至高形象，并暗藏改变传统中国政治基础惯性思考的可能，"如睹圣容"显然也在中国社会有其作用。

　　慈禧照片在社会流动中所具有的颠覆性，更来自慈禧照片与其他名人照片的并置出售。除了单张照外，有正书局所出售者还有照相册。自今存北京故宫博物院的慈禧个人肖像观之，照片粘贴于白纸板上，纸板下缘印有"上海四马路北京厂西门有正书局"字样。[1] 有正书局以此种形式贩卖的丽人（妓女）名人单张照片，计有 600 种。除了《北京庚子事变照相册》外，广告中尚见《北京庚子事变照相册》、《上海百丽人照相全册》、《京津百丽照相全册》、《中国百名人照相全册》及《中外二百名人照相全册》等照相册。[2] 由于《北京庚子事变照相册》并非摄影印刷，而是以个别照片粘贴其上而成，[3] 可以想见有

---

1　根据笔者 2002 年 9 月初在北京故宫博物院图书馆所写下的笔记。当时查阅该馆之计算机数字影像，其中有上千张老照片。

2　例如，《时报》1904 年 9 月 22 日广告。

3　钱宗灏：《纪录国耻的相册》，页 91—94。

正书局在搜罗 600 种丽人照片后，再以某专题为名、集合而成各种照相册。这些照相册应都是单张照片粘贴而成，这也是当时贩卖的照相册的普遍状况，即使在光绪三十年（1904）《东方杂志》首创照相铜版印刷之后，当时之照相册仍然维持原貌，并非印刷而成。[1]

慈禧照片出现在《中国百名人照相全册》及《中外二百名人照相全册》中，所谓"中国百名人"包括光绪、慈禧与亲王贝子、名臣高官等，以及康有为、梁启超、戊戌六君子、裕庚女公子（德龄或容龄）等。而"中外名人"内所包含者除了上述名人外，还有名妓，以及欧亚各国皇室、统治者、大臣与美人等。[2]

有正书局将身份、地位、政治立场与国籍、文化不同的人物照片熔于一炉，统称于"名人"之下，反映出当时上海商业市场通过塑造"名人"而博取利益的一面，也反映出新式的"名声"培养——端靠照相取观于人。[3]换言之，"名人"成为文化资本，能够借由"名声"获利，而"名声"的养成与"能见度"息息相关——依赖当时的大众媒体与商业市场的宣扬和塑造——照片的流传成为重要的手段。[4]

"名人"照片的流传在晚清社会相当普遍，流传形式有单张照片、照相册，也有如《东方杂志》般——自创刊号开始陆续登载中外名人照片，首两期包括庆亲王、恭亲王、载振、溥伦等人。[5]根据鲁迅所记，庚子事变前其故乡绍兴城的照相馆中常见曾国藩等平定太平天国运动的名臣、名将的照片，用以吸引顾客。[6]晚清时期，照相馆门前挂有"名人"照片以拉拢生意的做法，不

1 吴群：《中国摄影发展历程》，页 134、155、171。

2 见《时报》，1905 年 7 月 11 日及 1906 年 11 月 4 日广告。

3 辜鸿铭对于晚清时期士大夫之照片刊登于报纸上，有所批评。见其《张文襄幕府纪闻》，收入陈霞村点校：《民国笔记小说大观》（太原：山西古籍出版社，1995），第 1 辑，页 53。

4 乔迅曾为文讨论画家如何运用上海的大众传媒制造名声，成为名人。见 Jonathan Hay, "Painters and Publishing in Late Nineteenth-Century Shanghai," in Ju-his Chou, ed., *Phoebus 8: Art at the Close of China's Empire, Phoebus* (Tempe: Arizona State University, 1998), pp. 171-173.

5 《东方杂志》，第 1 期（光绪三十年［1904］正月二十五日），页 17；第 2 期（光绪三十年［1904］二月二十五日），页 293、295、297。

6 鲁迅：《论照相之类》，《语丝》，第 9 期（1925 年 1 月 2 日），第 2 版。

止于绍兴城，在北京也常见此景象——最常见者有政界人物照与花丛名妓照。[1]
当时妓女的照片流传甚广，早在 19 世纪 70 年代，上海的照相馆即已出售妓
女照。[2] 宣统二年（1910）《图画日报》上有幅石印版画，描写的是路边小贩
沿街兜售上海著名妓女的照片，明言"四处八方都卖到"，其中以"四大金刚"
之照片最为抢手。[3] 此种买卖方式暗示出名人照片市场相当活络，不同层级的
销售渠道具备。上海、北京、天津及绍兴等地的照相馆中有出售名人照片；
有正书局既有上海、北京两处商店销售名人照片，也有邮购服务。

　　有正书局所售照片中的"名人"多为政治人物，无论皇太后、皇帝、皇
室成员还是高官大臣，皆为社会有名人士。上海妓女在当地也有社会名声，
"四大金刚"即为其中之佼佼者。[4] 这些众所周知的名人，其声名之传播本
就仰赖众人的口耳相传，而大众媒体与商业市场的加入，使传播效果更为明
显。德龄、容龄及异邦美人等女性虽称不上具有社会名声的"名人"，但将
她们加入其中，实则是受到仕女画传统的影响，满足了男性购买者的偷窥欲
与好奇心。有正书局蓄意搜罗人物照片，其中有知名之人，也包括男性读者
可能有兴趣的女性之照片。无论所收录之人物原有的身份、地位如何，在其
照片的流传中他们逐渐转变成社会"名人"，其姿容可供消费与谈论，一如
今日大众传媒中的各式"名人"，其脸面具有可辨识性，对其生活的讨论则
变成公开的话题。

　　慈禧虽贵为清政府的最高统治者，掌握着生杀大权，也不过是社会"名
人"中的一员。正如《中国百名人照相全册》广告词所言："将中国三十一
年来，或有功会社，或有害国家之相片，众一百数十人于金边册上。虽兰艾
之同登，然芳臭之自别，百世钦之，万人唾之，自有公论在也。"究竟慈禧

---

1　见兰陵忧患生：《京华百二竹枝词》，收入路工编选：《清代北京竹枝词》（北京：北京出版社，
1962），页 125。
2　吴群：《中国摄影发展历程》，页 130。
3　《图画日报》，1910 年 3 月 20 日，第 217 号，第 8 页。见重刊本《图画日报》（上海：上海
古籍出版社，1999），第 5 册，页 200。
4　见徐珂：《清稗类钞》（1917），第 11 册，页 5227—5229；Catherine Yeh, *Shanghai Love: Courtesans,
Intellectuals, and Entertainment Culture, 1850-1910* (Seattle: University of Washington Press, 2006),
pp. 220-226.

是"兰"是"艾"，"百世钦之"还是"万人唾之"，端赖观者判断。由此可见，有正书局在出售照相册时，确有自觉意识，政治意图亦隐含其中。在这些照相册中慈禧与谭嗣同等人的照片并置合售，深具政治颠覆意味，显然当权者与被压迫者之间的界限已然泯除。妓女照片的加入，看似与政治无关，实则亦深具政治颠覆性。皇太后与妓女同为名人，花钱就可拥有两者之照片，此消费行为颠覆了儒家社会的位阶观念，与之相应的价值判断和道德框架也受到了嘲讽与质疑，对于当权者所要求的"正常"社会秩序具有威胁性，政治秩序亦随之摇动。

　　实际上，光绪皇帝的照片也与谭嗣同、妓女照一同出售，而慈禧的照片有何特殊之处？如果有正书局意欲颠覆清廷统治下的政治秩序，其为何以慈禧为目标？如前所述，戊戌政变后，光绪遭慈禧幽禁，康有为、梁启超等保皇党极力散播慈禧的负面形象。即使狄葆贤并非保皇党，以他的政治立场及与康、梁的关系，亦绝非支持慈禧之人。更何况，主张变法的改革派站在光绪这端，政变后为慈禧处死，可见光绪与谭嗣同并非对照组，光绪与慈禧才是。再者，妓女与皇帝之间可产生绮情艳史，并非"兰艾同登"，而妓女与皇太后才是另一种对照，同属女性，身份地位却有云泥之别，妓女对照出皇太后高高在上、不容置疑的道德高度与贞节价值。一旦将妓女照片与皇太后照片并置合观，后者的高度与价值受到质疑，再加上皇太后女性统治者的身份，更容易制造话题、颠覆原有秩序。民间流传有慈禧与荣禄、李莲英有奸情的野史，不正是以皇太后的贞操做文章？

　　有正书局名人照片的销售状况不详，无法确定其流传的范围与具体的情境。[1] 虽然如此，照片的售价或可提供些许蛛丝马迹。光绪三十年（1904）六月慈禧的照片刚上市时，值洋元一元，未标明尺寸。当年十月后的广告，标示八寸者一元，六寸者五角，多买折扣愈多。[2] 相对于其他丽人名人照每张四

---

1　1946 年《永安月刊》曾登载关于慈禧照片短文一篇，作者言及家藏之慈禧照片为父亲所有，而且当时社会颇见慈禧照片的流传、翻印，或可补证慈禧照片在民国初年的能见度。见李家咸:《慈禧画像摄影补记》,《永安月刊》, 第 89 期（1946 年 10 月 1 日）, 页 29。
2　见《时报》, 1904 年 10 月 13 日、1904 年 11 月 1 日、1904 年 11 月 2 日广告。

角、全本照相册数十人十五元的价格，慈禧的照片可称高价。[1] 次年五月后，或因销售状况不佳，慈禧的照片减价到八寸者六角，六寸者三角，七张合购价二元五角。[2] 此价格在当时的照片市场仍属高价，前言宣统二年（1910）《图画日报》中"四大金刚"之照片不过价数十文钱，同年山海关到天津火车上所兜售的长城照片也不过价一角。[3] 光绪三十年（1904）年底，一洋元可兑换七钱四分多，将近半两，六百多文制钱。[4] 当时城市中靠技术生活的工匠每月收入约九千文，上海人力车夫每月收入约六千文，一石米约值五千多文，文化商品如有正书局出版的《中国名画》，一期售价一元五角。[5] 如此来看，慈禧的照片虽非价廉，与当时其他文化性消费品比较，仍是城乡士绅或城市新兴中产阶级可以购置的商品，但劳动阶层在糊口之余却难以负担。

除了以照片形式流传外，慈禧与皇室成员的照片也被制成明信片，并流传至国外。目前搜集到的慈禧形象之明信片共四种，其中两种所用照片相同，皆为慈禧与隆裕皇后、瑾妃、德龄、容龄等人的合照，但明信片边缘之说明文字却有英文、法文之不同。第三种明信片慈禧簪花照，说明文字为英文。第四种为《圣容账》所记载、用于外交场合的慈禧照，照片中慈禧正襟危坐、手握折扇，说明文字为德文。除了慈禧外，尚见与光绪、珍妃、醇亲王载沣、溥仪等人照片相关的明信片。

这些说明文字也显示出，在其中两种明信片发行时，慈禧已然去世。印有法文的慈禧合照明信片，在光绪三十三年（1907）十月十日由越南寄往法国，慈禧簪花照明信片则在民国元年（1912）六月十二日由汉口寄往法国，两者的通信内容皆以法文书写，内容不外乎问候亲友与报告自己在中国的旅行。由此可见，这些明信片应为前往中国及越南旅行的法国人士邮寄。作为

---

1　见《时报》，1904 年 6 月 12 日广告。
2　见《时报》，1905 年 5 月 29 日广告。
3　吴群：《中国摄影发展历程》，页 170。
4　银两与洋元比价，见《申报》，1904 年 10 月 16 日、1904 年 10 月 30 日、1904 年 11 月 1 日。谢谢孙慧敏告知此资料。银钱比价，见余耀华：《中国价格史》（北京：中国物价出版社，2000），页 863。
5　余耀华：《中国价格史》，页 888、948。关于当时某些刊物的价格与消费，见 Cheng-hua Wang, "New Printing Technology and Heritage Preservation: Collotype Reproduction of Antiquities in Modern China, Circa 1908-1917."

西方世界友朋、家人之间互相联络、沟通的媒介，明信片在 19 世纪末到"一战"前相当流行，当时高峰期（如宣统元年［1909］左右）一年即有超过 30 亿张明信片从欧美寄出。明信片上常见异国情调的影像，也包括中国的地理、风俗、人物与时事等，对于形塑西方人的中国印象应有相当大的影响。[1]慈禧的照片出现在明信片上，随着在中国的欧洲旅人的邮寄，明信片被寄给自己的亲友，让当地人目睹慈禧真容。以上所举的例证虽然不多，但显然在慈禧生前其形象已然跨越皇室贵戚、统治人物与外交人员等，而及于阶层更广的外国人。

20 世纪初，在各种在地与全球因素的纠结、促动下，慈禧与清朝皇室成员的影像再也无法深居宫内、仅为少数人见到。摄影术在 19 世纪下半叶深入中国的大小城镇，皇室本就难以完全隔绝此潮流，更何况照片所运用的国际外交场合，正是清室亟欲参与的场域。庚子事变后的政治局势迫使慈禧不得不亲自面对外国人，姿容无法隐藏，而积极地运用照片更能为慈禧洗刷被国外媒体所丑化的形象。社会大众对于"名人"的兴趣，也促使上海的影像市场企图以慈禧照片牟取商业利益。有正书局与政治改革派或革命派的关系，更将政治意图寄寓于慈禧照片的商业贩卖过程中，同时慈禧照片于民间社会的广泛流传，则展现出极强的政治颠覆性。全球明信片的普及，再加上西方世界对于中国皇太后的极大兴趣，慈禧的照片出现在外文为主的明信片上并不令人意外，更让慈禧容貌成为全球流通的影像之一。

## 六、大清国皇太后与世界：1904 年慈禧油画像在圣路易斯的展示

今存慈禧油画像约有六幅，分别为两位画家的作品。其一是前已提及的柯姑娘，另一为荷兰归化美籍的画家华士·胡博（Hubert Vos, 1855—1935）。柯姑娘为业余画家，曾在巴黎学画，弟弟柯尔乐服务于中国海关，在美国公使与夫人的牵线下，她为慈禧绘制画像，时为 1903 年。当时康格夫

---

1　见张瑞德：《想象中国——伦敦所见古董明信片的图像分析》，收入张启雄主编：《二十世纪的中国与世界论文选集》（台北：台湾"中研院"近代史研究所，2001），页 807—813。

人与慈禧之关系最称友善，她忧心于慈禧国际形象之败坏，推荐柯姑娘为其画像，该画像预期在 1904 年美国圣路易斯万国博览会上展示，让世人瞻仰慈禧真容。[1] 为了绘制该画像，柯姑娘在颐和园留驻九个月，近距离观察慈禧的生活与面容，并为之绘制了四幅大小不等的油画像。其中两幅下落不明，一幅存于北京故宫博物院。[2] 这四幅画像中，在圣路易斯万国博览会参展过后的慈禧巨幅油画像，以敦睦中美友谊之名，被清廷赠予了美国政府。[3]

　　华士·胡博为职业画家，以善绘肖像画闻名，活跃于纽约社交圈，曾旅行于东亚及太平洋等地区，所到之处包括中国、韩国、印度尼西亚以及美国夏威夷州等，为统治者、贵族高官等绘制肖像。[4] 华士·胡博于光绪二十五年（1899）访问中国时，通过旅华军职外人的推荐，辗转为庆亲王、李鸿章与袁世凯等位高权重的人士绘制过肖像。经历过西方油画绘制过程的慈禧在目睹华士·胡博所绘庆亲王画像后，大为赞赏，于光绪三十一年（1905）邀请他重访中国。华士·胡博在北京期间，完成了一幅慈禧画像。据说慈禧非常喜爱，并将之置于颐和园中，迄今仍在。[5] 华士·胡博回到纽约后，依照画稿完成了另一幅慈禧画像，该画曾以画家之名在 1906 年巴黎沙龙（Paris Salon）中展出，今存哈佛

1　关于该画像的参展，以及其与美国圣路易斯博览会的关系，见王正华：《呈现"中国"：晚清参与 1904 年美国圣路易斯万国博览会之研究》，页 421—425。关于柯姑娘的背景，见 Kaori O'Connor, "Introduction," in Katherine A. Carl, *With the Empress Dowager of China*, p. XXVI.
2　Katherine A. Carl, *With the Empress Dowager of China*; 汪莱茵：《慈禧油画像》，《故宫旧闻轶话》（天津：天津人民出版社，1986），页 175—178。
3　该画像法定收藏单位为美国史密森尼学会（Smithsonian Institution），于 1966 年借给台北历史博物馆。见 Irene E. Cortinovis, "China at the St. Louis World's Fair," *Missouri Historical Review*, vol. LXXII, no. 1 (October 1977), p. 64; 罗焕光：《清慈禧画像》，《历史文物》，第 5 卷第 5 期（1995 年 12 月），页 108。此幅画像已于 2011 年归还美国史密森尼学会。
4　见 Charles de Kay, "Painting Racial Types," *The Century Magazine*, vol. LX, no. 2 (June 1900), pp. 163-169; Hubert Vos, "Autobiographical Letter," in Robert Metzger, ed., *The Painting of Hubert Vos (1855-1935)* (Stamford, Connecticut: The Stamford Museum and Nature Center, 1979), pp. 10-11; David W. Forbes, *Encounters with Paradise: Views of Hawaii and Its People, 1778-1941* (Honolulu: Honolulu Academy of Art, 1992), pp. 220-223.
5　见 Hubert Vos, "Autobiographical Letter," pp. 10-11; 邝兆江：《慈禧写照的续笔：华士·胡博》，《故宫博物院院刊》，2000 年第 1 期，页 81—91；（荷）米卡拉·梵·瑞克沃赛尔著，邱晓慧译：《胡博·华士的生平》，收入北京市颐和园管理处编著：《胡博·华士绘慈禧油画像：历史与修复》（北京：文物出版社，2007），页 18—20、23—28。

大学福格艺术博物馆（Fogg Art Museum, Harvard University）。[1]

本章讨论的议题是慈禧对于肖像的运作与肖像的公开化过程，此处将以参与圣路易斯万国博览会的慈禧巨幅油画像为重心，其余尚存的油画像略及而已。在圣路易斯展出的慈禧油画像，除了展出场所与展示效应由于资料丰富可予以讨论外，其重要性更在于慈禧积极参与国际社会，并且运用肖像改变舆论的作为。清廷之所以愿意改变先前对于万国博览会的消极态度，甚至大费周章参与圣路易斯博览会，与慈禧利用该博览会展示自己肖像、塑造新形象的意图密不可分。慈禧意在通过照片参与国际社会，但圣路易斯万国博览会所面向的观众更是慈禧或清廷所无法掌控，其画像全然进入近现代世界的展示场域与大众社会中。

藏于哈佛大学福格艺术博物馆的慈禧画像虽曾于巴黎沙龙中展出，但系画家个人行为，与慈禧无关，慈禧应也不知情。在 20 世纪初，具有公共展览性质的巴黎沙龙有数个，公私皆有，多为通过征集画家作品而举办的年度展。[2]在无法确定展出的沙龙且难以追溯其展出脉络的情况下，只能就其风格而论，难以触及慈禧姿容公开后的效应问题，故仅作为比较之用。

参展圣路易斯博览会的慈禧油画像令人过目难忘，重点不在于其艺术品质，而在于其巨幅的尺寸与特别的形制（图 3.23）。木质框架甚为厚重，雕满蟠龙与寿字装饰纹样，竖立成一屏风。全幅高 484 厘米、宽 203 厘米，远高于常人，让身高不过五英尺（约 152 厘米）的慈禧望之俨然神祇，供人仰头瞻望，统摄全场。[3]木框形制独自立地，并非如西洋油画般以悬挂为主，较接近中国的单屏风。然而，木质框架的厚实、装饰的繁丽与油画的特质，仍让该画充满特殊的风味，且难以归类。可以想见当此画像放置于圣路易斯博览会场时，应该相当具有吸引力。

---

1　该画虽完成于纽约，但根据研究，其曾经过慈禧首肯。见 John Bandiera, "An Examination of the Art and Career of Hubert Vos," (unpublished manuscript, Institute of Fine Arts, New York University, 1976), pp. 15-18. 再根据福格艺术博物馆的档案，该画曾于巴黎沙龙中展出。
2　见周芳美、吴方正：《1920、30 年代中国画家赴巴黎习画后对上海艺坛的影响》，收入区域与网络国际学术研讨会论文集编辑委员会编：《区域与网络：近千年来中国美术史研究国际学术研讨会论文集》（台北：台湾大学艺术史研究所，2001），页 632—634。谢谢吴方正告知此文。
3　关于慈禧的身高，见 Katherine A. Carl, *With the Empress Dowager of China*, p. 9.

图3.23　凯瑟琳·卡尔，《慈禧画像》（Portrait of the Empress Dowager Cixi）及局部

　　画面中慈禧坐于中心位置，右手拿着浅绿色半透明丝帕，左手置于黄色靠枕上，双手手腕及手指装饰着翡翠与黄金制成的手环、戒指与指甲护套（见图 3.24）。慈禧的发式也相当讲究，梳大头，其上用大小珍珠缀成流苏与凤凰纹样。身穿代表皇家颜色的黄色冬服，绣有水仙与寿字纹样，上身并披着坎肩与珍珠串成的璎珞。[1] 穿戴如此正式与尊贵，已然慈禧正式照片中的最高等级。以油画技法描绘的黄金、丝绸等物品，更彰显出画中珠宝配件与织绣材质的高贵与华丽。

　　画中横匾上绘出了"大清国慈禧皇太后"的标识，正中又画有"慈禧皇太后之宝"的印章，印证了画中人物的身份、地位，也强调了其重要性。此前照片中较为复杂的称号，于此简化成为直接有力的"大清国慈禧皇太后"，可见慈禧意识到身为"大清国"代表，于国际社会中仅需标明国名与皇太后

---

1　该件冬服并非正式的朝服或吉服，但其黄色的色调较为正统，且其华美的绣花纹饰也远超慈禧日常所穿的一般的便服。

图3.24 《慈禧画像》局部

身份，无须徽号全名与嵩呼万岁。此一定型的称呼，也可于华士・胡博所绘
的两幅画像上见到。由此可见，慈禧在学习如何面对国际社会的同时，也在
学习如何在以国家为主体的国际社会中自我定位。省略了在清廷仪式与史传
评价场域中所使用的徽号，也删去了仅对内部有意义的"万岁"嵩呼，表明
慈禧已知对内与对外的不同。

　　全画采取严格的中轴对称构图，一如照片，但画面较为靠近观者，包含
的物象较少，观者的视线更容易集中于慈禧身上。画中最光亮的两处是慈禧
的脸与垂在腿上的黄色丝绸衣料，脸部画法遵循清宫西洋肖像画传统，全然
不见阴影。[1] 画中既然有光线的运用，可知此来自西方传统，但画中也并非常
见的单一光源，而是随着画面主题的需求选择多重光源。慈禧身上的亮处与
屏风等背景的刻意暗化处理形成对比，凸显出了慈禧之身躯，使之更接近观者，
也更具有崇高与尊贵的气质。

---

[1]　脸上有阴影属不吉之兆，乾隆曾经指导清宫内的西洋画家在画脸时避免加上任何阴影。见聂
崇正：《西洋画对清宫廷绘画的影响》，收入氏著：《宫廷艺术的光辉：清代宫廷绘画论丛》（台
北：东大图书公司，1996），页170—171。

如同慈禧照片的风格，柯姑娘所绘《慈禧画像》也重视装饰性，但油画像上的装饰纹样与陪衬物更具象征意义。慈禧背后的屏风上可见十二只凤凰正展翅飞翔、腾跃空中，座椅前的孔雀花瓶也象征凤凰；再加上木框上的五爪龙纹雕饰，处处都是中国皇家之象征。凤凰本是皇后或皇太后的象征，五爪龙的使用也未违反大清礼制，[1]但满布的五爪龙装饰纹样确实带给该画帝王般的气势。

柯姑娘所绘《慈禧画像》中轴对称的构图与装饰性等风格特质，也见于慈禧运用于国际外交场合的照片中，而颐和园中华士·胡博所绘的慈禧肖像亦有如此风格（图3.25）。由此可见，光绪三十年（1904）左右的慈禧，确定以此种形象于国际社会中展示；换言之，慈禧的形象已成定型，端正严谨与崇高尊贵的形象已是慈禧对外展示的固定形象。在慈禧代表大清国进入国际社会的同时，慈禧的正面形

图3.25　华士·胡博，《慈禧画像》（Portrait of the Empress Dowager Cixi），1905年，油画，232厘米×142厘米，北京市颐和园管理处藏

象亦流通于国际社会。此一形象虽未僭越大清礼制，但其所代表的不仅仅是皇太后，实更接近统治者。

此一形象的展现显然由慈禧所决定，无论媒材是摄影还是油画，画家是谁，慈禧才是其形象的主人。根据柯姑娘的记载，慈禧主导着油画制作过程中的所有细节，包括穿着、背景与容貌。柯姑娘甚而抱怨其创作受到了很大的限制，尤其是慈禧坚持细节的描绘与阴影法的运用。[2]如果将此作与画家的另一幅作品比较，更能展现出该画像的掌控者为慈禧本人。柯姑娘留存至今的绘画不多，其中一幅画像描绘的是美国孟菲斯城当地的闺秀（图3.26）。画面相当简约，

---

1　昆冈等：《钦定大清会典图》，卷58、59。
2　Katherine A. Carl, *With the Empress Dowager of China*, pp. 217、237-238、280-281、287-288、294.

像主一身黑衣，身躯微转、呈现出侧面，背景毫无装饰，既无中轴对称，也无繁琐的细节。两幅画像差异之大，宛若出自两人之手。由此可见，在慈禧的坚持与权威下，柯姑娘不得不放弃原有的画风，努力表现出慈禧欲要展现的形象。

慈禧国际形象的定型化虽然横跨油画与摄影媒材，但参展圣路易斯博览会的油画像仍有其不可忽略的特殊性，此种特殊性更体现出慈禧已认识到不同肖像有其不同的使用脉络。其一是参展圣路易斯博览会的慈禧油画像的尺幅巨大，就画心而言，比颐和园的油画像高出五十多厘米，再加上画框的气势，彰显出独一无二的皇家气质。第二，参展圣路易斯博览会的慈禧油画像中对于物质性的描写，包括慈禧的穿戴及佩饰等，也包括孔雀花瓶的珐琅质料，使画面更

图3.26 凯瑟琳·卡尔，*Portrait of Bessie Vance*，约1890年，油画，孟菲斯·布鲁克斯艺术博物馆（Memphis Brooks Museum of Art）藏

具视觉与触觉真实性，这是照片所无法获得的效果，连华士·胡博的油画像也不强调此点。第三，参展圣路易斯博览会的慈禧油画像中的皇家象征远多于照片与其他油画像，代表"大清国"参与国际外交场合的意图相当清楚。藏于颐和园的油画像中布满花果竹林，皇家象征不多。另一幅华士·胡博所绘的画像中虽然慈禧背后的屏风上有云龙窥探，但此龙为三爪，显然并非清廷的规制，而是画家个人的揣想（图3.27）。

更重要的是，参展圣路易斯博览会的慈禧油画像中所表现的女性特质（femininity），在慈禧的正式照片与华士·胡博所绘油画像中均未见到，应是特意为之。慈禧用于国际场合的照片中，虽然其也穿戴富丽，手握团扇、折扇或绢帕，但照片的媒材与勋龄的手法，在于清晰地呈现所有的物象，并

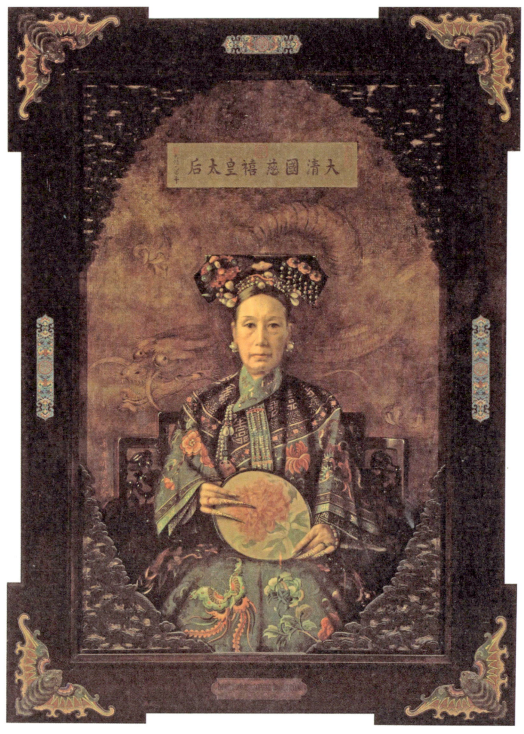

图3.27    华士·胡博，《慈禧画像》（Portrait of the Empress Dowager Cixi），1905年，油画，131厘米×91.4厘米，哈佛大学福格艺术博物馆藏

未凸显出慈禧的女性特质。照片中的慈禧即使保养得宜，不显苍老，在众多物象与装饰的环绕下，仍是高龄老妇的样貌，身躯娇小，甚至有点佝偻。颐和园油画像中的慈禧，背脊直挺，脸部瘦削，面容较为年轻，但称不上美貌，表情相当严肃。华士·胡博所绘、现藏于福格艺术博物馆的画像则因未曾经慈禧过目，画中人物的年龄与慈禧的实际年龄较为接近，甚至画出了慈禧担忧的面容，仿佛心事重重。无论美丑还是年龄的大小，华士·胡博画像中的慈禧即使手拿绘有牡丹的团扇，也因为面容的严肃与忧心而弱化了女性化的特质。

与之相对，参展圣路易斯博览会的油画像中的慈禧脸庞圆润，面色柔和，年龄不过四十许。慈禧将手中半透明的绢帕置于大腿上，绢帕也是身体的中心。画家特别描写出绢帕轻柔如羽毛般的效果，绢帕被慈禧的纤纤玉手轻轻护持着，唯有油画媒材才能将绢帕的物质特性描写得如此真实（图 3.24）。此画通过对绢帕的物质特性与慈禧身体语言的描写，刻意表现出慈禧柔美的一面，而画家的回忆录中也不乏对于慈禧女性特质的赞美。[1] 可以想见，此种女性化又不失端庄尊贵的皇家气质可让观者更亲近慈禧，缓解国际社会的敌意。

慈禧本为女人，又是后宫争宠过程中的胜利者，容貌与手段显然均具备。然而，从其不同的肖像中可见，慈禧表现出其女性化的一面，实为经过思考后的选择，并非身为女人必然之结果。总体而言，慈禧蓄意表现女性柔媚特质的肖像，除了参展圣路易斯博览会的油画像外，簪花照是另外之例。其余的肖像并未特别着意于表现女性化特征，画面上众多风格因素可说了混合多种性别特质。例如，观音扮装画像中的慈禧，就外貌而言明显是女性，但并未突显女性化的特质，反而有神明之尊的中性气质与宗族之长的男性气质。其中一幅画像更因为承袭雍正等男性统治者的肖像风格，而显现出慈禧作为统治者不可一世的气势。由此可见，女性化特质也是慈禧借助肖像呈现自我的重点之一。

除了女性化特质值得讨论外，参展圣路易斯博览会的慈禧油画像还有展

---

1　Katherine A. Carl, *With the Empress Dowager of China*, pp. 100-101、163、277-278.

示性的风格特质也与其他肖像有所区别。此种特质显现出该画像在绘制之初已经预设了公众场合与大型空间的展出，预设其观者众多。该画之展示性特质表现在两个方面，其一是尺幅的巨大与画框的表现性，前已论及，不再赘述。其二是慈禧的目光形成"观看"或"凝视"（gaze）的效果，与观者的视线有所交会。慈禧面对观者而坐，但此姿势并不一定构成像主的"观看"或"凝视"。中国传统肖像画自 16 世纪后，逐渐形成像主全正面姿势的格套。像主虽然对着画外，目光却茫然空洞，并未望向画外定点，构成有意识的观看或凝视动作，与观者也无目光的交会可言。这些肖像画多数是祖宗像，作为祭祀的崇拜对象，与子孙间不是通过眼神的交会而产生联结感，焚香的味道或祝祷的语词可能更为重要。若是文人士大夫画像，眼神的交会本来就不是中国传统社会社交互动之要素。再就祖宗像之外的帝王像而言，居下位者直视帝后本是禁忌，当然上下级之间也无眼神的交会。反之，参展圣路易斯博览会的慈禧油画像中慈禧的目光为实质的存在，并且随着观者而移动，无论观者观看的位置为何，慈禧都宛如看着观者。此种眼神的交会企图联结观者与像主，形成交流的感觉，营造有利的印象。此种眼神与视线的设计，默认面对的是多数的观众，而不是单一的观者。

由第二点可知，该画像的展示性来自于观者或观众的意识，与之相关的则是该画像出于"再现"的意识。该画像将焦点集中在慈禧身上，周边的屏风与花瓶仅露出小半部，截然切断，仿佛截取全景的局部，让人意识到画框的存在，也意识到一切皆是安排的结果。比较之下，在慈禧的传统画像与正式照片中，慈禧周边摆设物品，展现全貌，构图上具有全景观的效果，仿佛一完整的世界。参展圣路易斯的慈禧油画像中对于画框的意识，更显现出画家或主导者慈禧意识到绘画是一种"再现"形式，一种形象塑造的媒介，有画内、画外之别。画内是"再现"，可以通过形式、技法传达信息；画外是真实世界，有观者存在。

参展圣路易斯博览会的慈禧油画像中的展示性不仅表现在该画像的风格特质上，与该画像有关的各种活动与报道，也加强了其展示性。在该画像于 1904 年六月正式展出前，有关其在大众传媒中的展示性早已展开。早在 1903

年八月,柯姑娘第一次为康格夫人引荐入宫画像时,美国著名的《纽约时报》
(New York Times)即报道了此事。[1] 当年九月份,在绘制画像过程中,《纽约
时报》持续报道此事,并且强调该画像将在圣路易斯万国博览会中展出。[2] 画
像完成后,自北京运往圣路易斯途中,也备受关注。由于是"圣容",该画
像不能放平运送,为了使画像保持直立状态,甚至必须拆除火车顶部,画像
上并盖着象征皇家之黄色丝绸;而且每到一地,"接驾"的官员必须举行仪式,
以示崇敬之意。[3] 到了圣路易斯博览会会场,中国派往圣路易斯博览会的正监
督溥伦主持揭幕仪式,为博览会中正式的仪式。[4] 以上关于画像的诸种做法势
必吸引了大众与传媒的目光,除了揭幕仪式外,多半的观者或读者在未见到
该画像的时候,已经得知该画像,这或许就是康格夫人与慈禧所希望的公开
性(publicity)。

　　耗费如此心力为了获得更大的公开性,而圣路易斯博览会的慈禧油画像
在展出期间受到的评价或接受度又如何?该画像作为"美术品"在会场的"美
术宫"展出,因为中国在该展场缺席,基于画家之国籍与作品之媒材,该画
像被置于美国绘画的展区。即使如此,该画像因像主的特殊身份仍旧备受重视。
关于该博览会的私人书写或公开报道,只要提及中国参展一事,多言及此画像,
若干记载明言该画像广受欢迎与赞美。[5] 画像的尺寸显然受到了特别的关注,
《纽约时报》关于该画像抵达圣路易斯的报道,已经点出此特质。其后该报
对于此画像的专门报道,更在尺寸上大做文章,显然巨大的尺幅有违西洋肖
像画的比例。[6] 无论如何,如果与前述慈禧的国际形象相比较,参展圣路易斯
博览会的慈禧油画像所产生的效果仍属正面。

　　即使展览结束后,该画像的公开效应并未停止,甚至掀起了另一波高潮,

---

1　"Chinese Empress's Portrait," *New York Times*, August 8, 1903, p. 7. 谢谢赖贞仪提供材料。

2　"Chinese Empress's Portrait," *New York Times*, September 11, 1903, p. 2. 谢谢赖贞仪提供材料。

3　Katherine A. Carl, *With the Empress Dowager of China*, pp. 296-299.

4　"Fair Gets Empress' Portrait," *New York Times*, June 14, 1904, p. 2; *World's Fair Bulletin*, vol. 5, no. 9, p. 28; Mark Bennitt, ed., *History of the Louisiana Purchase Exposition: St. Louis World's Fair of 1904*, pp. 291-292.

5　王正华:《呈现"中国":晚清参与 1904 年美国圣路易万国博览会之研究》,页 427—428。

6　"Fair Gets Empress' Portrait," *New York Times*, June 14, 1904, p. 2; "An Imperial Portrait," *New York Times*, June 27, 1904, p. 6. 谢谢赖贞仪提供材料。

影响了美国大众对于慈禧的看法。该画像被送给美国政府之事，也可在报道
中见到。[1] 以柯姑娘为报道素材的新闻效应在 1905 年开始出现，内容集中于柯
姑娘作为进入清宫的唯一的外国人与其为慈禧作画之事；尤其 1905 年年底柯
姑娘出版 *With the Empress Dowager of China* 一书，叙述其在清宫的日子，更
引起了美国媒体广泛的注意。[2] 该书对于慈禧的评价甚为正面，尽管在书中柯
姑娘抱怨慈禧掌控画像的绘制，同时她也描绘出了慈禧善体人心、谈笑盈盈
与柔美的一面。对于慈禧而言，这是借由画像所引起的另一波"公开性"效果。

随着画像的绘制与展出而来的公开性，显示出慈禧的形象正式进入国际
社会的"大众"范畴。在慈禧照片被中国"大众"消费的同时，慈禧的油画
像也触及此一范畴。"大众"无名无状，难以揣度，对慈禧而言，也无法接触；
唯有通过各式的"再现"，慈禧的形象才能为大众所见，甚至在大众之间流传。
参展圣路易斯博览会的慈禧油画像在风格特质上，显现出前所未见的"女性化"
与展示性，也显示出慈禧对近现代世界中复杂的聚合体——"再现政治"（the
politics of representation）与"展演文化"（exhibition culture）的体认。慈禧
意识到如何通过油画的"再现"形式，塑造自我形象，而此形象借由展示的
机制与媒体的报道影响着大众舆论。

## 结　论

1904 年慈禧肖像的公开化是多种历史因素由交织而成的结果，而庚子事
变后，慈禧面临着险恶的国际局势并力图挽回自己形象的做法，应是其形象
公开的主要动力。然而，慈禧之所以能在短短的两三年内学习运用新式的再
现形式、塑造自己的大众形象，并非朝夕之间的顿悟。慈禧自同治初年即接
触肖像，早期的画像已显示出其熟知前代帝王像的传统，善于利用画中之物

---

1　*New York Times*, February 19, 1905, p. 6. 谢谢赖贞仪提供材料。

2　"American Woman Who Lived at China's Court," *The Washington Post*, April 23, 1905, p. M4; "Miss
Carl's 'Empress Dowager'," *New York Times*, September 2, 1905, p. BR577; "Admitted to Palace:
Unique Experience Enjoyed by a Young American Woman," *The Washington Post*, September 22, 1905,
p. A1; "China's Dowager," *New York Times*, November 4, 1905, p. BR752; "She Painted the Dowager,"
*The Washington Post*, November 8, 1905, p. A4. 谢谢赖贞仪提供材料。

品与构图设计来展现自己的长处与彰显自己的地位，包括挪用传统中具有象征意义的对象与构图。光绪二十九年（1903）后，慈禧肖像的数量远超早期，甚至可与雍正、乾隆等皇帝相媲美，对于统治者地位的挪用更是明显。不同媒材与形式的肖像，运用于不同的场合与范畴，面对不同的观者或观众，也有着不同的形象。

　　慈禧观音扮装照片的具体观者不外乎其身边之人与少数的皇亲贵族，但潜在的观者也可能是未来掌握慈禧历史评价与形象的后人，包括历史学家。观音扮装照片针对的是内部观者，表现慈禧三者合一的形象，既是神佛之尊，也是宗族之长，更是王朝的统治者。慈禧正式的照片面向的观者主要来自国外，这些照片被用于国际外交场合，赠予政界人士与外交人员。端谨严肃之姿与崇高尊贵的头衔，足以彰显慈禧大清国皇太后的统治地位，并改变了慈禧因庚子仇外事件而造成的负面形象。参展圣路易斯博览会的慈禧油画像的制作略晚于照片，所针对的更是国外难以个人化处理的展示与大众媒体。该画像一方面将正式照片中的慈禧形象定型化，另一方面也由照片中学习到更适合在国际社会展示的形象特质，因而将画中慈禧的头衔简化，使之更具国家代表性，并表现出慈禧女性化的特质；对观众而言，慈禧形象也更亲切温和。除此之外，油画像巨大的尺幅与像主眼光、视线等风格特质也显示出慈禧意识到公开展览所蕴含的展示性，而关于该画像的媒体报道不但更增强了该画的展示性，也增加了该画的"公开性"。如是之故，在圣路易斯万国博览会与美国大众媒体等公众场域中，"大清国慈禧皇太后"成为了国际舞台上为大众所熟悉的人物。

　　对于帝王肖像的灵活运用是盛清宫廷的传统，雍正与乾隆更擅长此道。这两位皇帝将不同的形象展示给不同的观者，诉求不同的目标，可见再现政治与展演政治并非慈禧时期的清廷所面临的新课题。然而，乾隆之后的清代皇帝似乎无意维持塑造多面形象的传统，慈禧却以皇太后身份挪用此传统，更甚而发扬光大。慈禧将自己的形象公之于众并涉足近现代世界的大众场域，企图影响舆论。

　　上海及天津等地的报社、书局与照相馆对于此一"公开化"过程具有推波助澜之功，慈禧照片被公开贩卖的行为所具有的政治颠覆性如前所述，而整体来看，油画像与照片被公开后，一种新的政治文化应运而生。在此文化中，统治者的公众形象成为政治扮演中的重要一环，具有左右政治局势的作用，因此，公众形象与媒体的操作成为政治人物必须处理的课题。随之而变的是政权统治的基础，原本传统中国政权的统治基础在于皇亲贵戚与文人士大夫，并无所谓的"社会大众"。在 19 世纪晚期后的中国，大众媒体的发展已非清廷所能忽视，在政治人物形象公开化的同时，也预示着大众舆论对于政治走向的影响。面对无名的社会大众，对统治者而言，想必是新的政治挑战。

在慈禧晚年，上述的政治文化尚未发展成熟，尚处于萌芽阶段。然而，慈禧油画与照片在国内外的流通，使其原本身居内宫幕后的角色，一则转变成社会名人，成为社会大众评论的对象；再则转变成堂堂的统治者——"大清国"的国家代表，一国形象之所系。如果此种局面持续发展，不难推测慈禧在国际社会的形象，可与英国维多利亚女王相媲美，女王与大英帝国的关系也可用以想象慈禧与大清帝国的关系。在国际社会，皇室成为"大清国"的代表，也象征着"大清国"成为国际社会的成员。就国家象征与政治权力而言，大清皇室可作为国家象征，并拥有政治权力，二者合一；也可分开而行，仅作为国家象征，而不拥有实权。这涉及晚清时期国家政体与政治制度改革的重大议题，公开化的政治人物形象与大众展演文化的成型，也是其中必须思考与讨论的一环。

清末民初大众展演文化与再现政治成型最好的例证，莫过于袁世凯扮装渔父的形象（图 3.27）。1908 年袁世凯被剥夺兵权而下野"隐居"时，模仿中国传统渔隐形象而留影。照片中的袁世凯身披蓑衣，于一小舟上寒江独钓，恍若隐居江湖、远离尘世的文人高士。该照片于 1911 年辛亥革命之前登载于《东方杂志》上，[1] 既暗示出袁世凯隐居之高志，也提醒各界勿忘照片中人。

就在慈禧逝世数年后，政治人物对于大众媒体的操控已成定势，袁世凯正为其中之先驱。此后，中国进入近现代世界的大众展演文化的潮流之中；再现政治更如滚滚洪流，难以阻挡。慈禧若活至八十余岁方驾崩，清廷若晚

---

1　见吴群：《中国摄影发展历程》，页 132。

图3.27 《袁世凯渔父照》

些年覆亡,吾人或许更可见大清国皇太后在国内外政治舞台上的演出,留下的故事或许更精彩。

第四章

# 清宫收藏（约 1905—1925）
## ——国耻、文化遗产保存与展演文化

## 一、引言

宫廷收藏为王朝合法性的来源之一，此乃中国艺术史上公认的事实。[1] 这一强调宫廷收藏作为文化至高无上之象征、有助于为王朝政权统治背书的"合法性"（legitimacy）理论，已然阐明了这类收藏所被赋予的政治象征意义。然而，诚如近来相关研究所指出的，宫廷收藏的多重意义及其影响，并不能简单地归结为单一的政治目的，若此则使探讨收藏行为时所涉及的复杂问题时变得单一化、平面化。[2] 收藏品为宫廷所有，固然使宫廷的收藏行为带有政治色彩，但即便是在政治象征主义的框架内，宫廷收藏在不断变动的政治脉络中仍展现出更广泛的可能性，更不用说其之宗教、心理和社会文化等层面尚有待更进一步探索。

---

1　相关研究见 Lothar Ledderose, "Some Observations on the Imperial Art Collection in China," *Transactions of the Oriental Ceramic Society*, no. 43 (1978-1979), pp. 33-46; David Shambaugh and Jeannette Shambaugh Elliott, *The Odyssey of China's Imperial Art Treasures* (Seattle: University of Washington Press, 2005), pp. 3-55.

2　见 Patricia Ebrey, "Rethinking Imperial Art Collecting: The Case of the Northern Song,"（开创典范：北宋的艺术与文化）研讨会提交的论文，台北：台北故宫博物院，2007 年 2 月 5 日—2 月 8 日，页 1—30。关于收藏行为的复杂性，见 John Elsner and Roger Cardinal, eds., *The Cultures of Collecting* (Cambridge, Mass.: Harvard University Press, 1994).

　　清朝的宫廷收藏可能是最好的例子，证明了一个充满政治色彩的收藏所可能承载的多层次和多面向意义。[1] 在其创立的那段时间，特别是在乾隆皇帝（1711—1799，1736—1796 年在位）的主导下，清宫收藏正如同帝国之伟业，展现了帝王的艺术品位和知识，并成为其实现个人和帝国文化表现之抱负的载体，亦体现了其艺术与文化上的成就。[2] 但即便曾辉煌一时，清宫收藏终将面临瓦解和被重新定义的一天。这批收藏的命运以及对其未卜之前景的种种响应，引发了有关 20 世纪初古物在中国究竟扮演何种角色之关键议题。更准确来说，这段时期是从 1905 年左右中国知识分子对文化遗产保存（heritage preservation）和展演文化（exhibition culture）的论述开始，一直持续到 1925 年故宫博物院成立；在这二十年间，紫禁城仍收藏着大部分的清宫藏品。

　　随着 20 世纪初清王朝的覆灭与 1912 年中华民国的建立，清宫收藏经历了一次标志着近现代中国政治与社会文化进程的重要转折——从帝国到国家的转型。一方面，这批收藏被融入新的知识框架中，在此框架下，艺术品和历史文物被重新赋予了与民族文化和遗产形成有关的概念。如此一来，关于该收藏的抽象概念遂进入文化遗产保存与展演文化的论述中，且人们期望这整批收藏能够从皇家财产转变为向公众展示的国家遗产。然而，与此同时，一些出自清宫收藏却在晚清时期遭到帝国主义掠夺而落入外国人之手的特定艺术品，却成了国家耻辱的象征，而且这一象征意味在现当代中国记忆政治中始终占据着重要的地位。[3]

---

1　例如，白瑞霞（Patricia Berger）便详细地勾勒出了出包括佛教和道教艺术收藏在内的清宫收藏中的宗教物品、如何参与建构清朝政治权威的各种面向。见 Patricia Berger, *Empire of Emptiness: Buddhist Art and Political Authority in Qing China* (Honolulu: University of Hawai'i Press, 2003).

2　关于清宫收藏特别是其在乾隆皇帝统治下的意义这一课题是相当复杂的，值得进一步研究。然而，乾隆皇帝为其所下令编纂的《石渠宝笈》、《秘殿珠林》、《钦定西清古鉴》等著录所写的序言，可以被视为如何看待这批收藏的官方声明。这些著录全都收录在《四库全书》中。见（清）纪昀等总纂：《景印文渊阁四库全书》（台北：台湾商务印书馆，1983—1986），第 823、824—825、841—842、843 册。关于这些著录特别是对《秘殿珠林》的研究，见 Patricia Berger, *Empire of Emptiness: Buddhist Art and Political Authority in Qing China,* chapter 3. 关于乾隆的艺术知识与清宫收藏的关系，见古原宏伸：《乾隆皇帝的画学について》，收入氏著：《中国画论の研究》（东京：中央公论美术出版，2003），页 251—316。

3　关于帝国主义对北京的掠夺，见 James Hevia, "Looting Beijing, 1860-1900," in Lydia H. Liu, ed., *Tokens of Exchange* (Durham: Duke University Press, 1999), pp. 192-213. 至于 20 世纪中国政治中 "国

以上种种涉及清宫收藏的政治与社会文化状况，都是在 1905 年至 1925 年间发韧且蓬勃发展起来的。换言之，从清朝末年开始，宫廷收藏就被重新定位在一个随着不断变动的政治和社会文化形势下所产生的新网络中；它具有多义性，且往往有着模棱两可、相互矛盾的含义。正因如此，清宫之收藏于 1905 年至 1925 年的历史，便成为学术讨论的一个绝佳议题；但遗憾的是，这段时期鲜少受到学界的关注。

当代涉及近现代清宫收藏史的研究，大多聚焦于故宫博物院，重要议题则包括故宫博物院如何在不同的政治环境、甚或全球化的巨大趋势下作出改变，以及其收藏和展览如何发展出学术论述并促成经典的形构。[1]故宫博物院的历史，皆曾详载于历任馆长或重要艺术史家的回忆录里。而 1925 年故宫博物院的成立，似乎更被看作是清宫收藏的现代史之起源。然而，清宫收藏的现代史，实际上发端于 1925 年之前，而且，该收藏至今仍保有的相关意义也都是根植于其在清末首度引发议论与浮上台面的那段时期。

## 二、引发议论与浮上台面：1905—1910 年的清宫收藏

清宫收藏在皇家体系中的意义、在宫廷管理中的地位以及在不断变化的政治语境下的未来，都不是清朝官僚所关注的议题，更遑论平民百姓了。一般来说，清朝遵循着内廷、外廷分治的古老原则，由内务府主管绝大多数的

---

耻"的意义，见 Paul Cohen, "Remembering and Forgetting: National Humiliation in Twentieth-Century China," *Twentieth-Century China*, vol. 27, no. 2 (April 2002), pp. 1-39.

1　Rubie Watson, "Palaces, Museums, and Squares: Chinese National Spaces," *Museum Anthropology,* vol. 19, no. 2 (1995), pp. 7-19; Tamara Hamlish, "Global Culture, Modern Heritage: Re-membering the Chinese Imperial Collections," in Susan A. Cran, ed., *Museums and Memory* (Stanford, Calif.: Stanford University Press, 2000), pp. 137-160, and also "Preserving the Palace: Museums and the Making of Nationalism(s) in Twentieth-Century China," *Museum Anthropology*, vol. 19, no. 2 (1995), pp. 20-30; Jane Ju, "The Palace Museum as Representation of Culture: Exhibitions and Canons of Chinese Art History," 收入黄克武主编：《画中有话：近代中国的视觉表达与文化构图》（台北：台湾"中研院"近代史研究所，2003），页 477—507；Susan Naquin, "The Forbidden City Goes Abroad: Qing History and the Foreign Exhibitions of the Palace Museum, 1974-2004," *T'oung Pao*, vol. 90, no. 4-5 (2004), pp. 341-397; David Shambaugh and Jeannette Shambaugh Elliott, *The Odyssey of China's Imperial Art Treasures*, pp. 68-144; 石守谦：《清室收藏的现代转化——兼论其与中国美术史研究发展之关系》，《故宫学术季刊》，第 23 卷第 1 期（2005 年秋季号），页 1—33。

皇室御物，作为其管理皇帝及其家族日常生活和财产之一环。[1]宫廷收藏主要供皇帝欣赏之用，不属于官僚体制的管辖范围，而且除非得到皇帝的邀请，否则官员也无法观赏或评论。即便清中叶时编纂的一些皇家谱录可供学者查阅，但有关皇室收藏的广泛知识，包括其性质和内容等，仍被内廷所掌握。[2]

清宫收藏的重大转型，乃伴随着清末展演文化和文化遗产保存之发展而来；帝国主义势力对宫廷收藏的威胁，也推进了这一转变发生的时间和紧迫性。在相关讨论中，该一"收藏"（collection），无论是泛指集体的皇家珍宝之概念和意象，还是指沦落于外国人之手的特定艺术品，其都从供帝王欣赏和供礼仪使用的对象，转变为代表中国及其文化的国族的一种象征。

随着晚清时中国人群起赴国外展厅参访，清宫收藏开始成为讨论博物馆建设与国家遗产时的焦点话题。当时的许多游记中都提到，在大多数现代化国家旅游时，博物馆是必去的景点。[3]到了 20 世纪初，这些现代化国家大多利用皇家或帝国收藏成立了国家博物馆。国家博物馆的建立，有效地展示了现代民主进程的特点，以公开透明的形式为公民提供一种实时感；此外，博物馆也是体现国族文化与历史的机构。可以说，将原本仅限少数特权阶级所拥有的珍宝予以国有化（nationalization）并公开展示，是现代世界的发展趋势。[4]

在这样的背景下，作为中国过去最珍贵的收藏品，清宫收藏遂引发人们热议并浮上台面，成为最早一批经历了形成、保存和展示中国民族文化的材料。例如，1905 年，晚清改革家张謇（1853—1926）在旅日一年后，向学部上书提案道，包括艺术品和书籍在内的宫廷收藏应通过博览馆向公众开放，

1 Preston Torbert, *The Ch'ing Imperial Household Department: A Study of Its Organization and Principal Functions, 1662-1796* (Cambridge, Mass.: Council on East Asian Studies, Harvard University, 1977), pp. 27-52.

2 如本书页 140 注 2 所述，宫廷目录被收录在《四库全书》这套大部头图书中，当其成书后，清代文人获准查阅和抄录其内容。见黄爱平：《四库全书纂修研究》（北京：中国人民大学出版社，1989），页 173—174。

3 晚清时，不少游记作品中都留下了对国外博物馆和各类展览的记录；由钟叔河编辑、全套共十册的《走向世界丛书》（长沙：岳麓书社，1985）为其最佳资料源。

4 Carol Duncan, *Civilizing Rituals: Inside Public Art Museums* (London: Routledge, 1995), chapter 2; 椎名仙卓：《明治博物馆事始め》（东京：思文阁出版，1989），页 122—160。

以展示帝国的荣耀并保存"国学"。[1] 后来，有外交经验且对文化事务感兴趣的官员兼画家金城（1878—1926）也主张，如果宫廷文物像在西方博物馆那样被组织起来并在玻璃柜里展示，它们就能映现出"国粹"的光辉。[2] 金城的提议，可能源自位居长城以外的部分清宫收藏受到了帝国主义威胁的刺激，因为1904年至1905年的日俄战争正是在中国东北开打的。[3]

"国学"和"国粹"同为来自日本的词汇，从20世纪初就经常被人们所使用。这两词都出现在民族主义的脉络下，被认定为其所指向的是中国历史上值得保存的文化元素。有关"国粹"的讨论涉及了中国历史和文化由何而形成的问题，由此明确传达出晚清时期由军事失利和政治挫败所带来的紧迫感和文化危机感，且其跨越了清朝官员和反清革命者之间的政治藩篱，涵盖所有受教育之阶级。正是在这股席卷而来的新思潮中，晚清知识分子重新审视中国文化和历史的种种面向，竞相提出解决当时政治和社会文化问题的方案。[4]

对于像张謇、金城这样的知识分子来说，清宫收藏被视为中国文化的重要组成部分，他们使用"国学"、"国粹"等词汇来表明其重要性。此外，在他们的著作中有关文化遗产保存的议题，也在探讨清宫收藏及其与民族文化的关系时发展成形。这批收藏让文化遗产保存的理念变得具体起来，博物馆建设则被视为实现保存的第一步。

若说晚清知识分子运用"清宫收藏"这一集体概念在近现代建国的进程中发出迫切的呼吁，文化危机感则进一步加深了他们对于宫廷收藏遭到掠夺时的渴望之情，并将它们提升到成为体现中国近现代命运的化身的地位。例如，

1 张謇：《张謇全集》（南京：江苏古籍出版社，1994），卷4，页272—277。张謇援引了1900年成立的日本帝室博物馆作为其提案中的例子。关于该馆的历史，见东京国立博物馆编：《东京国立博物馆百年史》（东京：东京国立博物馆，1973），第3章。

2 金城：《十八国游历日记》（台北：文海出版社，1975），页6—7。

3 金梁（1878—1962）在1910年也提议设立一座博物馆，以保存和展示皇室收藏中位于盛京行宫的部分物品。见吴景洲：《故宫五年记》（上海：上海书店，2000），页109。

4 Lawrence A. Schneider, "National Essence and the New Intelligentsia," in Charlotte Furth, ed., *The Limits of Change: Essays on Conservative Alternatives in Republican China* (Cambridge: Harvard University Press, 1976), pp. 57-89; Lydia H. Liu, *Translingual Practice: Literature, National Culture, and Translated Modernity—China, 1900-1937* (Stanford, Calif.: Stanford University Press, 1995), pp. 239-256、292、326.

传顾恺之（约 344—约 406）《女史箴图》首次出现在中国观众面前的出版脉络，就凸显出近现代中国知识分子如何构建甚至挪用被掠夺艺术品之象征性群集（symbolic constellation）。

1908 年，晚清知识分子讨论中国文化和历史的最重要载体《国粹学报》，刊登了大英博物馆收藏的两幅中国画。其中一幅是仅取最末一段的《女史箴图》，描绘了女史为后宫妇女书写箴言的情景（图 4.1）；这幅曾为清宫收藏的画作，于 1900 年北京遭占领期间被英军夺去。[1] 虽说没有确凿的证据，但《国粹学报》很可能是从

图4.1　光绪三十四年（1908）《国粹学报》第38期第2册转载的《女史箴图》卷最末一段图像

卜士礼（Stephen W. Bushell, 1844—1908）1906 年初版的《中国美术》（*Chinese Art*）第 2 册（第 1 册初版于 1904 年）中转载了该画卷最末一段的图像。[2] 该名英国作家以此图像为基础来讨论顾恺之的艺术成就，顾恺之因此被视为 265 年至 960 年间中国绘画艺术的代表。[3]

讽刺的是，清宫遭帝国主义掠夺，此事件反倒促成了清宫收藏的曝光：若非被英军所盗抢，1908 年时《女史箴图》很可能仍深藏于清宫中。一本英国出版物帮助中国读者欣赏到了一幅伟大的中国画，这预示着在近现代中国艺术

---

1　Zhang Hongxing, "The Nineteenth-Century Provenance of the Admonitions Scroll: A Hypothesis," in Shane McCausland, ed., *Gu Kaizhi and the Admonitions Scroll* (London: The British Museum Press, 2003), pp. 283-285.

2　此一假设来自两个理由：第一，书中的图片和学报上的图片看起来一模一样；第二，学报上的另一幅图片即英国博物院（即大英博物馆）一幅名为"白鹰图"的画作，也和书中的画作完全一致。见 Stephen W. Bushell, *Chinese Art,* vol. 2 (London: printed for H. M. Stationery Office, by Wyman and Sons, 1906), figs. 125、129.

3　Stephen W. Bushell, *Chinese Art,* vol. 2 (London: printed for H. M. Stationery Office, by Wyman and Sons, 1906), figs. 121-124. 关于《女史箴图》的最早的出版物，可能是 1904 年的一篇文章：Laurence Binyon, "A Chinese Painting of the Fourth Century," *The Burlington Magazine for Connoisseurs*, vol. 4, no. 10 (Jan., 1904), pp. 39-45、48-49。卜士礼在他的书中提到了这篇文章。

界声誉和知识创造的过程是一种开放的且往往为国际化的循环。此外，因为《国粹学报》在转载这幅画卷的片段图像时，彻底改变了其被观看和赋予意义的脉络。在卜士礼的书中，他主要讨论这幅画是中国绘画中的艺术杰作，并说明大英博物馆的新近收藏为审美欣赏和学术研究创造了可能性。书中避而不谈得到这幅画的相关背景，仅将画卷视为不具政治意涵的超然的审美对象。

相比之下，《国粹学报》不仅刊登了《女史箴图》的图像，还在邻近图像的位置加上了一篇强调该画从中国流落到英国的社评，以及注明其当前的收藏机构——"英国博物院藏"。这两个文本都强化了该期刊强调文化危机的基调，也增强了其中的紧迫感。[1] 这些编者的附记，改变了图像的观看脉络，从而向读者传达出新的信息。在鸦片战争后的一个世纪里，《女史箴图》成了中国近现代饱受战争创伤之历史的象征；在此情况下，该画卷的片段图像最初不过是恰如其分地概括画作主题的插图，却体现了帝国主义争夺领土和势力的结果——中国陷入支离破碎的局面。

作为中国绘画传统中的杰作，《女史箴图》在质量和流传方面向来不乏认可。这件画卷对于形塑中国艺术史的重要性，是不容否认的，其文化传记（cultural biography）——作为一幅审美意义上的杰作，而且就人类学观点来看也是重要文物的画作——才刚成为最近一次学术会议和相关学术专著的焦点。[2] 然而，即便作为一件无可取代的"高级艺术"（high art），此画卷与中国近现代命运的紧密相连亦非自然而然的结果，而是被卷入了政治之中。

《国粹学报》虽持反清的立场，明确地将清朝排除在中国的历史之外，[3] 却在刊登和处理《女史箴图》这幅被编辑者视为中国最珍贵宝物的画作时，特意提及其清朝之来源，以之为该画卷从北宋（960—1127）宫廷传到大英博

---

1　根据卜士礼的说法，《白鹰图》在进入大英博物馆前，原为英国私人收藏，见 Stephen W. Bushell, *Chinese Art*, vol. 2, p.137. 针对该画的社评虽然也哀叹其落入外国人之手，却不像《女史箴图》那篇社评一样，试图唤起人们强烈的悲愤感。主要原因在于《白鹰图》很可能不是从清朝皇宫中掠夺而来的物品。诚如此篇社评所述，该画在当时存在着数个版本。

2　Shane McCausland, ed., *Gu Kaizhi and the Admonitions Scroll*.

3　Q. Edward Wang, "China's Search for National History," in Q. Edward Wang and Georg G. Iggers, eds., *Turning Points in Historiography: A Cross-Cultural Perspective* (Rochester: The University of Rochester Press, 2002), pp. 185-207.

物馆这一漫长历史中重要的一环。这种对该画卷在不同时期所处位置的描述，凸显了《国粹学报》根本的意识形态立场，亦即将犹如该画卷所象征的中国悲剧性损失归咎于清政府的堕落。尽管在中国历史上《女史箴图》受到了高度评价，但其被视为文化与政治之象征，大体上是一种现代创造的产物——靠着将焦点从关注其生产和接受的历史与审美背景，转移到对清朝的反感以及对中国所遭受之诸多损失和屈辱的悔恨上。

### 三、是皇家珍宝、私人财产、政治资源、政府资产还是国族遗产？

1912 年 1 月 1 日中华民国的成立，并未使昔日的皇家珍宝在一夜之间转变为国家的文化遗产。即便是 1914 年之后、部分宫廷收藏在新成立的古物陈列所监管下，通过展览向公众开放，也并不能保证它们从宫廷所有直接转化为国家所有。古物陈列所乃是中国第一座艺术博物馆，藏有长城以北之盛京行宫与热河行宫里的前朝文物，主要在紫禁城的南部区域进行展览和管理。[1]在 1925 年故宫博物院成立前，古物陈列所是唯一涉及国家文化遗产保存项目及其所体现之清宫收藏国有化等论争的场域。

理想上，清宫所藏文物在民国初年应该经法定程序以实现国有化。然而，直到 1924 年，一道总统令批准了将紫禁城内的宫廷文物国有化及设立故宫博物院，[2]才有了处置前王朝庞大遗物之相关立法。

起初，在 1911 年清廷与革命者之间的政治协议《关于大清皇帝辞位之后优待之条件》中，并无任何条目涉及北京紫禁城、盛京行宫或热河行宫等处

---

1　关于古物陈列所的研究，见段勇：《古物陈列所的兴衰及其历史地位述评》，《故宫博物院院刊》，2004 年第 5 期，页 14—39；Geremie R. Barmé, "The Transition from Palace to Museum: The Palace Museum's Prehistory and Republican Years," *China Heritage Newsletter*, no. 4 (December 2005), 检索自：http://www.chinaheritagequarterly.org/features.php?searchterm=004_palacemuseumprehistory.inc&issue=004（2009 年 1 月 19 日查阅）；Cheng-hua Wang, "Imperial Treasures, Art Exhibitions, and National Legacy: The Institute for Exhibiting Antiquities in the 1910s," (paper presented at the workshop "Memory Links and Chinese Culture" Center for East Asian Studies, Indiana University, October 30-November 1, 2003), pp. 1-34.
2　见中国第二历史档案馆编：《中华民国史档案资料汇编》（南京：江苏古籍出版社，1991），第 3 辑"文化"，页 292—293。

的皇家文物，而且逊帝溥仪及其家人亦被允许居住在紫禁城北部的内廷。[1] 在此情况下，旧皇族仍完整拥有紫禁城内的皇室文物。尽管内务部随后成立了古物陈列所，却几乎未涉及宫廷收藏的问题。[2] 最终，当 1914 年政府试图规范清皇室在民国政治序列中的地位，包括其礼制和管理等，依然没有提到其所拥有的珍贵文物。[3]

由于民国法律并未具体规定清廷应该移交给国民政府的物品，因此给我们留下了许多谜团。其中最重要的问题，涉及清宫文物在民国初年的政治和文化地位。

当国民政府在 1912 年左右控制了盛京和热河时，那里的所有物品立即受到其管辖。然而，这种转移并未赋予这些物品融入新的政治体制、稳居政府财产之地位；在清皇室继续居住在紫禁城的情况下，他们对于古物陈列所的藏品仍具有一定的控制力。[4] 众所周知，逊帝溥仪以馈赠的名义将珍贵的书籍、绘画和书法作品盗运出宫并将之赠送给其兄弟和效忠者，[5] 此外他也拿相当数量的宫廷文物作为银行贷款的抵押品，似乎拥有随心所欲处置宫廷财产的个人权利。更为极端的例子是，溥仪还向古董商出售一些陶瓷、玉器和青铜器，这在任何没落的家族成员中都是司空见惯的做法。[6] 兴许是受到溥仪和皇室的启发，早期的民国政府也利用了古物陈列所的收藏，从中拿出诸如盛清官窑所生产的五彩瓷碗等陶瓷器来贿赂其政治盟友。[7]

凡此种种无不说明民国初期当政治体制本身因腐败猖獗与权力更迭而陷

---

1　关于该篇英文的全文，见 B. L. Putnam Weale, *The Fight for the Republic in China* (New York: Dodd, Mead and Company, 1977), pp. 399-400.

2　见中国第二历史档案馆编：《中华民国史档案资料汇编》，第 3 辑 "文化"，页 268—270。

3　见中国第二历史档案馆编：《中华民国史档案资料汇编》，第 3 辑 "政治"，页 326—331。

4　当地报纸报道了诸如皇室从古物陈列所拿走文物等丑闻。例如，《晨钟报》，1916 年 9 月 26 日，页 6；1916 年 11 月 11 日，页 5；1917 年 3 月 20 日，页 5；1917 年 3 月 23 日，页 5；1917 年 4 月 27 日，页 5；1917 年 6 月 9 日，页 5；1917 年 8 月 17 日，页 6；1918 年 4 月 15 日，页 3；1918 年 5 月 8 日，页 6；1918 年 5 月 31 日，页 6；1918 年 6 月 7 日，页 6。

5　见故宫博物院编：《故宫已佚书画目录四种》，收入《故宫藏书目录汇编》（北京：线装书局，2004）。关于 1912 年至 1924 年间被偷偷带出紫禁城的书画作品之研究，见杨仁恺：《国宝浮沉录：故宫散佚书画见闻考略》（上海：上海人民美术出版社，1991），第 2 章。

6　见故宫博物院编：《故宫已佚古物目录二种》（北平：故宫博物院，1930）。

7　见中国第二历史档案馆编：《中华民国史档案资料汇编》，第 3 辑 "文化"，页 220—222；顾颉刚：《古物陈列所书画忆录》，《现代评论》，第 1 卷第 19 期（1925 年 4 月 18 日），页 13。

入混乱时，清宫物品也处于暧昧不清的地位。宫廷文物虽然进入到古物陈列所的收藏中，却未完成国有化；清宫收藏在民国初期仍然在皇家珍宝、私人财产、政治资源与政府资产之间摆荡。

然而，早期的民国政府确实在 20 世纪 10 年代通过建立博物馆、对各地古物进行全国性调查以及发布禁止篡改和出口历史文物之命令，等等，为其文化遗产保存项目构建起初步的框架。[1] 尽管这些措施并未对活络的中国古物的国际市场带来钳制作用，但该一框架至少为文化遗产保存提供了法律和概念上的依据，无论其认识论基础（epistemological foundation）有多么不足。由于这一保存项目开始运作时尚未对古物进行明确的界定，例如其来源标准（年代、所有权和历史背景），因此其涵盖了中国过往乃至新近的各种文物，并且强调这些文物作为中国文化繁荣和延续之见证的价值。在此文化遗产保存的框架下，一件来自过去的文物自然具有历史价值，偶尔也拥有审美价值；[2] 它与当代中国这一宣称拥有数千年悠久历史的政治和文化实体之联系，被认为是理所当然的。这种国家化框架表明了民国政府将中国过往的物质遗产全部继承了下来，而不带任何历史或审美上的差别对待。通过此番作为，该政府遂获得了作为中国过往历史整体之继承人的合法性，其中甚至包括与满族等外来统治者相关的历史片段。

在文化遗产保存项目中，历史文物被平等地对待，类似于一个民族国家对其公民所进行的同质化过程。在这个国有化的同质化过程中，清宫收藏，特别是那些最受传统鉴赏家重视的艺术品，成为新的国家文化遗产之一部分，并不比 19 世纪福建一座商业窑炉批量生产的日用陶瓷器来得更有价值。尽管如此，晚清知识分子赋予了清宫收藏作为国家遗产之重要表现形式的特殊地位，在民国初期并未失去其效力。该保存项目之所以会被施行，部分原因是热河、盛京两地的清宫文物在政治过渡时期面临了危险的情势。[3] 而古物陈列

---

1　见中国第二历史档案馆编：《中华民国史档案资料汇编》，第 3 辑 "文化"，页 185—298。

2　民国政府早期有关文化遗产保存和博物馆建设的档案，大多强调中国过往文物的历史价值，偶尔也提到审美价值的重要性。

3　在政治过渡时期，位于热河与盛京两地的清宫文物面临着盗匪横行和帝国主义的威胁。见郭廷以编：《中华民国史事日志》（台北：台湾 "中研院" 近代史研究所，1979），第 1 册·民国元年至民国十四年（1912—1925），页 25；中国第二历史档案馆编：《中华民国史档案资料汇编》，

所的设立，则向公众展示了前朝文物的历史和美学价值，证实了这些文物的重要性。且先不论该陈列所在行政管理上有何不足，参观者只要支付入场费，在紫禁城的展厅中穿行，就能亲眼见证清宫收藏的国有化。与此同时，参观者也有机会在现代展演文化的背景下，认识到展出文物所具有之无与伦比的意义。[1]

## 四、展演背景下的转变

本节旨在了解民国政府所继承的清宫文物如何在博物馆和展演文化的背景下发生变化。虽然"清宫收藏"一词在前文中一直被不加区分地使用，但由于清宫之收藏揭示了围绕清宫文物现代转型的复杂情况，因此我们有必要重新思考其内涵和适用性。

尽管"收藏"（collecting）在包括清朝在内的中国帝制体系中是一种历史悠久的文化行为，但"清宫收藏"（Qing imperial collection）包罗万象的概念却具有误导性，因为在清宫中似乎没有一个单一的收藏规划，反倒是表示多种收藏系统的复数形式的"收藏"（collections）更符合实际情况。而且，民国政府从清廷接收的杂项类物品，亦非全都出自有意的收藏行为，也并不完全属于当今美术馆体系普遍认可的"艺术品"（artworks）类别。事实上，这些多样化的物品，已远远超出了当代许多艺术博物馆对其收藏和展示对象所作的类别区分。

举例来说，当使用"清宫收藏"一词时，所映现出的主要是北京故宫博物院和台北故宫博物院这两座博物馆所收藏之高质量的绘画、书法、瓷器和青铜器等形象。这是因为尽管这两座博物馆内的日常用品、个人佩饰、珍本古籍甚至外国鸟蛋等藏品，更真实地反映出清宫文物之全貌，但直到最近仍较少被展出。欲掌握清宫文物多样性的特点，应采用更灵活地将物品分类和

---

第3辑"文化"，页206—219。
1　关于古物陈列所的管理与展览之详细讨论，见 Cheng-hua Wang, "Imperial Treasures, Art Exhibitions, and National Legacy: The Institute for Exhibiting Antiquities in the 1910s."

概念化的系统——视之为高级艺术、日常用品、图书收藏或舶来品等。[1] 诸如包括 17 世纪漆盒在内的故宫所收藏之日本文物（更不用说钟表等广为人知的西方物品），更进一步地展现出清宫文物的异质性。[2] 因是之故，"清宫收藏"一词不应再涵盖早期民国政府设法纳入博物馆系统的所有清宫物品。"清宫收藏"这一标签曾让人想起了在汉（前 202—220）文化政治传统中象征王朝合法性的高质量艺术品，而这也让它成了一种对于"合法性"理论及 21 世纪初以前故宫博物院之旧展览政策的反思与建构。

　　清宫文物在清廷与皇帝心目中的组织方式，有助于我们进一步理解清宫与艺术博物馆体系在协调藏品与展览方面的不同之处。其中，主要奉乾隆皇帝之命编纂的清宫谱录，乃按不同的组织原则对各类宫中物品进行分类。一般来说，可资收藏或仪式用器的传统分类系统，为清宫谱录的编纂提供了可依循的准则。

　　北宋时期的青铜器谱录就对清宫青铜器谱录的编纂有着指导作用，亦即先按鼎、尊等传统青铜器分类，再依器物的时间顺序排列；[3] 至于清宫收藏的书画，则遵循清朝早已确立的通行做法，被分类编入钦定的书画谱录中。[4] 唯陶瓷这类历史悠久的器物未被纳入清宫谱录，反倒是传统鉴赏中只占相对较小类别的砚台和古币得到了特别的关注，这从它们各自的宫廷谱录中即可见一斑。[5] 清宫谱录不仅展示了传统的收藏品，还包括与皇家仪式密切相关的工艺品，如皇家祭仪中的礼器、冠服和天文仪器等，即按其在仪式中的作用成

1　关于清宫收藏的异国物品及其与西方奇品收藏室之藏品的相似处，见赖毓芝：《从康熙的算学到奥地利安布列斯堡收藏的一些思考》，《故宫文物月刊》，第 276 期（2006 年 4 月），页 106—118。

2　陈慧霞编：《清宫莳绘：院藏日本漆器特展》（台北：台北故宫博物院，2002）；故宫博物院编《故宫藏日本文物展览图录》（北京：紫禁城出版社，2002）。

3　见（清）梁诗正、蒋溥编：《钦定西清古鉴》，收入（清）纪昀等总纂：《景印文渊阁四库全书》，第 841—842 册。

4　见古原宏伸：《乾隆皇帝の画学について》，页 251—316；Patricia Berger, *Empire of Emptiness: Buddhist Art and Political Authority in Qing China*, chapter 3.

5　见（清）于敏中、梁国治编：《钦定西清砚谱》，收入（清）纪昀等总纂：《景印文渊阁四库全书》，第 843 册；（清）梁诗正，蒋溥编：《钦定钱录》，收入（清）纪昀等总纂：《文渊阁四库全书》，第 844 册。

组编入图解其外观并详述其功用的谱录里。[1]

以上种种包括砚台、古币和礼器在内的谱录，尽管有着庞大的规模，却未脱离传统上审美、历史和仪式物品的分类范畴。清宫谱录的不同寻常之处在于，其将佛教和道教题材的书画编入同一套著录，体现出乾隆皇帝的宗教倾向。[2] 清宫收藏品与礼器的区分体系，展现的是历史悠久的传统与乾隆个人偏好的结合。

最为有趣的一点，仍是在于包含宗教主题的书画作品如何按其所在宫殿之位置被编排起来。这些谱录以紫禁城中皇帝居住的宫殿为中心，将来自各处的物品串联起来，形成一种宫廷内的等级秩序。这些谱录固然展示了藏品的规模和质量，但是通过记录下这些作品在其编制中的位置，它们也为清宫藏品赋予了一种永恒的帝国秩序。[3]

相较之下，台北故宫博物院的《故宫书画录》就揭示出了不同的编辑理念和机制。这套初版于 20 世纪 50 年代末但其修订版仍沿用至今的博物馆著录，主要以材质（绘画或书法）、形制（轴、卷或册）和质量作为主要的分类标准，反映出学界对于这些项目的关注；直到 20 世纪 90 年代初，艺术史研究一向都是以材质、形制和质量作为艺术品分类的主要准则。相比之下，清宫著录尽管采用了类似的分类标准，却以收藏位置作为首要的组织要素建构起一套与皇帝居住环境相符的帝国秩序。

清宫中记载宫殿内器物陈设状况的内务府档案，可使我们更深入了解宫廷收藏的组织原则。档案中清点出了特定时间内放置在某宫或某殿的各式物品，[4] 因而可以根据这些物品所储放或用作装饰的位置来组合或识别它们。由于每座皇家建筑在皇帝及其近亲的日常生活中都有其特殊功能，因此与建筑相关的物品似乎也被看作是皇室生活的一部分。它们是可移动的，且其意义

---

1　见（清）允禄编：《皇朝礼器图式》，收入（清）纪昀等总纂：《景印文渊阁四库全书》，第 656 册。

2　见 Patricia Berger, *Empire of Emptiness: Buddhist Art and Political Authority in Qing* China, chapter 3.

3　见题为《石渠宝笈》与《秘殿珠林》的系列目录。

4　清代《内务府陈设档》可在中国第一历史档案馆和北京故宫博物院内寻得。笔者于 2002 年 9 月赴北京实地考察期间，查阅了中国第一历史档案馆的一些记录。关于北京故宫博物院档案的介绍，见李福敏：《故宫博物院藏清内务府陈设档》，《历史档案》，2004 年第 1 期，页 127—132。

取决于它们所处的物理环境。[1]

　　相对地，艺术博物馆的展示，往往是将艺术品从其原本被使用和欣赏的环境中抽离出来，再放置于严格控制的保存环境中，并展示那些可以通过展览主题被集体赋予意义的作品。现代博物馆系统实际上是一种历史性产物，代表了一种专门处置人造物品的方式，并通过其用以收藏、保存与展示的行为而产生政治和文化意义。正是在这样的博物馆系统中，清宫的杂项物品在民国初年被重新组织起来，以实现"可展示"（presentable）之艺术品的理想。就某种意义而言，古物陈列所举行的展览"纯化"（purified）了其所藏清宫文物的异质性，将它们在清宫社交生活中的复杂性降低而成为只具审美意义的某些特定物品；换言之，古物陈列所突显了传统鉴赏中最受关注的几个艺术品类别。

　　古物陈列所在文华殿展示了书法和绘画，在武英殿展示了青铜、玉器、陶瓷等，这两座建筑群曾经是皇家举办重要活动的场所（图4.2）。[2]由古物陈列所所展示的艺术品类别，可以看出其在界定可供收藏和可资展示之物品的概念上，要比上述的清代系统来得更为局限。而且该一博物馆系统也消弭了展出作品之间的关联性，无论它们是否为用于鉴赏、宗教或仪式等活动的物品。此外，上述两殿展厅内的文物组合，也揭示出中国艺术品门类在20世纪初的重构。其中，以毛笔为书写工具、卷轴为常见形制的所谓"书画"类别，至少自六朝以来即一直维持不变；[3]然而，包括青铜器、玉器、陶瓷等在内的

---

1　关于清宫收藏中特定艺术品所在位置的文化和政治意涵，例见石守谦：《清室收藏的现代转化——兼论其与中国美术史研究发展之关系》，页3—11。

2　关于这两座宫殿的功能，见章乃炜、王霭人编：《清宫述闻》（北京：紫禁城出版社，1990），页276、329。以下关于古物陈列所展览的讨论，若无注明，主要引自以下资料：北平市政府秘书处编：《旧都文物略》（北平：北平市政府，1935），页15—16；《晨钟报》，1918年3月20日，页6；狄葆贤：《平等阁笔记》（上海：有正书局，1922），卷4，页7a—8b；鲁迅：《鲁迅日记》（北京：人民文学出版社，1967），页110；徐悲鸿：《评文华殿所藏书画》，收入徐伯阳、金山编：《徐悲鸿艺术文集》（台北：艺术家出版社，1987），页31—38。顾颉刚：《古物陈列所书画忆录》，《现代评论》，第1卷第21期（1925年4月18日），页12—16；第1卷第20期（1925年4月25日），页16—17；第1卷第21期（1925年5月2日），页16—18；第1卷第23期（1925年5月16日），页17—18。中国第二历史档案馆编：《中华民国史档案资料汇编》，第3辑"文化"，页284—289；陈重远：《琉璃厂：古玩谈旧闻》（北京：北京出版社，2001），页112—113、117—118、127、139。

3　例见（南朝宋）范晔撰：《后汉书》，收入（清）纪昀等总纂：《景印文渊阁四库全书》，第253册，页269。

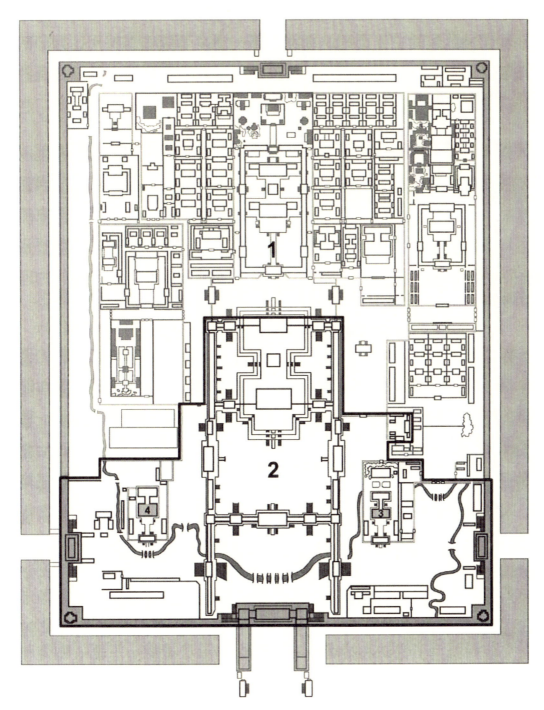

图4.2　紫禁城平面图（1914—1924）：1. 逊帝及其族眷所居殿舍；2. 古物陈列所；3. 文华殿；4. 武英殿

综合类别，则是新的。

　　虽说景泰蓝在中国鉴赏传统中向来较为边缘，青铜器、玉器、陶瓷在收藏史上则有亮眼的表现，但两者在类别上却属于不同的知识体系。青铜器和玉器都属于"金石"类，以古文字学研究为目的，优先关注那些刻有文字的对象。尽管青铜器和玉器在传统鉴赏学中自有独特的地位，但刻有古文字的作品在"金石学"这门备受尊崇且在宋、清两代尤盛的学术领域中仍是不可或缺的。由于青铜器较玉器的古文字学价值要高，因此其在金石学研究中占有重要地位。相比之下，陶瓷对金石学研究的贡献较少，但受到了艺术收藏家的青睐，在鉴赏文献中留下了相关的审美品评。[1] 将青铜器、玉器、陶瓷以及景泰蓝等集合在一起，即标志着一个至今仍被广泛使用的全新类别——"器物"——诞生了。

　　"器物"一词的首次使用尽管可以追溯到两千多年前，但其在现代古物分类中有了新的定义，而且其原始意义——"礼器"或"各种工具和器皿"——已经有所调整，以满足当时需要一个统一的术语来指称由青铜、黏土、玉、玻璃、银、金、铁或骨头等制成的古物。[2] 传统上，"金石"类器物从未涵盖所有古物，"器物"却可能包含各种古物，只要它们不是书法、绘画、挂毯或刺绣。古物陈列所的展览布置，即意味着历史物品被重新归类到"器物"的范畴下，而罗振玉（1866—1940）编纂的两种古物图录亦印证了"器物"一词在 20 世纪 10 年代后期的流通状况。这些图录都使用了"器物"来指代难以归类为传统金石和书画类别的古物，包括从考古遗址中发现的模具及杂项物品。[3]

　　古物陈列所的展览主要按年代顺序进行展示；在绘画方面，按照从唐代到清代的时间顺序展出两百多幅作品，其中包括有传统鉴赏依据的大师画作。

---

1　关于中国鉴赏文学，见 Craig Clunas, *Superfluous Things: Material Culture and Social Status in Early Modern China* (Urbana and Chicago: University of Illinois Press, 1991).

2　"器物"一词的出现，与西方装饰艺术与考古学的引入有关。在传统中国，一件物品是平面的还是立体的，从来不是用来区分艺术品或历史物品的标准。有关器物这一分类范畴之形成的研究，见王正华：《罗振玉的收藏与出版："器物"、"器物学"在民国初年的成立》，《台湾大学美术史研究集刊》，第 31 期（2011），页 277—320。

3　罗振玉：《古器物范图录》（自印本，1916，台湾"中研院"历史语言研究所傅斯年图书馆藏）；罗振玉：《殷墟古器物图录》（上海：广仓学窘，1919）。

虽说从现代的角度来看，有些画作的归属甚为可疑，但古物陈列所的设立及其展览仍向我们展示了当时的时间感和历史意识。

作为辛亥革命的产物，古物陈列所标志着王朝中国与其现代民主形式在时间上的一种断裂，即过去与现在之间的脱节。各种采用新分类方法及使用玻璃柜展示文物的展览，也脱离了清代宫廷文物的概念框架和组织原则。但诚如前述，古物陈列所未能将其所藏之物彻底转为国有这一事实，却也预示着欲完成革命和终结中国王朝的历史，无异于水中捞月。而展览按年代序列的安排，也进一步表明了其无意于切割或否定中国悠久连绵的历史，而带有继承和占有的意图。古物陈列所的展览展现出了中国历史中的一种主导思想，亦即将历史视为从起源到现在的连续时间流，例如，由画史上的大师谱系便能明显看出这一点。

和民国政府的文化遗产保存政策一样，古物陈列所及其展览也采用了一种复杂的时间观，即同时具有向前看和向后看的特点。它们在保存中国过去老东西（old things）的同时，都处理了那些为当代知识分子所关注的议题，亦即努力推动以博物馆和文物保存政策为特征的现代化中国的形成。在古物陈列所的展厅里，那些以一批历史悠久的艺术品为代表的前朝文物，乃过去中国的重要组成部分，具体体现了当下政权的合法性以及对更美好未来的期望。

随着古物陈列所在 20 世纪 10 年代末变得家喻户晓，许多人穿过紫禁城的大门去一睹前朝皇室收藏，其中包括狄葆贤（1873—1941）、金城、鲁迅（1881—1936）、陈万里（1892—1969）、顾颉刚（1893—1980）、徐悲鸿（1895—1953）等著名的知识分子。[1] 从他们的观览纪闻中可以得出几个要点，例如，他们大多热情地讨论展出的画作，尤其涉及其审美价值；少有人评论展览空间，除了鲁迅之外，他轻蔑地将展厅描述为古董店（antique shops），以此暗示拥挤的艺术品和糟糕的空间设计。

---

1　参见本书页 152 注 2。根据一份报纸报道，在 1917 年 10 月 10 日起三天的国庆假期期间，古物陈列所吸引了超过 13000 人前来参观。见《晨钟报》，1917 年 10 月 14 日，页 4。尽管 13000 人的数量相对于当时中国的人口总量来说，并不特别惊人，但是对喜欢文化活动的人来说，古物陈列所肯定是一个家喻户晓的城市景点。见 Cheng-hua Wang, "Imperial Treasures, Art Exhibitions, and National Legacy: The Institute for Exhibiting Antiquities in the 1910s," pp. 19-32.

古物陈列所的展览看来并未采用现代西方展览的"展览秩序"（exhibitionary order），这种秩序乃是通过安排展览的空间，以产生物体、凝视与权力之间的动态互动。布置得当的展览空间既能创造观看的主体，并产生主体性；其允许观众获得对所展示物品的视觉控制，从而以可控制距离的超然凝视来将其客体化。换言之，现代的展览技术包括可明确分隔观看主体和被观看物品的玻璃展柜或其他观看设备，为观众提供了一种能全然以视觉来控制所展示物品的视角。[1]

但即便使用玻璃展柜这种现代展览技术来展示绘画作品，古物陈列所的展览空间仍未能像现代西方"展览秩序"一样、为观众创造出观看主体与被观看物品之间的权力关系感。然而，所展出的艺术品并不被视为缺乏符号价值的中性审美对象。古物陈列所之展览所涉及的权力关系，不在于其空间安排，而在于展示物品本身以及它们在著名的知识分子观众发表评论时所被演绎和再演绎的集体意义与特定意义。例如，1918 年，中国现代著名的画家暨美术教育家徐悲鸿，便在这些作品中感受到一种可以将中国带向与西方先进文明并驾齐驱的民族精神。[2]

与当前讨论更为相关的是，顾颉刚这位从 20 世纪 20 年代初以来即颇具影响力的历史学家，将这些展出的艺术品挪用于多项政治和文化诉求里。他在 1925 年发表的几篇谈及 1917 年至 1920 年间多次参观古物陈列所的回忆录中，即向我们揭示了他看待该陈列所之展览的意识形态倾向。起初，他认识到古物陈列所所展出的艺术作品在文化上的潜力，以及这些作品与他自己的中国人身份和他所处时代的有机联系。他也使用了"清宫收藏"这个集体概念，以抗议他眼前所见之当时政治不尽如人意的状态。他除了谴责逊帝溥仪和皇室企图盗取中华民国"国宝"（national treasures）的行为，还抨击了掌权者从这批收藏品中所获取的私利。在此，"国宝"这一概念被有效地挪用来传

1　根据米歇尔（Timothy Mitchell）的观点，这种展览秩序是由 19 世纪的欧洲展示来自中东地区的物品和民族而构建起来的，见 Timothy Mitchell, "Orientalism and the Exhibitionary Order," in Nicholas B. Dirks, ed., *Colonialism and Culture* (Ann Arbor: University of Michigan Press, 1992), pp. 289-317. 虽说米歇尔旨在讨论欧洲（尤其是法国）如何通过现代展览技术来呈现和殖民伊斯兰文化并发明"东方主义"（Orientalism），但他的研究也可以应用在其他类型的现代展览上。
2　见 Cheng-hua Wang, "Rediscovering Song Painting for the Nation: Artistic Discursive Practices in Early Twentieth-century China," *Artibus Asiae*, vol. LXXI, no. 2 (January, 2011), pp. 221-222.

递民族主义情感，在那个中国的王朝历史仍难以称之为过去、而清宫收藏的政治和法律地位又尚未明朗之际。[1]

　　一方面，顾颉刚的言论响应并重申了在清朝末年首次被提出的、与清宫收藏有关的屈辱的隐喻与记忆政治；另一方面，他表现出对所展出艺术品的认同（尤其体现在"国宝"这一概念中），并清晰地捕捉到 1905 年至 1925 年间与清宫收藏相关的重要主题。如果没有古物陈列所之参观者亲眼所见展览的效果，人们便不会如此真切地体验到文化遗产保存的概念，而若少了文化遗产保存的概念和实践，清宫收藏就不会成为国家遗产和近现代中国命运的象征。在故宫博物院成立前，清宫收藏面临杂乱无章、动荡不安的局面，展现出中国近现代从帝制转型为民族国家的复杂性，在这一点上，它们值得拥有一个属于自己的故事。

---

1　与"古物"、"文物"等其他指代古文物的术语相比，"国宝"一词或许因为包含了国家的"国"字，因此更容易激发民族主义情感。鉴于 20 世纪初中国民族主义情感的高涨，顾颉刚可能是有意地选择了这个词来在受教育阶层之间引发一种挫败、愤怒和更积极的团结感。

第五章

# 国族意识下的宋画再发现[1]
## ——20 世纪初中国的艺术论述实践

## 一、引言

　　1918 年 5 月 5 日，徐悲鸿（1895—1953）这位 20 世纪中国最具影响力的画家暨美术教育家，率北京大学画法研究会（以下简称北大画法研究会）的成员参观了古物陈列所（文华殿中的古书画展览）。该研究会系 1918 年由当时的北京大学校长蔡元培（1868—1940）所创，招聘了一些重要的艺术家来教授艺术，在近现代中国社会和艺术教育中扮演着开路先锋的角色。[2] 古物陈列所则是中国第一所艺术博物馆，于 1914 年向公众开放，展出一部分来自清宫（1644—1911）的皇家收藏品；由于该陈列所位于紫禁城内部，其展览场地包括皇家曾举行重要活动的大殿。[3] 徐悲鸿当次造访时，即就古物陈列所及

1　本章谨献给恩师班宗华教授（Prof. Richard Barnhart），他的自由精神和开明思想多年来指引着我。还要感谢对本章提供专业知识的同侪和朋友们，特别是芬莱（John Finlay）。我的助理卢宣妃和谢宜静亦对我帮助甚多，在此一并申谢。

2　关于北大画法研究会的历史，见北京大学校史研究室编：《北京大学史料》（北京：北京大学出版社，2000），第 2 卷，第 3 册，页 2613—2624；王玉立：《北京大学画法研究会始末》，《现代美术》，第 79 期（1998 年 8 月），页 61—67。

3　关于古物陈列所的研究，见 Cheng-hua Wang, "Imperial Treasures, Art Exhibitions, and National Legacy: The Institute for Exhibiting Antiquities in the 1910s," (paper presented at the workshop "Memory Links and Chinese Culture," Center for East Asian Studies, Indiana University, October 30-November 1, 2023), pp. 1-34; 段勇：《古物陈列所的兴衰及其历史地位述评》，《故宫博物院

该一展示了数百幅据信为 10 世纪至 18 世纪书画的展览发表强而有力的演说。[1]
在评论具体作品前，他首先阐述了如何看待美术的大局观：

> 各国虽起自部落，亦设博物美术等院于通都大邑，俾文明有所
> 展发。国宝罗列，尤共（其）珍重，所以启后人景仰之思，考进化
> 之迹。独我中华则无之，可慨叹也，而于东方美术代表之国家，其
> 衰也，并先民之文物礼器历史之所据，民族精神之所寄之宝物。……
> 特吾古国也，古文明国也，十五世纪前世界图画第一国也。……[2]

徐悲鸿的演说唤起了人们对于一些重要的艺术、社会和文化趋势的关注，
这些趋势则反过来促成了该场演说的发表。其开启了窥见当代论述的一扇窗，
而这些论述主要围绕着近现代中国艺术一个具开创性但尚未被研究的面向：
近现代中国艺术与民族精神及国家文明地位的关系。诚如徐悲鸿在演说中所
指出的，由于艺术对中华文化如此至关重要，以至于艺术成了国族精神与文
明的象征。艺术所被赋予的至高无上的地位，使其成为中国这一政治和文化
实体不可或缺的组成部分。

徐悲鸿肯定不是 20 世纪初中国第一位将艺术置于民族主义（nationalism）
框架、或将艺术看作是中国作为一个现代化国家之根基的知识分子。早于其
十年前，狄葆贤（1873—1941）、邓实（1877—1951）这两位在晚清印刷文
化中占有一席之地的知识分子，就已对艺术乃是中国文化和历史精髓之地位

院刊》，2004 年第 5 期，页 14—39；Geremie R. Barmé, "The Transition from Palace to Museum: The Palace Museum's Prehistory and Republican Years," *China Heritage Newsletter*, no. 4 (December 2005)，该文可在线查阅：http://www.chinaheritagequarterly.org/features.php?searchterm=004_palacemuseumprehistory.inc&issue=004（2009 年 1 月 19 日查阅）。

1　关于古物陈列所的展览，见 Cheng-hua Wang, "Imperial Treasures, Art Exhibitions, and National Legacy: The Institute for Exhibiting Antiquities in the 1910s," pp. 21-34; Cheng-hua Wang, "The Qing Imperial Collection, Circa 1905-1925: National Humiliation, Heritage Preservation, and Exhibition Culture," in Wu Hung, ed., *Reinventing the Past: Archaism and Antiquarianism in Chinese Art and Visual Culture* (Chicago: The Center for the Art of East Asia, University of Chicago, 2010), pp. 320-341.

2　徐悲鸿：《评文华殿所藏书画》，收入徐伯阳、金山编：《徐悲鸿艺术文集》（台北：艺术家出版社，1987），页 31—38。

表达过类似的观点。[1] 所不同的是，徐悲鸿的论点是将艺术连接到国族的特定面向，即其精神和文明，并将与艺术有关的抽象概念限定在中国画的历史发展中。

徐悲鸿的观点展现出敏锐的全球化视野（global perspective）。他声称中国为"东方美术代表之国家"和"十五世纪前世界图画第一国也"，即承认了西方美术传统乃中国美术传统之竞争对手。[2] 事实上，视 15 世纪前的中国画优于西方这一信念，正是理解徐悲鸿的演说及其相关艺术和社会文化趋势的关键。由此亦衍生出一些问题：徐悲鸿为何将 15 世纪这一时间点视为中、西文化竞争的分水岭？在他看来，是什么引发了中、西双方之绘画在世界文明中的地位有所逆转？他对中国过往优秀艺术传统的看法——关乎艺术、民族精神与文明——在近现代中国艺术论述中扮演什么样的角色？

徐悲鸿对中、西绘画发展的看法，看似忽略了宋代（960—1279）的绘画，然其之陈述，事实上暗示出西方绘画在文艺复兴时期的崛起与中国画在元代（1279—1368）及其之后的相对衰落，是大约同时发生的现象，且由此扭转了中、西绘画的相对地位。也因此，对徐悲鸿来说，元代，代表着中国在绘画方面领先的最后一丝微光，也是逐渐偏离此前宋代成就的变革时期；至于宋代，则被视为中国艺术的黄金时代，也是中国在世界艺坛上居于领先的理想见证。

以上对徐悲鸿讲稿的讨论揭示了本章的第一个目标：探讨当时将宋画与民族精神和文明相连接的智识与社会文化背景。在此背景下，宋画被重新发现，且被重新运用在一个特定的议题中，即宋画如何在近现代世界中代表中国？通过分析包括徐悲鸿在内的知识分子们所谈之与宋画相关的关键概念，笔者将追溯宋画论述如何成形于中国近代史的关键时刻——以建立一个启蒙和现代化之中国为核心宗旨的新文化运动时期（约 1917—20 世纪 20 年代初）。

---

1　狄葆贤：《平等阁诗话》（上海：有正书局，1910），卷 1，页 1b—2b；邓实："叙"，《神州国光集》，第 1 集（1908），页 1　3。

2　中国为"东方美术代表"这种说法，也和日本宣扬其乃东方艺术之最佳继承者和保护者、而将中国艺术视为其中相对较小部分文化遗产的政治文化理念有所抵触。关于日本在国际舞台上的艺术策略，见 Carol Ann Christ, "'The Sole Guardian of the Art Inheritance of Asia': Japan at the 1904 St. Louis World's Fair," *Positions: East Asia Cultures Critique*, vol. 8, no. 3 (Winter 2000), pp. 675-711.

　　此处的讨论，并不把这些无论是口传的还是文本的言论看作是个人观点的表达，而是将之视为有能力改变现实并且建构艺术及其机制之相关知识的社会行为；而这些行为，又反过来影响着人们对于艺术应该如何被看待的信念。再则，由于本章谈到的某些知识分子同时也是新文化运动的推手，由此，新文化运动对宋画论述的形成贡献尤大，亦有助于宋画论述的传播。

　　有鉴于论述的形成乃是一个社会过程，本章的第二个目标，旨在考察新的表述形式和渠道如何在近现代中国催生出前所未见的艺术论述之公共空间（public spaces）。通过公开讲演、学术文化期刊、艺术品展览等，宋画论述所产生的知识有力地塑造了人们对于中国艺术史和中国艺术在国际舞台之作用的理解。传统的艺术社交空间乃是由特权阶层们身兼知识创造之主导者及其唯一受众所组成，这些新的公共论坛则允许更广泛的公众参与。而宋画论述正是 20 世纪初中国近现代公共空间中最早形成的论述之一。就某种意义而言，这些空间也为新文化运动这一被公认为中国近现代史上最重要的知识和社会文化运动奠定了基础。

　　由于徐悲鸿的演说是发表在一个现代空间中，即一所博物馆里，而且面对着观众，代表着一种现代社群和公众阅听的语境；其讲稿随后又刊登在《北京大学日刊》和该校的艺术期刊《绘学杂志》中。[1] 因此，在中国迅速崛起的展演文化背景下，探讨艺术作品与之公开展示如何影响艺术论述空间（discursive space）的形成，就十分必要了。与此同样重要的，还包括探讨这些论述形构（discursive formation）的现代形式，以了解它们如何为种种艺术观点建构一个可行的甚至是蓬勃发展的公共空间。

　　此外，又因徐悲鸿 1918 年参观的展览是由传统的中国画所组成，遂使探究那些在现代知识体系和国际脉络下重新评价中国艺术传统的相关论述，显得尤为有趣。如声称"十五世纪前世界图画第一国也"，便明确地表达了在全球视角下对中国画的重新评价。在 20 世纪初的中国，人们对中国传统的评价，实际上与他们对西方传统的看法有着密不可分的联系。

---

1　徐悲鸿：《画法研究会纪事第十五》，《北京大学日刊》，1918 年 5 月 10 日，页 2—3；1918 年 5 月 11 日，页 2—3；徐悲鸿：《文华殿参观记》，《绘学杂志》，第 1 期（1920 年 6 月），纪实，页 1—6。

考虑到这些因素，本章涉及了近来艺术史研究中关注跨文化（cross-cultural）艺术互动的趋势。这一强调近现代中国艺术发展之外来元素的跨文化维度，[1] 往往需要一个补充视角来质疑中国古老艺术传统在现代的处境。就这方面而言，迄今为止最重要的研究是批判清代正统派的研究，特别是检视这种批判如何体现近现代中国艺术的转型。[2] 正统派传统在 19 世纪末、20 世纪初面临巨大挑战这一观点，已成为研究近现代中国绘画发展的核心议题。虽然这些研究将近现代中国艺术置于更宏大的传统背景之中，但仍鲜少呈现近现代中国知识分子如何看待中国艺术传统的视角。事实上，这些知识分子对中国艺术提出了更为深刻的反思。以徐悲鸿为例，他在演说中并未提及任何特定画派的命运，而是触及了中国画在世界史背景下地位的转变。

同样需纳入考虑的，还有近年来中国近现代艺术的研究进展，特别是有关艺术社团、艺术展览和中国艺术的国际贸易之研究，[3] 凡此皆深入探讨了社会层面的艺术如何生产和消费的。本章虽未聚焦于这些特定议题，但仍将提出在研究中国近现代艺术时审视"社会"领域（"social" realm）的可能性。此处所指的社会领域，并非指与艺术生产或艺术消费相关的某一具体层面，

1　这一面向引起了学界的广泛关注，例见 Yu-chih Lai, "Surreptitious Appropriation: Ren Bonian's Frontier Paintings and Urban Life in 1880s Shanghai, 1842-1895," (Ph.D. diss., Yale University, 2005); Aida Yuen Wong, *Parting the Mist: Discovering Japan and the Rise of National-Style Painting in Modern China* (Honolulu: University of Hawai'i Press, 2006); Julia F. Andrews and Kuiyi Shen, "The Japanese Impact on the Republican Art World: The Construction of Chinese Art History as a Modern Field," *Twentieth-Century China,* vol. 32, no. 1 (November 2006), pp. 4-35.

2　郎绍君：《四王在 20 世纪》，收入朵云编辑部编：《清初四王画派研究论文集》（上海：上海书画出版社，1993），页 835—868。

3　这些研究重整了有关近现代中国艺术各种可能研究的课题，开辟了新的探索领域。例见周芳美：《20 世纪初上海画家的结社与其对社会的影响》，收入台北历史博物馆编辑委员会编：《1901—2000 中华文化百年论文集 I》（台北：台北历史博物馆，1999），页 15—50；颜娟英：《官方美术文化空间的比较——1927 年台湾美术展览会与 1929 年上海全国美术展览会》，《"中研院"历史语言研究所集刊》，第 73 本第 4 分（2002），页 625—683；Zaixin Hong, "From Stockholm to Tokyo: E. A. Strehlneek's Two Shanghai Collections in a Global Market for Chinese Painting in the Early 20th Century," in Terry S. Milhaupt et al., *Moving Objects: Space, Time, and Context* (Tokyo: The Tokyo National Research Institute of Cultural Properties, 2004), pp. 111-134; Julia Andrews, "Exhibition to Exhibition: Painting Practice in the Early 20th Century as a Modern Response to 'Tradition'," 收入杨敦尧等编：《"世变·形象·流风：中国近代绘画 1796—1949"国际研讨会摘要》（高雄：高雄市立美术馆；台北：财团法人张荣发基金会，2007），页 21—38。

而是指那些共同创造出"公众"（public）之不同社会文化机构间的相互作用。

除了"公众"这一主题外，"国族"（national）也是有助于探究宋画、民族精神与高度文明之间关系的另一个重要概念。自 20 世纪 80 年代末以来，"民族主义"为学者们考察近现代中国艺术的政治面向提供了历史性和概念性框架，[1] 主要议题则包括"民族危机"（national crisis）如何使中国追求现代化与强盛国家时遭遇到挫折，以及旨在唤醒中国人民的"启蒙工程"（enlightenment project）如何影响了某些艺术创作的动机和内容。本章则把焦点移转到那些运用了"民族精神"（national spirit）和"文明"（civilization）概念来寻找足以代表中国作为一个民族之艺术类型的各种艺术论述实践（practices）上。民族主义是涵括多种意识形态的复杂纽带，很难将其与近现代中国之特定的或个别的历史发展区隔开来并准确地加以识别。然而，本章具体说明了"民族精神"与"文明"的交互关联如何激励一些知识分子重新发现宋画，并以之作为中国艺术的代表。

## 二、宋画作为中国艺术的代表

在发表演说的九天后，徐悲鸿又发表了第二场演说，总结自己对中国画之现状、未来发展及其与西方画比较的看法。和第一场演说一样，第二场演说也被整理成文章，刊登在《北京大学日刊》和《绘学杂志》中。[2] 这两场演说概括了作为一位艺术家的徐悲鸿早年对于中国画的批评。终其一生，他在艺术上都秉持着这样的立场。

唯与第一场演说相比，徐悲鸿的第二场演说于发表后成为最常被引用的近现代中国艺术论文之一。文章一开始，徐悲鸿以"步"作为度量单位来衡

---

1    Ralph Crozier, *Art and Revolution in Modern China: The Lingnan (Cantonese) School of Painting, 1906-1951* (Berkeley: University of California Press, 1988); Julia F. Andrews and Kuiyi Shen, *A Century in Crisis: Modernity and Tradition in the Art of Twentieth-Century China* (New York: Guggenheim Museum, 1998), pp. 64-79、213-227.

2    徐悲鸿：《中国画改良之方法》，《北京大学日刊》，1918 年 5 月 23 日，页 2-3；1918 年 5 月 24 日，页 2—3；1918 年 5 月 25 日，页 2—3；徐悲鸿：《中国画改良论》，《绘学杂志》，第 1 期（1920 年 6 月），专论，页 12—14。

量他所处时代与过往时代在艺术成就上的差距，借此阐明中国画在过去一千年间发生的变化："中国画之在今日，比二十年前退五十步，三百年前退五百步。"此种说法中引人兴味之处在于徐悲鸿对中国画退步的喟叹。回顾过去，徐悲鸿发现中国画的高峰在宋代，比其所处的时代早了近千年。

由于徐悲鸿此文旨在通过引入一种形式和内容上皆为写实的西方风格来矫正中国画的积弱之弊，因此，他批评了中国画的一个传统，即通过临摹古代大师之作或特定画派的作品来学习绘画。这一批评显然暗指了在 20 世纪 10 年代已失去往昔独霸地位却仍继续支配水墨画坛的清代正统画派。相对于对正统派之批判，徐悲鸿在宋画中似乎发现了一种与西方绘画相类似、能够捕捉现实世界之"实体"（substance）的风格倾向。[1]

徐悲鸿的审美理念远不同于传统上最有可能将见解留于纸本、自宋代兴起后即垄断中国传统艺术论述的特权阶层——文人。主流文人画家和评论家首重绘画用笔的质量，认为用笔能传达出艺术家的个性或思想，故而他们认为用笔比凭技巧创造出形似（formal likeness）的能力更为重要。徐悲鸿则大为推崇形似和对三维物体及背景的写实描绘，与文人阶层所提倡的中国画审美准则背道而驰。

徐悲鸿对于古物陈列所所展示之画作的评论，体现了他对宋画的态度。他最欣赏的是那些被认为具有写实性和院体倾向的作品，如宋代的花鸟和山水画。但从今天的角度来看，徐悲鸿所推崇的大多是作者归属不详的画作或仿作，比如系于林椿（约活动于 1174—1189 年）名下的《四季花鸟图卷》，实际上是专作宋代赝品的晚期作坊所生产的一类画作。[2] 这样的误判，反映出横亘在当时的中国画鉴赏、与将宋画理想化地视为中国艺术黄金时代此一理论观点之间的鸿沟。显然，宋画所被赋予的崇高地位受某种意识形态影响的结果，其目的是要把中国艺术提升到与西方艺术并驾齐驱的高度。

---

1　徐悲鸿在演说中并未明确地指出宋画在写实风格或幻觉效果方面的优势。然而，从他对中国画特点的批评来看，宋画在他心中拥有至高无上的地位。

2　徐悲鸿也特别关注一幅他认为是宋代的特定山水画。该幅现藏于台北故宫博物院的画作上有不知名画家李相的签款。唯其画风较近于明代（1368—1644）院画。图版参见台北故宫博物院编：《故宫书画图录（二）》（台北：台北故宫博物院，1989），页 277。

　　这一关乎宋画的意识形态立场，并非源于徐悲鸿 1918 年的演说。早在前一年，资深政治家暨著名思想家康有为（1858—1927）便已提出一个更雄心勃勃的理念，亦即将宋画评比为中国艺术乃至于世界艺术之巅峰。徐悲鸿对中国画、连同其在世界艺术舞台上之竞争力的看法，正是深受 1916 年初在上海遇到的康有为的影响。[1] 那时的徐悲鸿，是一个贫穷但前途无量的年轻画家，刚刚来到大都市开始其职业生涯。他的父亲是一名职业画家，专职于肖像画这一文人画家视野之外的绘画类型。跟随父亲习画的徐悲鸿因此并不精通这类传统上位居中国审美品位顶端的水墨山水风格及主题。[2] 然而，熟稔肖像画技巧却让他有机会结识活跃于上海的著名知识分子和收藏家，例如，受到犹太商人哈同（Silas Aaron Hardoon, 1851—1931）赞助的广仓学会的会员们。

　　通过与该学会成员的互动以及参与学会所资助的古文字学研究、文学聚会和艺术展览等各种活动，徐悲鸿拓宽了自身在艺术与智识方面的视野。[3] 而这样的社交人脉也让他得以结识全国各地的名士，包括深深影响他坚定不移地追求写实风格和师法自然的康有为。除了徐父外，在 1917 年前后康有为也对徐悲鸿美学观的形塑产生了关键作用。[4] 他这种美学观一旦形成，自 1919 年起就没有太大变化，即便是在 1917 年访日和在欧洲待了八年后，仍旧如此。[5] 1917 年，日本的文人画在经历了极其崇尚西方观念和技术的明治时期（1868—1912）之后，已恢复画坛地位，而西欧的前卫艺术（avant-garde）也

1　徐伯阳、金山编：《徐悲鸿年谱》（台北：艺术家出版社，1991），页 11—13。
2　徐悲鸿在自传中虽未提到其父的职业生涯，却仍暗示出父亲是如何谋生的，见徐悲鸿：《悲鸿自述——大学》，收入徐伯阳、金山编：《徐悲鸿艺术文集》，页 2—3。此外，徐悲鸿的侄子清楚地记得徐悲鸿的父亲是一名肖像画职业画家，见徐焕如：《我的师父徐悲鸿》，收入中国人民政治协商会议全国委员会、文史资料研究委员会编：《徐悲鸿：回忆徐悲鸿专辑》（北京：文史资料出版社，1983），页 207—209。徐悲鸿父亲的肖像，见赵春堂、张万夫编：《徐悲鸿藏画选集》（天津：天津人民美术出版社，1991），册上，页 138。
3　王震编：《徐悲鸿年谱长编》（上海：上海画报出版社，2006），页 15—19；黄警顽：《记徐悲鸿在上海的一段经历》，收入中国人民政治协商会议全国委员会、文史资料研究委员会编：《徐悲鸿：回忆徐悲鸿专辑》，页 107—116。关于这位犹太商人的文化赞助活动，见唐培吉：《上海犹太人》（上海：上海三联书店，1992），页 77—81。
4　康有为对徐悲鸿的影响，亦见于 Lawrence Wu, "Kang Youwei and the Westernization of Modern Chinese Art," *Orientations*, vol. 21, no. 3 (1990), p. 50.
5　徐悲鸿：《悲鸿自述》，页 1—28。

已经背离了写实主义（realism）。[1]然而，这些海外经历只是让徐悲鸿再次确认了自己身为画家的目标，以及身为教育者为中国画发展所订立的目标。

诚如徐悲鸿在 1930 年所总结的，康有为"推崇宋法，务精深华妙，不尚士大夫浅率平易之作"，即康氏认为宋画技法精湛，博大精深，与文人画浅率简约的风格形成鲜明对比；通过推广宋画，世界终将承认中国艺术的至高无上，从而学习借鉴中国的传统。[2]徐悲鸿的这段总结虽然准确，但康有为本人对于艺术的论述，实已超越了这些关于宋画之直白且具宣传性的陈述，并涉及了宋画在世界艺术中所处地位的复杂争论。

在 1917 年康有为个人收藏中国画的目录《万木草堂藏画目》中，其即试图展现他对不同国家和不同时期艺术品的广博知识，于不同时期的西方画之外，还谈到了日本、波斯和印度的作品。基于这种对艺术及其历史的了解，康有为对世界艺术的发展提出了自己的诠释，并坚信宋画是世界写实风格绘画唯一的源泉。对他来说，就连文艺复兴时期的绘画成就也应直接归功于宋画。更准确地说，康有为认为，正是因为马可·波罗（Marco Polo, 1254—1324）将宋画带回欧洲，才促成了意大利文艺复兴时期高度发达的写实艺术。此外，在他看来，元代文人画所发展出背离宋代写实模式的表现主义倾向，实是导致 15 世纪初中、西艺术相对地位逆转的要因。[3]

像这样声称文艺复兴时期的绘画起源于宋代，无疑是近现代中国知识分子在面对排山倒海而来的西方与日本挑战时，在受挫之余所产生的某种过度补偿（overcompensation）心态。[4]康有为是儒学"普世价值"的坚定信仰者，

---

1　见宫崎法子：《日本近代のなかの中国绘画史研究》，收入东京国立文化财研究所编：《语る现在、语られる过去：日本の美术史学 100 年》（东京：平凡社，1999），页 140—153；Aida Yuen Wong, "A New Life for Literati Painting in the Early Twentieth Century: Eastern Art and Modernity, A Transcultural Narrative," *Artibus Asiae*, vol. 60, no. 2 (2000), pp. 297-305. 有关徐悲鸿在巴黎的生活及其所受的训练，见周芳美、吴方正：《1920、30 年代中国画家赴巴黎习画后对上海艺坛的影响》，收入区域与网络国际学术研讨会论文集编辑委员会编：《区域与网络：近千年来中国美术史研究国际学术研讨会论文集》（台北：台湾大学艺术史研究所，2001），页 634—646。

2　徐悲鸿：《悲鸿自述》，页 9—10。

3　康有为：《万木草堂藏画目》，收入申松欣编：《康有为先生墨迹（二）》（河南：中州书画社，1983），页 93—131。类似的想法，亦见于康有为 1904 年意大利之行的游记中，见氏著：《欧洲十一国游记》（长沙：湖南人民出版社，1980），页 79—80。

4　关于近现代中国知识分子的文化危机感，见 Joseph R. Levenson, *Confucian China and Its*

这在一定程度上解释了他何以主张西方写实风格乃源于宋画。[1] 有鉴于宋代见证了儒学的复兴和繁荣，康有为视宋画为艺术上的一种"普世价值"之代表，似与他对中国儒学思想传统之倡导相吻合。

康有为不只坚称他在早于文艺复兴时期的中国传统中就已发现写实的效果（illusionistic effects），还把他对中国画传统（及其于近现代之衰退）的论述，置于一种以艺术作为国族竞争形式的全球脉络下。尽管康有为也喜爱文人画家如"元四家"的绘画，但正如其所解释的，他不得不选择宋画作为中国艺术的代表，而将元画中的表现主义倾向视为中国画衰退的征兆。[2]

对于那些在 20 世纪 10 年代末关心中国画现状及未来的人们来说，宋画中所呈现出对于外在世界的写实描绘，成了绘画发展的终极典范。除了康有为之外，享有全国性声望和具有广泛影响力的知识分子们，也表达过对宋画的类似看法，尽管他们并不尽然地对中国画和西方画进行系统性的分析。如蔡元培就同意宋画完善了中国画的发展，文艺复兴时期的绘画则从中汲取了山水画的元素。[3] 另一位宋画支持者，是时任北京大学校长暨《新青年》杂志主编的陈独秀（1879—1942），也在 1918 年时认为中国艺术亟须一场改革，以消弭始于元代文人画而盛于清代正统派的表现主义倾向。他强烈主张当代中国画应该掌握能与宋画相呼应的西方写实精神。[4]

蔡元培和陈独秀都是公认的新文化运动进步派的知识分子；相对于此，清王朝的忠实支持者康有为在政治和文化方面则被视为反动派，最明显的例子就是他试图将儒教推广并规范为国教。[5] 陈独秀在某期《新青年》中，便谴责了康有为推崇儒教之举和其中所隐含的帝制复辟之谋；蔡元培在同一期杂

*Modern Fate* (Berkeley: University of California Press, 1958), pp. xiii-xix.

1　见 Hao Chang, "New Confucianism and the Intellectual Crisis of Contemporary China," in Charlotte Furth, ed., *The Limits of Change: Essays on Conservative Alternatives in Republican China* (Cambridge, Mass.: Harvard University Press, 1976), pp. 277-278.

2　康有为：《万木草堂藏画目》，页 105。

3　蔡元培：《华工学校讲义》、《在北大画法研究会之演说词》，收入氏著：《蔡元培美学文选》（北京：北京大学出版社，1983），页 53、80。

4　陈独秀：《美术革命》，《新青年》，第 6 卷第 1 号（1918 年 1 月），页 85—86。

5　见林志宏：《民国乃敌国也：清遗民与近代中国政治文化的转变》（台湾大学历史学研究所博士论文，2005），页 141—147。

志中，亦对儒教之国教化提出不那么政治化却同样一针见血的抨击，他认为以宗教作为一种社会文化和意识形态的力量，早已是明日黄花，而应以艺术取代之。[1] 姑且不论这些知识分子们在政治体制和儒教传统上的立场为何，他们都在宋画中看到了一种具有"普世价值"的写实主义风格。

在 20 世纪初与中国艺术改革相关的中文论述中，随处可见一种对于以逼真描绘真实场景和物象为基础之绘画风格的追求。尽管在 19 世纪上半叶的描绘战略要地的山水画中，已展现出对地貌真实性的追求，[2] 但 20 世纪追求写实风格的新艺术之呼声却不仅仅是该一早期艺术趋势的延续，而是一种关乎智识上全面性地崇拜物质性（materiality）与实用主义（utilitarianism）的更广泛现象，其始于 19 世纪后期，且恰逢中国与西方全面接触之际。[3] 这种艺术现象在 20 世纪 10 年代后期逐渐流行，且其最明显者就是对于宋画的再发现。例如在徐悲鸿、康有为等知识分子的撰述中，就都谈到了与物质性和实体性（substantiality）相关联的艺术本质，可在宋画及其写实风格中寻得具体的形式。

## 三、宋画、民族精神与高度文明

康有为丰富的中国画收藏（其中可能包含一幅李唐所作的宋代名画）[4] 为他提供了某些鉴赏方面的依据。其宋画论述与其说是鉴赏性的（aesthetic），倒不如说是政治性的（political），亦即对世界各国文明竞争的一种回应。在这一新的政治现实中，艺术不仅仅是一个国族之文明的核心部分，实际上还可能被视为国族之表征。

艺术比起文学或许更适合承担起这种象征性的角色，只因其不仅包含抽

---

1　陈独秀：《复辟与尊孔》，《新青年》，第 3 卷第 6 号（1917 年 8 月），页 1—4；蔡元培：《以美育代宗教说》，《新青年》，第 3 卷第 6 号（1917 年 8 月），页 5—9。

2　见梅韵秋：《张崟〈京口三山图卷〉：道光年间新经世学风下的江山图像》，《台湾大学美术史研究集刊》，第 6 期（1999），页 195—239。

3　有关晚清之"实学"思潮，见王尔敏：《晚清实学所表现的学术转型之过渡》，《"中研院"近代史研究所集刊》，第 52 期（2006 年 6 月），页 24—48。

4　康有为在《万木草堂藏画目》中曾提到李唐的一件手卷，题为《长夏江寺图》。与其同名的手卷目前为北京故宫博物院所藏。

象的概念，还涵括物质性的三维物象。[1] 与文学作品相较，艺术作品更易于在视觉上传达出诸如民族精神、高度文明等抽象概念。其中最好的例子，就是1850 年后大量兴起的万国博览会展演文化（exhibition culture）。这些博览会可说是通过视觉媒介进行国族竞争的重要场域，其中，艺术被置于国族背景下以一个国族之文明的最高成就展现在世人面前。[2]

　　18 世纪时，文明的概念被置于欧洲历史思想的中心，这让艺术在定义一个国族时变得更为重要。在此，"文明"代表着一个国族在最高层次的创造性活动中所取得之总成就，涵盖了从野蛮走向文明的几个演进阶段。有关文明的论述，将历史关注的焦点由政治事件或统治者及贵族的生活，转移到一个国族在文化上的努力与特点，例如艺术与宗教。在 19 世纪的欧洲，通过艺术的发展、而非经济或政治的发展来审视一个国族的历史，诚属司空见惯。[3]

　　国族及其艺术表现之间的密切关联，使艺术成为了国族团结的工具及国家的象征。然而，在 19 世纪和 20 世纪初时，由于先进的民族国家同时也是帝国主义列强，遂使任何两个民族国家之间的艺术竞争都带有全球性和普遍性。当各个民族国家都运用其同质化权力（homogenizing power）在其政治疆域内构建和巩固民族文化时，帝国主义体制则在帝国主义国家与其殖民对象之间建立起了一种政治和文明的等级秩序（hierarchical order）。在深信只有一条通往文明开化之路且西欧及美国文明为最终目标这一信念的推波助澜下，一种单一的高度文明标准被用来判断任何社会的进步与否。世界文明的发展与一个国族进化的过程一样，都是沿着这条固定的、线性的和带有目的性的道路，从野蛮走向文明，而不同的社会或民族国家则分别在不同时间到达不同的文明阶段。毕竟，"文明"（civilization）一词与文化（culture）不同，

1　刘禾（Lydia H. Liu）对民族文学建构之探讨，见其 *Translingual Practice: Literature, National Culture, and Translated Modernity-China, 1900-1937* (Stanford, Calif.: Stanford University Press, 1995), pp. 185-195、244-246.

2　见Paul Greenhalgh, *Ephemeral Vistas: The Expositions Universelles, Great Exhibitions, and World's Fairs, 1851-1939* (Manchester, U.K.: Manchester University Press, 1988), ch. 8.

3　见 Arnaldo Momigliano, "Ancient History and the Antiquarian," Journal of the Warburg and Courtauld Institutes, no. 13 (1950), pp. 307-313; Francis Haskell, *History and Its Images: Art and the Interpretation of the Past* (New Haven, Conn.: Yale University Press, 1993), pp. 201-235.

文明"既指称一个过程，也意味着一种比较评价"，代表着人类社会进化所产生的最好成果。[1]

　　虽然以上讨论的这套意识形态试图将世界上所有的社会和文化组构为一首具有预设终点且同步并进的文明交响乐曲，但"民族精神"（national spirit）这一概念仍在世界秩序的塑造上发挥其作用。德语"Volksgeist"（民族精神）一词系由黑格尔（Georg Wilhelm Friedrich Hegel, 1770—1831）所创，再经其他德国哲学家发展而成，以表示个别"Volk"对于世界历史中其自身命运的意识。至于德语"Volk"一词，既可指称"民族"（nation），也意味着"人民"（people），但黑格尔主要是把"民族"当作可以放在世界历史发展的标尺上来加以衡量的基本单位。有些民族充分发挥其潜力，并在世界历史的发展中展现自我实现的最高水平。因此，民族精神是一个民族在世界历史中自我实现的总体，最能够体现在其语言、宗教、艺术等文化类别中。[2]

　　"民族精神"这一概念在 20 世纪初德国和奥地利的艺术史论述中扮演着基础的角色，强调一个民族与其人民所创作出的具体艺术作品之间存在一种自然、必然和神圣不可侵犯的联系。[3]在此论述中，作为民族精神之本质的艺术，正是决定一个民族在世界文明标尺上所处位置的根本标准。因此，不同的艺术媒介和风格在文明进程中都有其各自相应的位置，而文艺复兴时期绘画的写实风格正体现了世界文明演进中的最高成就。[4]

---

1　关于"文明"一词及其概念意涵，见 Anthony Pagden, "The 'Defense of Civilization' in Eighteenth-Century Social Theory," *History of the Human Sciences*, vol. 1, no. 1 (May 1988), pp. 33-46.

2　Frederick C. Beiser, "Hegel's Historicism," in Frederick C. Beiser, ed., *The Cambridge Companion to Hegel* (Cambridge: Cambridge University Press, 1993), pp. 270-300; Matti Bunzl, "Franz Boas and the Humboldtian Tradition," in George W. Stocking Jr., ed., *Volksgeist as Method and Ethic: Essays on Boasian Ethnography and the German Anthropological Tradition* (Madison, Wisc.: The University of Wisconsin Press, 1996), pp. 19-28; Woodruff D. Smith, "Volksgeist," in Maryanne Cline Horowitz, ed., *New Dictionary of the History of Ideas* (New York: Charles Scribner's Sons, 2005), pp. 2441-2443.

3　见 E. H. Gombrich, "In Search of Cultural History," in his *Ideals and Idols: Essays on Values in History and in Art* (London: Phaidon Press Limited, 1979), pp. 28-47.

4　见 Robert Wicks, "Hegel's Aesthetics: An Overview," in Frederick C. Beiser, *The Cambridge Companion to Hegel*, pp. 366-368; Keith Moxey, "Art History's Hegelian Unconscious: Naturalism as Nationalism in the Study of Early Netherlandish Painting," in Mark A. Cheetham, Michael Ann Holly, and Keith Moxey, eds., *The Subjects of Art History: Historical Objects in Contemporary Perspectives* (Cambridge: Cambridge University Press, 1998), pp. 28-37.

　　徐悲鸿、康有为、蔡元培都肯定了文艺复兴时期绘画的开创性成就，康氏与蔡氏甚至宣称这样的成就必定是宋画影响下的结果。这些知识分子在试图推广宋画时都认可了艺术、民族精神与国族文明之间的联系，以应对国际上各民族皆致力于争取世界文明进程之高度地位的激烈竞争。

　　"民族精神"、"文明"等新词及其彼此结合而成的概念，在 20 世纪初的中国广为流传且影响深远。事实上，由于它们是如此普及，以至于吾人几乎无须举出其如何影响中国知识分子的具体例子。唯在此需指出的是，梁启超（1873—1929）在推广这些思想方面所具有的开创性，很快便让其他中国知识分子认可了这些观点，并发现这些思想与他们对中国艺术传统的重新评价有关。[1] 更具体来说，梁启超从日本学到了西方的史学方法，这种方法主要侧重一个民族的文明演化和社会进步，亦即文明的历史。[2] 徐悲鸿在其演说中不加解释地使用"民族精神"和"文明"这两个词，即进一步印证了这些语词在 20 世纪 10 年代后期的普遍流传。

　　德国美学和艺术史论述传入中国的途径似乎相当多元，其中之一是借道日本。德、日两国作为民族国家阵营的后起之秀，均将艺术视为文明的代表，试图在艺术作品与民族精神之间建立起一种联系。德国的美学和艺术史学科为明治时期日本艺术政策的发展提供了理论基础，与此同时，它们也在日本帝国大学的课程中占据日益重要的地位。打从一开始起，日本的艺术史研究特别是在东京大学所进行的研究，就与对国宝的调查密切相关，故而其在强调艺术作品于民族国家之象征地位的国家项目中，发挥了至关重要的作用。甚至在"二战"后关于民族精神的相关论述在西方已逐渐褪去时，却仍在日本的艺术史研究中产生影响力。[3]

---

1　梁启超在其关于中国民族精神的论文中，将这个词翻译为"国族精神"。关于此论文，见潘光哲：《画定"国族精神"的疆界：关于梁启超〈论中国学术思想变迁之大势〉的思考》，《"中研院"近代史研究所集刊》，第 53 期（2006 年 9 月），页 1—38；方维规：《论近现代中国"文明"、"文化"观的嬗变》，《史林》，1999 年第 4 期，页 69—83。

2　见王晴佳：《中国近代"新史学"的日本背景——清末的"史界革命"和日本的"文明史学"》，《台大历史学报》，第 32 期（2003 年 12 月），页 191—236。

3　见加藤哲弘：《近代日本における美学と美術史学》，收入东京国立文化财研究所编：《今、日本の美術史をふりかえる：文化财の保存に关する国际研究集会》（东京：东京国立文化财研究所，1999），页 32—42；Mimi Hall Yiengpruksawan, "Japanese Art History 2001: The State and

　　某些中国知识分子所提倡的应将宋画推为中国艺术之代表的观念，似是参照了日本的"日本画"（Nihonga）类别。这一类别制定于 19 世纪后期，以迎合日本积极参与蓬勃发展的国际博览会之需。不论"日本画"的定义如何随着日本明治时期及其后的艺术发展而发生变化，狩野派（Kano school）皆以其既写实又融汇传统的风格，被视为展现日本民族精神的代表。按费诺罗莎（Ernest Francisco Fenollosa, 1853—1908）、冈仓天心（1863—1913）等当时具有影响力的艺术评论家之所见，这种风格展现了日本人描绘自然方面的细腻精湛的技艺，在艺术的现代化和日本的历史遗产之间取得了平衡，狩野派也因此被认为具有毫不卑怯地代表日本走向世界的资格。[1]

　　总体而言，在 20 世纪的前二十年，中国社会文化和知识潮流最重要的来源是日本，中国通过日本引进了许多西方的思想和技术。康有为等知识分子不仅与日本文化圈和学术圈有直接的接触，也和某些日本思想家持有类似的观点。[2] 如日本艺术家暨学者且可能是康有为友人的中村不折（1868—1943）[3] 在 1913 年与小鹿青云合著之关于中国画史的著作中，就表达了与康有为相似的美学观——宋画的高度成就、元画的过渡作用以及清代山水画的衰退等。[4] 尽管"民族精神"的概念在中村不折的书中并不突出，但上述共同的观点仍证明了 20 世纪初中、日间存在着明显且日益普遍的互动。

　　至于中国方面，1917 年出版的一本艺术史教科书（此或为中国第一本展现出现代艺术史写作意识的书），则进一步证明了日本如何影响中国形塑出

Stakes of Research," *Art Bulletin*, vol. 83, no. 1 (March 2001), pp. 111-117.

1　关于东洋画的形成，例见 Ellen P. Conant, *Nihonga: Transcending the Past: Japanese-Style Painting*, 1868-1968 (St. Louis, Mo.: The Saint Louis Art Museum, 1995), pp. 12-14、25-35.

2　康有为在日期间结识了许多日本高官。有关他在日本逗留的情形，见康文佩编：《康南海先生年谱续编》（台北：文海出版社，1972），第 1 卷，页 88—107。

3　1917 年徐悲鸿访日时，中村不折将自己翻译的康有为的书学理论著作托付给徐悲鸿，请他带回中国给康有为过目。见徐悲鸿：《悲鸿自述》，页 10—11。有关康有为与中村不折的关系，见 Aida Yuen Wong, "Reforming Calligraphy in Modern Japan: The Six Dynasties School and Nakamura Fusetsu's Chinese 'Stele' Style," in Joshua A. Fogel, ed., *The Role of Japan in Modern Chinese Art* (Berkeley: University of California Press, 2012), pp. 131-153、338-344.

4　中村不折、小鹿青云：《中国绘画史》（东京：玄黄社，1913），页 5—6、82、96—107、137—138、184—185。关于此书的讨论，见 Julia F. Andrews and Kuiyi Shen, "The Japanese Impact on the Republican Art World: The Construction of Chinese Art History as a Modern Field," pp. 19-22.

艺术与民族之间相互连接的概念。该书是由毕业且任教于一所师范学院的姜丹书（1885—1962）所撰写，书中一开头便提出如下命题：通过观察一个民族的艺术演变可以理解其文化和性格。[1] 由于中国师范学院体系中的美术教师大多为日本人，因此，姜丹书的日本老师和同事有可能形塑了他对中国艺术的看法。[2] 此外，该书中也体现出了近现代中国出版物的一个共同特点，亦即其乃是由许多既有的艺术史著作拼凑而成的。例如，书中关于宋代院画的部分便借鉴自中村不折的著作。[3]

姜丹书一书遵循着德国艺术史中将艺术作品分为建筑、雕刻、绘画、装饰艺术这四大类的传统，唯为顾及中国历史悠久的"书画"（书法和绘画）分类而不得不将书法纳入绘画类。[4] 这种对于德国艺术史传统的致敬，仅仅是德国知识界影响中国知识界之一斑。早在 20 世纪初的前几年，德国唯心主义哲学及其美学之分支便已在近现代中国知识界领袖的写作中有所体现。[5]

1907 年至 1912 年间在德国学习哲学和艺术史的蔡元培，就是其中的一位领航者。他既是推动近现代中国教育改革的一要员，也是德国美学和艺术史研究最坚定也最具影响力的倡导者之一，致力于将艺术提升为民族教育之关键要素及视艺术为取代宗教的一种思想和社会文化力量，使艺术在中国历史

---

1 姜丹书：《师范学校新教科书美术史》（上海：商务印书馆，1917），"自序"，页 1—2，以及正文第 1 章。

2 这些日本教员中的许多人毕业于著名的东京美术学校。关于中国新教育体系中的艺术院系，参见吴方正：《图画与手工——中国近代艺术教育的诞生》，收入颜娟英主编：《上海美术风云——1872—1949 申报艺术资料条目索引》（台北：台湾"中研院"历史语言研究所，2006），页 22—24。关于姜丹书及其著作之讨论，见塚本麿充：《滕固と矢代幸雄——ロンドン中国芸术国际展览会（1935-36）と中国芸术史学会（1937）の成立まで》，《Lotus：日本フェノロサ学会机关志》，第 27 号（2007 年 3 月），页 2—5。

3 姜丹书：《师范学校新教科书美术史》，页 20—21；中村不折、小鹿青云：《中国绘画史》，页 102—104。

4 姜丹书：《师范学校新教科书美术史》，"自序"，页 1。此同于出现在沃尔夫林（Heinrich Wölfflin, 1864—1945）的经典著作 *Principles of Art History* (London: G. Bell and Sons, Ltd., 1932) 中的体系。该书德文版 *Kunstgeschichtliche Grundbegriffe* 初版于 1915 年。

5 见贺麟：《康德黑格尔哲学东渐记》，《中国学术》（北京：生活·读书·新知三联书店，1980），第 2 辑，页 343—387；Joey Bonner, *Wang Kuo-wei: An Intellectual Biography* (Cambridge, Mass.: Harvard University Press, 1986), pp. 56-112; Ban Wang, *The Sublime Figure of History: Aesthetics and Politics in Twentieth-Century China* (Stanford, Calif.: Stanford University Press, 1997), pp. 1-16、55-100; 黄克武：《梁启超与康德》，《"中研院"近代史研究所集刊》，第 30 期（1998 年 12 月），页 105—146。

上达到前所未有的崇高地位。蔡元培之所以以教育为手段，试图运用艺术的象征力量在意识形态上统一中国并形塑中国认同，是因为在传统价值体系崩溃后的近现代中国迫切需要一种治愈分裂的社会和解决其文化危机的方法。[1]尽管德国和中国所面临的局势不同，但蔡元培强调艺术作为一种重要的人类文明成果，可取代过时的宗教而成为受教育阶层之意识形态和社会准绳，这番观点再次体现了艺术在大抵由唯心主义哲学所形塑的德国艺术论述中所扮演之角色。[2]此外，蔡元培将艺术分为视觉形式和触觉形式（optical and haptic forms），并提出风格的演变在人类文明的发展中乃是由几何到自然等观点，也让人回想起 20 世纪初德国艺术史研究的种种原则。[3]

　　然而，此一关乎德国哲学在近现代中国之普及程度的讨论，并未涉及中国知识分子究竟如何通过选择、重构与阐述来挪用外国艺术论述的问题。人们终究想知道：无论是直接引自德国还是通过日文版本之转译，中国知识分子在传播和运用德国美学及艺术史的过程中究竟扮演何种角色？毕竟，以宋画来代表中国艺术，是基于对中国艺术传统之理解而做出的一种选择，而非无意识地追随德国的美学观。相对于黑格尔美学将独立的雕刻（而非绘画）视为人类自由理想的体现，从建筑和功利主义的束缚中解放出来，[4]陈师曾（1876—1923）在一本中国绘画概论著作的开篇导言中，则明确阐释了选择绘画作为近现代中国艺术论述焦点的原因。在他看来，建筑和雕刻尽管在中国有着悠久的历史，但它们作为知识论述来源的有效性并未得到证实。相反地，在绘画领域，中国知识分子已发展出悠久的艺术理论传统，从而使绘画成为

---

1　有关蔡元培的生平、思想及其影响，见 William J. Duiker, *Ts'ai Yüan-p'ei: Educator of Modern China* (University Park, Penn.: Pennsylvania State University Press, 1977). 关于蔡元培对艺术在教育中的重要性及其对价值体系和社会团结的看法，见氏著 :《蔡元培美学文选》，页 53、80。

2　关于艺术在德国哲学和艺术史研究中的重要地位，见 Michael Podro, *The Critical Historians of Art* (New Haven, Conn.: Yale University Press, 1982), pp. 1-16; Robert Wicks, "Hegel's Aesthetics: An Overview," pp. 301-373.

3　蔡元培 :《华工学校讲义》和《在中国第一国立美术学校开学式之演说》，收入氏著 :《蔡元培美学文选》，页 53、77。相关的德国艺术史著作，见 David Castriota, "Annotator's Introduction and Acknowledgments" and "Introduction," in Alois Riegl, *Problems of Style: Foundations for a History of Ornament,* trans. by Evelyn Kain (Princeton, N.J.: Princeton University Press, 1992), pp. xxv-xxxiii and pp. 3-13.

4　Michael Podro, *The Critical Historians of Art*, pp. 17-22.

当代艺术论述中一股源源不断的力量。[1]

陈师曾的案例展示了近现代中国知识分子如何折中调和西方与中国的资源，以形塑近现代中国的社会文化和智识潮流。多数时候，这种调和往往涉及第三方，即早已挪用西方思想的日本人。陈师曾也和姜丹书一样，在自己的著作中展示了他对建筑、雕刻、绘画等的认识。不过，他虽谈及绘画在中国艺术中的重要地位，却不像姜丹书那样提到与绘画共享悠久美学理论传统的书法。显然，中国知识分子在借鉴外国艺术传统时，各有自身观点之取舍。而且，除了导言部分，陈师曾的书实际上乃是自中村不折之著作粗略翻译而来的。撇开抄袭问题不谈，这本书似乎进一步印证了，在中国知识分子各自的艺术论述发展的过程中，存在着中国、日本和西方艺术传统的多方折中调和。[2]

外国的艺术史研究方法促成了宋画的崇高地位，仅仅是这个故事的一部分。事实上，将宋画定位为中国艺术的代表，乃是在近现代中国民族主义和民族竞争之背景下，对长期存在的宋、元绘画二分法之重新阐释。这两个时期之绘画所被赋予的对立性特征，成了检视中国近现代艺术在建设新国家时究竟扮演何种角色的最重要的标准。

## 四、宋元二分法与写实（realistic）、写意（expressive）的对立

有关宋、元绘画差异的讨论，在晚明这段艺术论述蓬勃发展、空前吸引广大受教育阶层参与的时期达到了巅峰。在这一波讨论中，宋、元绘画模式各被不同的特征所定义，遂使宋、元的审美标准处于相对立的状态。这种对

---

1　陈师曾：《中国绘画史》，收入刘梦溪主编：《中国现代学术经典：鲁迅、吴宓、吴梅、陈师曾卷》（石家庄：河北教育出版社，1996），页 745。该书初版于 1926 年，主要以陈师曾 1922 年前后的演说手稿为基础。

2　例如，陈师曾以"文艺复兴"（renaissance 或 Renaissance）一词来定义宋代文化的成就，包括儒学的复兴和文学的繁荣。见陈师曾：《中国绘画史》，页 770—771。但中村不折的原文中所谈到的，却是神圣罗马帝国萨克森选帝侯暨波兰国王奥古斯都一世（Frederick Augustus I, 1670—1733）时期，而非文艺复兴时期。见中村不折、小鹿青云：《中国绘画史》，页 99。这个改变突显出人们对于宋代文化及其与西方历史时期之可比性的不同看法。在 20 世纪初的中国，用以指称一段历史时期和一个历史概念的"文艺复兴"一词广泛流传于知识分子之间。见李长林：《欧洲文艺复兴文化在中国的传播》，收入郑大华、邹小站编：《西方思想在近代中国》（北京：社会科学文献出版社，2005），页 14—48。

立影响了晚明精英们用以看待艺术的整体价值体系，决定了一些根本议题的标准，如何者应该被纳入风格与流派的经典，何者又该被排除在外，等等。

宋画的支持者宣称艺术的基本要求在于专业的技巧，亦即能在设计得当的构图中令人信服地描绘出复杂的场景和母题。因此，那些需要手工艺技能且通常由职业画家——如那些描绘建筑或人物的画家——所创作的绘画类型，应该在既定的价值体系中拥有其相应的地位。在这个意义上，一位画家的教育背景或艺术创作动机，远不及其如何熟练地掌握专业技巧来得重要。

相对于此，元画的支持者则贬低绘画中的职业性——这部分主要体现在风格的选择上，且往往与画家的社会文化地位相关。他们反过来将绘画笔法与画家本人——理想上是那些不靠绘画谋生的文人阶层——画上了等号。水墨山水是文人画家最喜爱的类型，其次为花鸟画，因为它们提供了展示完整笔墨系谱的机会，供画家在其中抒发性灵、表现个性。[1]

晚明时期的宋、元绘画对立之辩，并非以绘画和自然的相互关系为主轴。宋、元模式的分野，在于一名画家是否必须具备专业技能并遵循历史悠久的图式惯例，以某种程度的把握来描绘场景或主题（motifs），例如建筑场景或人物形象等。这一争论，与我们在自然世界中见到的视觉形似和在绘画中见到的视觉形似之间并无任何关系。相对于此，在近现代版本的宋、元二分法中，诚如康有为和陈独秀的例子所示，则是根据视觉的真实性来探讨外在的形似。这一新的发展，主要强调西方绘画技巧在描绘形似方面的高度成就，亦即"写实"（realistic）。从这个角度来看，宋画便成了可以在写实风格方面与西方艺术成就等量齐观的中国艺术类别，并能以毫不逊色的艺术成就代表中国立足于世界舞台。至于元画中与宋画之"写实"相对立的特征，他们认为是"写意"（expressive）；正是"写意"在元代以后至高无上的地位，才导致了中国画的衰落。宋、元二分法，实是以"写实"风格对比于"写意"风格来建构的。而在近现代中国的艺术论述中，这种"写实"与"写意"的两极分化则被视

---

1　关于晚明时期宋、元绘画二分法的论述，见程君颙：《明末清初的画派与党争》（台湾师范大学历史研究所博士论文，2000）；王正华：《从陈洪绶的〈画论〉看晚明浙江画坛：兼论江南绘画网络与区域竞争》，收入区域与网络国际学术研讨会论文集编辑委员会编：《区域与网络：近千年来中国美术史研究国际学术研讨会论文集》，页339—362。

为民族主义和民族竞争的形式。

　　这种两极分化在上述所引20世纪10年代末的文本中便已开始显现出来。传统上，"写实"一词的词源可上溯至6世纪，指的是以真实事物作为研究对象的文学作品。[1] 至于其意指"逼真的"或"逼真的质量"之近现代用法，则与相关词"写实主义"（realism）一样源自明治时期的日本。[2] 在20世纪10年代末的中国艺术论述中，"写实"还是相当新的用语，因为其仍与"形似"（formal likeness）、"肖物"（resemblance）、"写真"（verisimilitude 或 portraiture）等词交替使用，以与"写意"形成对比。[3] 即使如此，"写实"与西方写实主义理念的契合，以及其对全球艺术及高度文明舞台上的民族竞争之影响，显然已确立了下来。

　　伴随"写实"地位的提升，人们也开始着手适当的训练以达成这一效果。受到晚清以来现代化学校教育改革中强调物质性和实体性概念的影响下，"写实"及其相关技能"写生"（drawing from life）已成为中国近现代各专业艺术学校和中等学校课程的固有组成部分。[4] "写生"也因此成为政府认可下在绘画和素描中创造写实效果的学习方法。和"写实"一样，"写生"一词在20世纪初的中国也经历了显著的变化：其原始含义为花鸟画，特别是在北宋（960—1127）时期。宋代的"写生"最初虽是指描摹真实的动植物的造型，却不像在近现代中国那样严格地界定标准化程序以达到逼真写实的效果。此外，宋代师法自然的主要目的是在花鸟画中创造出一种生意盎然的氛围，然而这种效果并不等同于中国近现代意义上采用西画写实技法的"写生"。[5]

―――――――――――――

1　见（南朝梁）刘勰：《文心雕龙》，收入（清）纪昀等总纂：《景印文渊阁四库全书》（台北：台湾商务印书馆，1983），第1478册，页19。

2　关于明治时期日本使用这些术语的情形，见佐藤道信：《明治国家と近代美术：美の政治学》（东京：吉川弘文馆，1999），页209—232。

3　在徐悲鸿、康有为、蔡元培、陈独秀等人的文本中，"写实"、"肖物"（或"肖"）等是常用的词语，但"写真"一词只出现在康有为的《万木草堂藏画目》中。"写真"一词在传统上指的是肖像画，却被明治时期的日本从古典汉语中借用了出来并赋予其全新含义：摄影写实。而在康有为的收藏目录中，它则表示"描绘真实世界"或逼真。关于"写真"含义的变化，见 Lydia H. Liu, *Translingual Practice: Literature, National Culture, and Translated Modernity-China*, 1900-1937, p. 320.

4　见吴方正：《图画与手工——中国近代艺术教育的诞生》，页1—46。

5　关于宋代"写生"的意义，见河野元昭：《"写生"の源泉：中国》，收入秋山光和博士古稀

　　至于可能起源于北宋的"写意"一词，其意涵到了元代则与笔法的表现力相关，蕴含着一种不追求外在形似的风格特质。[1] 从元代到近现代，"写意"一词不断被人们所使用着，唯其意涵到了 20 世纪初的中国却演变成指代绘画中任何富表现力的特征，不一定是指笔法或画家的性格，只要其与写实主义相对立即可。

　　尽管"写实"在传统上并不意味着一种品评体系或等级秩序，但其在近现代中国确实构成了一种意识形态体系。上述讨论清楚地表明，这一意识形态体系形成于 20 世纪 10 年代晚期，而其驱动力则为普遍为人们所接受的高度文明之意义。与此同时，20 世纪 10 年代末的诸多文章中也暗指"写实"可以成为社会批判的一种媒介，正如陈独秀所呼吁的艺术革命一样。这种"写实"的意识形态，在徐悲鸿 1929 年前后的著作中得到了充分阐述，"写实"在其中被认为能够蕴生出道德真理。这些著作明确阐述了"写实"、"现实"（the real world）和"真实性"（veracity）之间的关联——它们都带有"实"（实体［substance］、现实［reality］或事实［truth］）这个关键字。[2] 换言之，一种被定义为"写实"的绘画风格，其所具备的意义远大于其所采用之技法与所产生之效果的总和；取而代之的是，其被赋予了一种道德使命，以代表对"真实"（the real）的向往，诚如王德威之雄辩所示。[3] "真实"既可以指形而上的真理，也可以指通过"写生"手法描绘现实世界而体现出来的社会现实。

　　写实主义（realism）、社会现实（social realities）和终极真理（ultimate truth）之间的连接，不单单是中国独有的现象，实际上也是 19 世纪欧洲写实主义运动的主要意识形态动力。[4] 但即便是现代主义绘画在西方已成为主导之

记念论文集刊行会编：《秋山光和博士古稀记念论文集》（东京：便利堂，1991），页 481—514。

1　传统艺术文献中关于"写意"一词的使用，例见（宋）刘道醇：《宋朝名画评》，收入（清）纪昀等总纂：《景印文渊阁四库全书》（台北：台湾商务印书馆，1991），第 812 册，页 469。

2　参见下列收入《徐悲鸿艺术文集》中的徐氏作品：《悲鸿自述》，页 25—26；《惑之不解（一）》，页 135—141；《惑之不解（二）》，页 143—145。关于这些文章的解释，见 Eugene Y. Wang, "Sketch Conceptualism as Modernist Contingency," in Maxwell K. Hearn and Judith G. Smith, eds., *Chinese Art: Modern Expressions* (New York: The Metropolitan Museum of Art, 2001), pp. 111-114.

3　David Der-wei Wang, "In the Name of the Real," in Maxwell K. Hearn and Judith G. Smith, eds., *Chinese Art: Modern Expressions*, pp. 29-38.

4　见 Linda Nochlin, *Realism: Style and Civilization* (New York: Penguin Books, 1971), pp. 13-56.

后，"写实"及其关于真理和现实的意识形态诉求仍在中国占有一席之地。在 20 世纪的大半时间里，"写实"都是中国主流的艺术趋势和思维模式，而其主因则在于一种由写实构成其核心的意识形态体系。[1] 这一体系已在教育中被规范为制度，经政府强制推动，再进一步由徐悲鸿等具影响力的艺术家和艺术教育家加以施行和演示推广。那些对社会议题有所了解和感兴趣的画家们，也可能将"写实"和"写生"用于现实世界之描绘。即使是在 20 世纪二三十年代后期印象派（Post-Impressionism）和未来主义（Futurism）等各种现代主义艺术运动被引入中国、进而普及之后，"写实"的概念及其相关实践和意识形态体系，仍未在艺术教育、艺术创作和艺术论述等方面失去其影响力。

文人画写意风格在同时代的发展，就是一个很好的例子。随着新的现代主义绘画思潮进入中国，在 20 世纪 20 年代初，写意表现开始重新受到人们的重视，此促使文人画传统在一种有利于艺术表现性的全新文化氛围中蓬勃发展。[2] 这种表现主义倾向一直是艺术领域中的一股重要力量，直到 20 世纪 30 年代末日本侵华战争爆发，才导致人们不再眷顾那些不关注社会现实的绘画。但值得注意的是，即便是在表现主义氛围最盛行的时期，"写意"充其量也不过与"写实"势均力敌，后者并没有因为这股卷土重来的艺术潮流而相形失色，反倒被吸收并转化为各种艺术流派和运动，例如发端于 20 世纪 30 年代初的左翼美术木刻运动。

而宋画，正是在"写实"与"写意"之对立渐渐成为新文化运动时期理解绘画的最基本模式之际，被人们再次发现并重新诠释为中国艺术的最重要代表。从那时起，无论艺术主流偏向于何方，"写实"、"写意"的截然对立，或是其在宋、元二分法中的体现，都成了近现代中国知识分子反思中国画之

---

1    Eugene Y. Wang, "Sketch Conceptualism as Modernist Contingency," pp. 102-161; John Clark, "Realism in Revolutionary Chinese Painting," *The Journal of the Oriental Society of Australia*, no. 22 and no. 23 (1990-1991), pp. 1-30. 然而，在中华人民共和国，写实主义的批判层面遇到了一个有趣的转折；正如 John Clark 所指出的，写实主义与中国共产党的政策结合后，其不再成为社会批评的工具。

2    Aida Yuen Wong, "A New Life for Literati Painting in the Early Twentieth Century: Eastern Art and Modernity, A Transcultural Narrative," pp. 297-311; Julia F. Andrews and Kuiyi Shen, "The Japanese Impact on the Republican Art World: The Construction of Chinese Art History as a Modern Field," pp. 9-16.

过去、现在、未来时所不可回避的一项特定指标。在这个结构中，宋画的界定完全筑基于写实风格，而这也决定了宋画在中国画史阐释中的地位。

就中国画的历史发展而言，20世纪10年代末的多篇文章皆指出，从宋画到元画的转型，与其说是延续性的，倒不如说更具有变革性甚至是颠覆性的。事实上，他们的历史观乃是以元代为中国画史上最重要的转折点。对于这种从写实到写意的转变，中国第一位专业艺术史学家滕固（1901—1941）在其研究中明确提出了类似但更为细致且更具反思性的评价。

滕固先后在日本和德国学习艺术史，并在德国取得博士学位。在其主要论著中，来自德国艺术史的影响显而易见，甚至早在他1929年至1932年正式赴德留学前即有此迹象，例见于他将艺术品分为建筑、雕刻、绘画等；强调民族精神（Volksgeist）与艺术之间的关系；他对艺术发展的见解等。[1]滕固对中国画史的阐释，主要围绕两个过渡时期而展开：其一是7世纪末与8世纪初的盛唐时期；其二是14世纪初的元末时期。他先是看到山水画作为一种独立的画种出现，这一发展在宋代得到延续并取得成果。接着，他看到文人画的兴起及其延续至明清的盛景。[2]滕固因此视唐宋时期为中国山水画发展的一个连续体，即山水画萌芽于盛唐，至宋代而大盛。相对于此，元代则是一个分水岭，见证了一项将持续到20世纪的转型。[3]

不同于姜丹书、陈师曾的理论，滕固对中国画史发展的解读并非拼凑自中国既有文献或国外同时代学者的研究。事实上，他对中国画史的见解有别于那些立基于日本而具影响力的作者们。例如，费诺罗莎将唐代视为中国艺术的最高点，认为其后的发展不过是急遽的衰落，至20世纪更降到了最低点。[4]

---

1　关于滕固及其生平与作品的考证，见薛永年：《滕固与近代美术史学》，《美术研究》，2002年第1期，页4—8；沈宁编：《滕固年表》，收入氏编：《滕固艺术文集》（上海：上海人民美术出版社，2002），页416—426。笔者提到的滕固早年作品为1926年的《中国美术小史》，见沈宁编：《滕固艺术文集》，页71—93。

2　见滕固：《关于院体画和文人画之史的考察》，《辅仁学志》，第2卷第2期（1931年9月），页65—85。在此文中，滕固虽然没有将中国画自宋到元的发展简化为从写实到写意的转变，但他明确地指出，宋代院画和元代文人画的区别主要在于形似的程度。

3　除了以上提到的滕固作品外，亦见滕固：《唐宋绘画史》，1933年初版，现辑入沈宁编：《滕固艺术文集》，页113—181。

4　Ernest F. Fenollosa, "Introduction," in Ernest F. Fenollosa, *Epochs of Chinese and Japanese Art: An*

大村西崖（1868—1927）则往往将宋、元视为中国画史上一个独立的历史阶段，而以明、清这两个王朝为另一个阶段；"宋元风"一词反复出现在其论述中国艺术的著作中。[1] 这类观点及其相关分期，显然是基于日本人对于自身在不同历史时期所引入和采用之对中国艺术的理解：宋、元绘画被归为日本水墨画的主要源头，唐代绘画则促成了日本水墨画中对浓重赋色的使用。相比之下，滕固的诠释则呼应了 20 世纪 10 年代末种种文本中所谓的宋、元二分法，并再次展示了它们在近现代中国的艺术概论、特别是在中国绘画论述中的重要性。

### 五、论述形成：公共领域中的宋画

展览、讲座和出版物都是 20 世纪 10 年代末艺术论述空间形成的推手。这三种渠道虽然在 20 世纪 10 年代末以前都有自身的运作机制且各成制度，但正是它们在新文化运动全盛时期的结合，才促成了公共论坛在艺术界的兴起。如前所述，那些聚焦于宋画及其写实风格的论述有其自身之叙事权威，能够解决中国艺术在近现代与其他民族竞争高等文明时所遇到的困境。在讨论过该一论述如何形成并与传统的宋、元二分法重新合流后，我们将进一步探讨使该论述得以运作的公共空间。

徐悲鸿的第一次演说发表于古物陈列所的展厅里，这表明了展览实践参与了艺术论述空间的形成。展览本身为徐悲鸿提供了一个表达其中国艺术观点的媒介，而他的观点又反过来具体体现在展出的画作中。通过探讨"宋画"在 20 世纪 10 年代末的社会能见度，可以进一步阐明促成徐悲鸿演说之该一展览的意义。

倘就作为实体作品的"宋画"来看，在清末民初的公共场合中很难找到

---

*Outline History of East Asiatic Design* (1912; reprint, New York: Dover Publications, Inc., 1963).

1　关于大村西崖与中国知识分子的关系，以及他论及中国艺术的著作，见吉田千鹤子：《大村西崖と中国》，《东京芸术大学美术学部纪要》，第 29 号（1994），页 1—36。在此，笔者引用了他的两本著作：《东洋美术小史》（东京：审美书院，1906）与《中国绘画小史》（东京：审美书院，1910）。

真正的宋画，因此其社会能见度非常有限。许多宋画都在 18 世纪、特别是在乾隆皇帝的主导下进入清宫，故而大大减少它们在私人收藏中的数量。即使在 1912 年中华民国成立和 1914 年古物陈列所成立后，大部分皇家收藏直到 1924 年年底仍掌握在逊帝溥仪手中。[1] 从 18 世纪后期到 20 世纪初，即便是来自广东和江南地区的著名私人收藏家亦无人拥有大量宋画，而且这类收藏也不是与收藏家并无私交的文人或一般民众所能轻易接触的。再者，针对这几处收藏之目录的初步调查业已表明，当中所包含的宋画多半不是真迹。[2]

即便是能将展演文化扩展到二维空间的新式印刷技术，在提高宋画能见度方面亦成效甚微。自 1908 年起，珂罗版的古物刊物和画册成为图书市场的主要商品，为公众提供了往昔被拒于门外之欣赏珍贵画作的机会。[3] 这些出版物本该发挥传播图像及建立特定宋画知识方面的作用，扮演着或许比展览更为关键性的角色。然而，在珂罗版图书面世的前十年间，所复印的多半是明清时期的作品，至于所谓的宋画则鲜有可靠者。此外，这些出版物亦仅侧重于图像，而未收录与所复制宋画有关的任何研究。[4]

宋画从 18 世纪到 20 世纪初的稀缺性和迄今难以触及之景况，一定程度上使古物陈列所的参观者有了更深刻的观赏体验。其他一些参观者在撰写该展的观后感时，也和徐悲鸿一样特别提到他们所看到的宋画。[5] 这些观看经验

1　关于末代皇帝于 1924 年底被逐出紫禁城一事，见沙培德（Zarrow Peter）：《溥仪被逐出宫记：一九二〇年代的中国文化与历史记忆》，收入民国史料研究中心编：《中国现代史专题研究报告：一九二〇年代的中国》（台北：民国史料研究中心，2002），页 1—32。
2　此处所指的是留下收藏目录的重要书画收藏家，包括吴荣光（1773—1843）、潘正炜（1791—1850）、顾文彬（1811—1889）及其孙顾麟士（1865—1930）、陆心源（1834—1894）、完颜景贤、端方（1861—1911）以及庞元济（1864—1949）。关于清末广东地区收藏之研究，见庄申：《从白纸到白银：清末广东书画创作与收藏史》（台北：东大图书股份有限公司，1997）。
3　见 Cheng-hua Wang, "New Printing Technology and Heritage Preservation: Collotype Reproduction of Antiquities in Modern China, circa 1908-1917," in Joshua A. Fogel, ed., *The Role of Japan in Modern Chinese Art*, pp. 273-308, 363-372.
4　例如，《中国名画集》、《神州国光集》这两部同样创刊于 1908 年的期刊中，便鲜见可靠的宋画。至于收录庞元济收藏之早期画作的珂罗版图书《唐五代宋元名画》中虽然多见"宋"画，但几为伪作。见庞元济：《唐五代宋元名画》（上海：有正书局，1916）。
5　见狄葆贤：《文华殿观画记》，《平等阁笔记》（上海：有正书局，1922），第 4 卷，页 7a—8b。顾颉刚：《古物陈列所书画忆录》，《现代评论》，第 1 卷第 19 期（1925 年 4 月 18 日），页 12—16；第 1 卷第 20 期（1925 年 4 月 25 日），页 16—17；第 1 卷第 21 期（1925 年 5 月 2 日），页 16—18；第 1 卷第 23 期（1925 年 5 月 16 日），页 17—18；第 1 卷第 24 期（1925 年 5 月 23 日），页 15—18。

发生在一个近现代的公共博物馆空间中，可能会让人产生一种当前确实已是民国的新时代感。[1]无论展出的作品是真是假，古物陈列所及其展览空间都营造出了一种宋画在其中被视为挣脱帝制束缚、从清宫深处浮出水面且于欢迎各种访客之展览中公开展出的氛围。

在这一新的艺术公共舞台上，"宋画"——既代表实际的画作，也意味着一种美学概念——被重新赋予了新的含义。其意义并不在于如传统鉴赏家所认可的绘画美学成就，也不在于如艺术史学界所评价的历史意义，而在于宋代风格被推崇为中国艺术之最佳代表这一事实。在艺术的公共论坛里，一幅特定宋画的审美和历史价值，并不如"宋画"这一概念性类别本身来得重要。这也解释了为何徐悲鸿以他在展览中所看到的一批未经组织、无法归类的作品，就能够对宋画的重要性提出自己的看法。也因此，尽管特定宋画的社会能见度无助于艺术史知识的产生，也未影响中国画的审美观，但至少在20世纪10年代后期，"宋画"作为一种艺术上的概念性类别，确实在艺术的公共舞台上具有社会能见度，并且有助于建构一个以"写实"和"写意"之两极对立为核心的优势艺术论述。

"宋画"这一类别似乎早已见于元代的论著，指的是一组由完全或部分活动于宋代之画家所创作的作品。在元代的文献中，这个分类最初是基于一种简单的画家生平与特定王朝时期之间的同步对应，后来也被用在晋（265—420）、唐与五代（907—960）的画作上。[2]在此，区别唐画与宋画的原则，仅仅是朝代的时序，但此判定并不意味着此"宋画"类别具有连贯的时代风格或是与"时代精神"有关。一直要到近现代，宋画才在民族主义的框架下，形成了艺术上一种普遍具有"写实主义"风格特质的概念性类别，特别是当它被视为一种能够决定中国民族地位的艺术时。

"鉴赏"这一传统中国的复杂审美体系，并未随着民国政权的成立而消失，

---

1 顾颉刚探讨了前皇家收藏如何转变为公共财产和国家遗产的问题，见其《古物陈列所书画忆录》，页12—16。
2 唐代绘画的分类，见《画鉴》与夏文彦《图绘宝鉴》。关于后者，见于安澜编：《画史丛书》（台北：文史哲出版社，1983），第2册。"宋画"一词也出现在夏文彦《图绘宝鉴》著录李公麟作品的条目中，见页718。

如庞元济（1864—1949）、吴湖帆（1894—1968）等私人收藏家依旧很活跃。但在 20 世纪 10 年代晚期，不仅传统文人鉴赏和美学论述并未在艺术论述中占据相当的地位，艺术创作领域中也没有出现重新创造特定宋派风格的显例。尽管 20 世纪二三十年代有越来越多的画家声称他们向宋代典范学习，但这些宣称大多缺乏可靠的基础。[1] 至于在艺术史研究方面，针对中国画的研究也要到 20 世纪 20 年代末才随着滕固等学者出现在学术舞台上而开始蓬勃发展。

　　无论艺术领域发生了什么，关于宋画的论述都可以抛开审美标准、艺术创作和历史研究，形成自身独有之议题。20 世纪 10 年代末有关"宋画"在论述、鉴赏、创作和研究等各方面的不同发展水平，并未妨碍这一概念的形成及其延伸至展览、讲座、出版物等社会渠道中的影响力。

　　就演说和出版物而言，徐悲鸿 1918 年两次演说的对象都是北京大学画法研究会的会员；该研究会成立之初就有 100 多名会员，其中多数是大学生和至少受过中学教育的艺术爱好者。[2] 同年，康有为的收藏目录《万木草堂藏画目》也以书籍和报刊的形式出版。[3] 蔡元培关于艺术和美学的大多数文章，也都是源于他在不同社团和协会所发表的演说，其中即包括发表在《新青年》，旨在驳斥康有为以儒教为国教之呼吁的重要演说《以美育代宗教说》。这篇 1917 年的讲词，确立了蔡元培心目中对于视觉艺术在社会文化和审美作用方面的基本原则，并且向受教育阶层传授了艺术在新社会中的不可或缺性。陈独秀也有一篇关于艺术革命的短文，是他身为编辑对于一封呼吁艺术应在新文化运动中占有重要地位之信件的响应；两者皆刊登在 1918 年 1 月的《新青年》中。

　　这些演说和文本的产生都源于新文化运动，北京大学则是这一运动的堡垒；例如，如果没有蔡元培和陈独秀，这场运动的走向便会大不相同。新文

1　最能展现宋代风格的近现代中国画，是那些仿特定宋画的作品。例见冯超然（1882—1954）仿宋代画家马远的《华灯侍宴图》，收入杨敦尧等编：《世变·形象·流风：中国近代绘画 1796—1949》（高雄：高雄市立美术馆，2007），第 3 册，页 114。

2　如前所述，这两场演说的内容都先发布在北京大学的《北京大学日报》，再转载于艺术期刊《绘学杂志》。关于北京大学画法研究会的历史，参见本书页 159 注 2。

3　关于康有为收藏目录的早期出版版本，见徐志浩：《中国美术期刊过眼录（1911—1949）》（上海：上海书画出版社，1992），页 6—7；谢巍：《中国画学著作考录》（上海：上海书画出版社，1998），页 700。

化运动的愿景之一是通过社会教育建立一个启蒙的中国，为此，北大画法研究会定期举办讲座，以促进艺术教育，并将其内容发表在北大的报刊和艺术杂志上。没有任何迹象表明这些讲座仅限研究会成员参加。该校的文化氛围必定体现在研究会的活动上，毕竟社会教育与公共知识的理念在该会的宗旨中占有一席之地。[1]徐悲鸿的演说同样符合新文化运动的基本原则：以批判的态度反思中国的过去和未来。

《北京大学日刊》虽是一份校园刊物，其内容却不局限于该校的行政事务。除了前述徐悲鸿的文章外，其中还连载了卜士礼（Stephen W. Bushell）《中国艺术》（*Chinese Art*）、费诺罗莎《中国和日本艺术时代》（*Epochs of Chinese and Japanese Art*）等译稿，以及蔡元培关于艺术起源的讲稿。[2]至于北大的艺术期刊《绘学杂志》（*Painting Miscellany*）则创刊于 1920 年，其目的可能是为艺术教育和艺术改革发声。[3]该杂志不仅转载了如徐悲鸿、蔡元培等人发表在《北京大学日刊》中的数篇文章，使其具有更广泛的社会影响力；还刊登过一篇有关中国文人画价值之甚具影响力的文章，其作者陈师曾曾是北大画法研究会的教师。[4]这些发表在报刊和杂志上的文章，都对其读者群即广大受教育阶层有着很大的吸引力。

这些致力于推动艺术发展的刊物陆续涌现于新文化运动的全盛时期，[5]而其他类型的刊物上也纷纷刊登与艺术有关的文章。在此情况下，"艺术批评"这一类型开始大量出现，以至于在艺术的讨论中形成了一个论述空间。[6]尽管这类文本未必围绕特定画作进行讨论，但其确实呈现出有别于其他艺术文本的形式与内容。

---

1　见北京大学校史研究室编：《北京大学史料》，第 2 卷，第 3 册，页 2613—2624。

2　见卢宣妃：《陈师曾与北京画坛的重新评价：自其北京时期（1913—1923）与画学研究谈起》（未刊稿），页 25—26。

3　见王玉立：《〈绘学杂志〉研究》，《现代美术》，第 82 期（1999），页 48—61。

4　陈师曾：《文人画之价值》，《绘学杂志》，第 2 期（1921 年 1 月），页 1—6。关于此文的讨论，见 Julia F. Andrews and Kuiyi Shen, "The Japanese Impact on the Republican Art World: The Construction of Chinese Art History as a Modern Field," pp. 9-13.

5　见徐志浩：《中国美术期刊过眼录（1911—1949）》，页 6—16。

6　有关新文化运动时期艺术论述的总体研究，见谢宜静：《民国初年观画论画的现代转型——以上海地区的西画活动为例》（中央大学艺术学研究所硕士论文，2007），第 1 章。

在 20 世纪的前二十年，有关艺术的新知识和信息快速且大量地涌入中国，主要以外国译作和海外展览等形式出现。甚至早在 20 世纪的前几年，许多知识分子便对艺术作为一种文化范畴的重要性达成了共识——尤其是在推动博物馆建设和国家遗产保存方面。[1] 如 1907 年至 1909 年间发行、深具影响力的《国粹学报》，便展示了有关中国艺术各门类的研究和解说，这些文章既非翻译、亦非游记，代表了传统中国论述文本的一种变体，侧重于单一主题，且往往包含了引自历代知名文献的评论。[2]

但即便有这些先例，新文化运动期间所发表的艺术相关的文章，仍呈现出有别于以往之处，主要表现在其知识层面的论证，以及对当代艺术状态与作者艺术观点的融合。这些文章不再只是引介外国的作品和思潮，也不仅止于探索中国的过往；相反地，它们评论了艺术领域的现状，并从比较的角度展望了中国艺术的未来。在近现代民族竞争的背景下，艺术连同传统中国文化都成了众说纷纭的对象。艺术在当代社会中应扮演何种角色？中国艺术传统的哪些方面值得赞许？哪些部分又该从传统中淘汰？

以《新青年》为例，这份由北京大学教员所经营的杂志，即开辟了一个关于艺术的新论坛。[3] 除了上述陈独秀、蔡元培的文章外，其中还刊登了如鲁迅（1881—1936）、胡适（1891—1962）等知名作家的文稿；这些作家无一不将知识论证运用于探讨与艺术相关之不同论题上，就连看似随意的随笔也不例外。[4] 从某种意义上说，徐悲鸿的讲稿实则是对《新青年》所引发的艺术论述之响应。例如，他对中国画衰落的抗议和对中国画改革的疾呼，都让人

---

1　见 Cheng-hua Wang, "New Printing Technology and Heritage Preservation: Collotype Reproduction of Antiquities in Modern China, Circa 1908-1917," pp. 273-308、363-372.

2　见 1907 年至 1909 年间刘师培（1884—1919）和黄宾虹（黄质，1865—1955）刊于各期《国粹学报》上的文章。

3　关于《新青年》在新文化运动中所扮演的角色，见陈平原：《一份杂志：思想史／文学史视野中的〈新青年〉》，收入氏著：《触摸历史与进入五四》（台北：二鱼文化出版公司，2003），页 61—143。

4　胡适：《藏晖室札记》,《新青年》, 第 2 卷第 4 号（1916 年 12 月）, 页 1—2；鲁迅：《随感录（43）》,《新青年》, 第 6 卷第 1 号（1918 年 1 月）, 页 70—71；鲁迅：《随感录（53）》,《新青年》, 第 6 卷第 3 号（1919 年 3 月）, 页 325—326。

想起了同年稍早陈独秀所倡导之艺术革命。[1]

　　通过诸如《新青年》、《北京大学日刊》等具有影响力的刊物，艺术相关文本形成了一个公共论坛，在其中，人们可以根据中国与西方艺术的相对价值进行辩论，中国艺术的意义成为了众家争鸣的对象。这个艺术的公共论坛将在 20 世纪二三十年代迅速发展，届时，相互竞争的种种论述都将竞逐着社会的能见度和霸权力量。[2] 因此我们可以说，20 世纪 10 年代后期是艺术论述的公共空间在近现代中国形成的"关键时刻"。

## 结　论

　　1918 年 5 月 5 日徐悲鸿演说之发人深省，不仅在其内容本身，更在于这些内容的传递方式乃是在博物馆内传达给艺术社团的成员，且很可能扩及公众。这是艺术领域正在发生转变的一个启示、同时也是结果，且放诸该领域所置身的更广泛社会文化背景亦是如此。通过揭示这一事件的重要性，本章提出了一些关于以宋画及其写实性为中心的艺术论述如何在 20 世纪初中国新兴的艺术公共空间中形成议题。

　　本章的第一个目标，是探讨宋画究竟在何种背景下成为将艺术连接到民族精神、民族地位和高度文明之论述的关键概念。这一背景虽然是国际性的，但也不排除中国知识分子在其间所产生的作用，他们的艺术史观在艺术的公共空间中引发了回响。本章的第二个目标，则是考察近现代中国的展览、讲座和出版物等公共渠道之出现及其在促进真正"公共"的艺术论述方面之作用。

　　虽说在 20 世纪 10 年代末，专供艺术论述的社会空间并非全新的现象，最好的例子便是前述创造出宋、元绘画二分法的晚明论坛，然则"公众"作为这一近现代中国艺术论述之贡献者而崛起，却是一种新的现象。与晚明相比，近现代论述涵盖了更广泛社会领域内的参与者，且他们唯一必需的资格就是

---

1　徐悲鸿的例子，像是著名的京剧演员和上海流行的美女月份牌等，也被陈独秀在文章中引为解释案例。

2　见 David Der-wei Wang, "In the Name of the Real," pp. 29-59; 谢宜静：《民国初年观画论画的现代转型——以上海地区的西画活动为例》，第 3 章。

去接触任何相关的展览、讲座或出版物。近现代中国艺术的论述实践，有可能涉及广大的受教育阶层，并纳入广泛的社会文化和政治制度。因此，有关宋画的论述与对现代化国家的广泛知识追求有着密不可分的关系，也就不足为奇了。此外，将宋画提升为中国艺术的代表，亦标志着对一个国族的新定义以及国家竞争的新国际形势。宋画为"民族主义"这一难以捉摸、极其顽固、包罗万象且始终对学术分析带来挑战的概念，赋予了具体而特定的含义。

　　正因"公众"和"国家"乃近现代中国艺术论述中不可或缺的角色，才让关心中国在世界上之地位的知识分子们于近现代公共空间中重新发现"宋画"——这一艺术上的概念性类别。而这种提升宋画地位的意识形态诉求，也再一次向我们展示了传统在艺术论述实践中是如何地强大而又具有可塑性。

第六章

# 新印刷技术与文化遗产保存 [1]
## ——近现代中国的珂罗版古物复印出版（约 1908—1917）

## 一、引言

19 世纪 60 年代晚期在德国发明的珂罗版（collotype，或称玻璃版），是一种为印制精美复制品而开发的摄像制版法。自摄影术于 1839 年问世以来，精确复制艺术品或古物 [2] 等历史悠久之物的图像，一直被视为这项新技术创新的重要应用之一；[3] 珂罗版印刷正是为实现这一目标而持续试验的成果。相较于木刻印刷（woodblock printing）或石版印刷（lithography）等早期复印艺术品或古物的技术，珂罗版印刷的优势在于能够呈现微妙的色调和灰阶变化。例如，中国绘画中细腻的水墨效果难以通过木刻印刷或石版印刷来加以捕捉，却能以珂罗版成功复制出来（图 6.1 即为一例）。更重要的是，早期技术需以

---

1　本章源起于 2005 年 6 月由大维德中国艺术基金会、伦敦大学亚非学院所举办的"中国书籍艺术"国际研讨会。在此，我要感谢会议召集人和参与者所给予的支持和反馈，以及在扩充和修订这篇论文的过程中所得到的诸多同事的帮助，特别是黄克武、李志纲、孟絜予（Jeff Moser）、沈松桥、吴方正和沙培德（Peter Zarrow）。

2　"古物"（Antiquities）和"艺术品"（artworks）是笔者在本文中打算厘清的概念。一开始，我会交替使用它们，因为在 20 世纪初的中国，它们基本上指的是同一类物品。我之所以在标题中更偏向使用"古物"而非"艺术品"，是因为本章的主题为文化遗产保存。

3　见 Anthony J. Hamber, "Photography in Nineteenth-Century Art Publications," in Rodney Palmer and Thomas Frangenberg, eds., *The Rise of the Image: Essays on the History of the Illustrated Art Book* (Aldershot: Ashgate, 2003), p. 215.

图6.1　金农，《山水人物》，珂罗版复制品

手工制作出原始物品的初始复本以求逼肖实物，珂罗版印刷则通过摄影技术捕捉该物品的原始影像，得以创造出更接近实际视觉印象的效果。[1]

　　作为自西方引进的近现代中国的印刷技术之一，珂罗版印刷早在 20 世纪初就受到诸多出版商的认可和热烈追捧。自 1908 年起，复印古物图像且附有极少文字的图册，便成为一种新型出版物大量涌现于中国图书市场。这类书

---

1　珂罗版是一种在玻璃板上涂布感光明胶（light-sensitive gelatin）和重铬酸钾（potassium dichromate）以进行曝光与显影的平版印刷（planographic printing）技术。在光线的照射下，玻璃板上的明胶会按其受光量的比例变硬。接着，将玻璃板浸泡在甘油和水的混合物中，明胶会根据其硬度吸收这种混合物，之后再于其表面涂上油墨。在硬化的部分，油墨积聚得较厚；在较软的部分，油墨则积聚得较少，如此便创造出完整的色调层次。有多种手动压力机和机器被用来生产这类印刷品。见 W. Turner Berry, "Printing and Related Trade," in Charles Singer et al. *A History of Technology* (New York and London: Oxford University Press, 1958), vol. 5, pp. 707-708; 范慕韩编：《中国印刷近代史初稿》（北京：印刷工业出版社，1995），页 567—571；张树栋：《中华印刷通史》（台北：印刷传播兴才文教基金会，1998），页 509—514。上述有关石版印刷和珂罗版印刷的比较，同样适用于摄像石印法。感谢李庆龙向我分享他在石版印刷和珂罗版印刷技术方面的专业知识。

籍最初于 19 世纪后期在近现代中国的印刷之都上海出现，接着在民国初传播到其他城市。[1] 它们让人们有机会接触到当时许多私人收藏中的中国古物，以及清朝皇室收藏中的一些物品。[2] 珂罗版印刷为观者提供了一种观看体验，让他们得以检视古文物复印品，仿佛该物品实际存在一样。其发展标志着中国印刷史上一个前所未有的时刻：一般大众读者可以一窥原本只属于少数特权阶层的古物。这种可视性和实质性为古物带来了前所未有的曝光度和实时性，形成了一个由出版商和匿名读者所组成的公共空间。而就像古物公共空间的形成一样，有关古物的再分类也在印刷中发展成形。

　　本章主要聚焦于早期两种采用珂罗版来复制古物的图书：《中国名画集》和《神州国光集》。两者皆于 1908 年以双月刊形式出现在上海图书市场，由影响力远超乎商业出版范畴的名人所发行。这两份刊物的编辑都声称，他们的目的是要通过展示真正的古物来提高受教育阶层对文化遗产保存的意识。这两种出版物在清末所获得的初步成功，既确保了它们不论是经过重印还是改名出版[3] 都能存续至 20 世纪 30 年代初期，也预示了珂罗版图书在整个民国时期的蓬勃发展。然而，那些后期的珂罗版图书有其自身的出版背景，其主要（但非唯一）的目的在于营利，这点与笔者欲在此讨论的前两部期刊有所不同。为清楚起见，本章将把重点放在珂罗版复制技术在 1908 年—1917 年的发展。通过考察这两种期刊的出版及其社会文化影响，我们或许可以回答一个广泛的问题：一种新引进的技术如何参与甚至形塑了中国的文化遗产保存论述和实践？

---

1　例如，著名的"艺苑真赏社"即设立于江苏无锡。见 Christopher A. Reed, "Gutenberg in Shanghai: Chinese Print Capitalism, 1876-1937," (Ph.D. diss., University of California, Berkeley, 1996), p. 313, n. 172.

2　在珂罗版技术被引进中国的前十年间（约 1908—1917），其也被用于复制中国著名的景点图像，如自然风光、紫禁城等。商务印书馆的这些广告，见徐珂编：《上海商业名录》（上海：商务印书馆，1918），页 157。

3　整套《中国名画集》至少被重印过两次。香港大学图书馆藏有初版，笔者另发现香港中文大学和哈佛大学也各拥有一套不同年份出版的版本。这些后来的重印本并不包含可见于初版的序及画家小传，也删去了附在每张画作上的画家名、画名，以及收藏家或藏地的文字说明。根据《中国名画集》前几期的编辑声明，书中一些图像是使用"铜网版"印刷术进行复制的，这意味着其印刷过程中涉及铜版印刷。据笔者所知，这可能是在人们发现纹理细致的玻璃板为更适合的材料前，一种使用金属板进行的较早期的珂罗版印刷类型。见范慕韩编：《中国印刷近代史初稿》，页 567—569。《神州国光集》后于 1912 年改名为《神州大观》，且这部新刊物及其续编的出版一直延续到 1931 年。

## 二、综览领域和框定议题

以珂罗版复制古物的议题涉及艺术史和印刷文化的交集。就艺术史而言，虽然摄影向为其学术研究之主题，但直到 20 世纪 90 年代中期，学者们才开始反思这一新技术如何影响人们对艺术作品的看法。例如，一本关于 19 世纪英国摄影艺术的书就指出，摄影"作为催化剂，将艺术研究从鉴赏形式转化为现今所称的艺术史"[1]。然而，这种对于艺术史学科的自我反思，并未进一步推动有关艺术中摄像复制的研究。[2] 更加边缘化的是，有关摄影技术及其在近现代中国艺术出版物中的应用，若没有日本学者在某些出版物的一些文章，相关研究几乎不存在。[3]

尽管西方艺术史学家普遍认为，在鉴赏转化为艺术史的过程中，摄影扮演着催化剂的角色，[4] 然而中国的情况并不遵循同样的线性进程。在近现代中国，历史悠久的艺术鉴赏和新兴的专业艺术史研究之间，尚涉及了其他与艺术出版有关的社会文化因素。就中国艺术史范畴而言，研究艺术品的摄影复制可引出多种议题，而艺术史在中国的建立不过是其中之一。

直到 20 世纪 30 年代，艺术史作为一门专业才对中国学界产生了重大影响，这一点可以由当时骤增的艺术相关学术刊物得到证实。[5] 到了 20 世纪 30 年代，大部分近现代中国的艺术出版物都是图解古物的图书，当中虽然鲜见与艺术家和艺术品有关的当代学术研究，但它们的普及却影响到了艺术和社会文化

---

1　见 Anthony J. Hamber, *"A Higher Branch of the Art": Photographing the Fine Arts in England, 1839-1880* (Amsterdam: Overseas Publishers Association, 1996), p. 1.

2　见 Anthony J. Hamber, "Photography in Nineteenth-Century Art Publications," p. 215.

3　见松村茂树：《海上画派の図録類と学画法をめぐって》，《中国文化：研究と教育》，第 57 期（1999），页 30—39；菅野智明：《有正书局の法书出版について》，《中国近现代文化研究》，第 5 期（2002），页 21—52。

4　见 Valerie Holman, "'Still a Makeshift'? Changing Representations of the Renaissance in Twentieth-Century Art Books," in Rodney Palmer and Thomas Frangenberg, eds., *The Rise of the Image: Essays on the History of the Illustrated Art Book*, p. 247.

5　见北京图书馆编：《民国时期（1911—1949）总书目：文化·科学·艺术》（北京：书目文献出版社，1994），页 162—234；以及《民国时期（1911—1949）总书目：历史·传记·考古·地理》，页 507—509、636—637、717—747。石守谦对 20 世纪 30 年代中国青铜器的研究也证实了这一点，见氏著：《清室收藏的现代转化——兼论其与中国美术史研究发展之关系》，《故宫学术季刊》，第 23 卷第 1 期（2005 年秋季号），页 19—23。

领域。[1] 例如，其对同时代艺术创作（特别是书法和绘画）的影响，就是一个重要却尚未受到研究的课题，有待日后再加以研究。

　　诚如上文所述，迄今尚未形成一个令人满意的关于印刷文化的二手文献体系，印刷文化方面的研究亦收获甚微，此实为令人遗憾的事实，特别是考虑到近年来近现代中国的印刷文化已成为历史和文学研究中一个蓬勃发展的领域。例如，有关西方文学、社会和经济著作的翻译和出版，就持续受到学界关注达四十年之久。[2] 而且，这一不断发展的学术成果近来还有了新的定位，也就是将印刷文化的视角融入与中国近现代转型有关的智识和文学思潮研究中。对文学研究者来说，文学作品之发表和传播的场域，对于理解其社会经济特征和影响至关重要。这种新方法乃是考虑到文学的印刷文化，将文学作品视为一种承载社会和文化信息之媒介，由物质性角度对其进行考察。[3] 对历史学家来说，印刷的有趣之处则不仅仅在于其本身是一种成功的行业，更重要的是，它还是一种具有传播知识与营造新社会文化氛围的新渠道。[4] 印刷文化因此提供了一种新的取径，让历史学家们在探究近现代中国的重大变革时，

---

1　对于哈斯克尔（Francis Haskell）这位最早认真研究艺术图书主题的领航学者来说，艺术图书应结合文本与插图。在探讨 18 世纪初艺术图书出现的过程中，他将艺术图书与插图书或艺术作品集区分开来，因为前者在设计上纳入了一些对于特定作品之质量、风格特点等的研究，而不仅仅是相关插图的集合。尽管这里所讨论的图画书并不符合艺术图书的严格定义，但它们确实是 20 世纪初中国艺术出版的主要途径，因此值得考虑。见 Francis Haskell, *The Painful Birth of the Art Book* (New York: Thames and Hudson, 1988), pp. 7-53.

2　在此举四本书为例，它们都是过去四十年间所出版的：Benjamin Schwartz, *In Search of Wealth and Power: Yen Fu and the West* (Cambridge, Mass.: Harvard University Press, 1964); Vera Schwarcz, *The Chinese Enlightenment: Intellectuals and the Legacy of the May Fourth Movement of 1919* (Berkeley and Los Angeles: University of California Press, 1986); Lydia H. Liu, *Translingual Practice: Literature, National Culture, and Translated Modernity—China, 1900-1937* (Stanford, Calif.: Stanford University Press, 1995); Theodore Huters, *Bringing the World Home: Appropriating the West in Late Qing and Early Republican China* (Honolulu: University of Hawai'i Press, 2005).

3　见 Judith T. Zeitlin and Lydia H. Liu, introduction to *Writing and Materiality in China: Essays in Honor of Patrick Hanan* (Cambridge, Mass.: Harvard University Asia Center, 2003), pp. 1-26. 早在 20 世纪 80 年代中期，文学研究者就开始关注中国现代文学作品的印刷语境。见 Leo Ou-fan Lee and Andrew F. Nathan, "The Beginning of Mass Culture: Journalism and Fiction in the Late Ch'ing and Beyond," in David Johnson, Andrew J. Nathan and Evelyn Rawski, eds., *Popular Culture in Late Imperial China* (Berkeley and Los Angeles: University of California Press, 1985), pp. 360-395.

4　见邹振环：《20 世纪上海翻译出版与文化变迁》（南宁：广西教育出版社，2000）；Christopher A. Reed, *Gutenberg in Shanghai: Chinese Print Capitalism, 1876-1937*.

舍北京、上海等大城市中掌握文化和知识权力者之观点，而改由全国范围内受过教育、能获取新知识和权力的普通阶层之视角出发。

尽管近现代中国印刷文化方面的研究看似蓬勃发展，唯其范围并不特别广泛，关注点主要集中在上海印刷和出版业的三个方面：一是上海图书市场的龙头——商务印书馆，其至今仍是（甚至是唯一）被研究得最透彻的近现代中国出版商；[1] 二是翻译自西方的作品；三是印刷技术的突破，例如石印与活字印刷等，亦为久被关注的焦点。在此，将先对第二点，即对翻译自西方的作品进行详细说明，而把第三点留到下文中分析。

翻译作品的议题之所以广受学界关注，主要基于如下前提：源自西方的新知识与思想构成了引导中国转型为现代国家的主要社会文化力量。在这一或可称为"西方影响之启蒙工程"（enlightenment project of Western influence）的叙事策略中，近现代中国的命运被认为由引进的西方思想所影响，并以之"启蒙"（enlighten）受教育阶层，进而使启蒙思想传播至广大群众中间。此一叙事延续了新文化运动的主要论调，其遗产仍然影响着当代中国。该运动的主要倡议者提出了一份仿效西方启蒙运动的纲领，以拯救国家免受帝国主义侵略。在近来学界对此宣称提出挑战前，新文化运动一直被视为一种积极和进步的社会文化趋势，不存在悖论、冲突、倒退或扭曲。[2]

虽将"启蒙工程"视为对中国传统社会的直接冲击，却无法阐明诸多文化互动的复杂情况。例如，这一取径忽略了在中国引介西方思想和事物过程中，日本所发挥的的关键作用（发生在近现代中国的文化互动并非双边的，而是

---

1　见 Jean-Pierre Drège, *La Commercial Press de Shanghai, 1897-1949* (Paris: Collège de France, 1978); 吴相：《从印刷作坊到出版重镇》（南宁：广西教育出版社，1999）；杨扬：《商务印书馆：民间出版业的兴衰》（上海：上海教育出版社，2000）; Christopher A. Reed, *Gutenberg in Shanghai: Chinese Print Capitalism, 1876-1937*, pp. 203-279.

2　关于新文化运动的遗产以及近来对其历史意义和影响的重新评估，见 Milena Doleželová-Velingerová and David Der-wei Wang, introduction to *The Appropriation of Cultural Capital: China's May Fourth Project* (Cambridge, Mass.: Harvard University Asia Center, 2001), pp. 1-27; Ying-shih Yü, "Neither Renaissance nor Enlightenment: A Historian's Reflections on the May Fourth Movement," in Milena Doleželová-Velingerová and Oldřich Král, eds., *The Appropriation of Cultural Capital: China's May Fourth Project,* pp. 299-324; Rana Mitter, *A Bitter Revolution: China's Struggle with the Modern World* (Oxford: Oxford University Press, 2004), pp. 3-152.

多边的），以及每次互动中交涉协调的层次。[1] 在中国，珂罗版图书的情况与西方影响中国启蒙的论调并不相符。通过日本所采用的最先进的西方印刷技术，这些书籍仅仅呈现了中国过去的"老东西"（old things），其情况远比主流的近现代中国史所论证的要复杂得多。因此，这有助于我们反思不同来源的社会文化元素究竟如何在近现代中国的文化实践中进行协调的。

　　虽说《中国名画集》和《神州国光集》的编辑试图利用西方技术教育中国人民有关文化遗产保存观念的做法，很容易被视为"启蒙工程"的一部分，但关于这些出版物的故事却不宜用新文化运动的大叙事模式来表述。这个故事不仅涉及新技术在中国的应用，还包括了凭借新技术来赋予"老东西"新生命的过程。文化遗产保存的理念和实践将中国的过去带到聚光灯前，这是一场无法简单地套用新文化运动论调的政治和社会文化行动。

　　受到新文化运动论调的影响，一些 20 世纪早期针对中国命运的讨论视古物为陈腐无用之物，应当被销毁或至少被"冰封"（frozen）在博物馆里，以免污染了崭新的、具前瞻性的中国。一些学者认为，这种乌托邦式（utopian）、纯粹主义的（purist）愿景，是 20 世纪初在中国古物方面最有影响力的观点。[2]本章则旨在证明情况并非如此。事实上，近现代中国文化的新、旧两种成分，不能再被视为是对立的或泾渭分明的。然而，对于"启蒙工程"的反面论述，或至少是其中更丰富、更复杂的图景，仍有待更全面的研究。

　　20 世纪 90 年代以来，学者们对那些以更同情的态度来审视中国传统之所谓"保守"（conservative）思潮愈发产生兴趣。[3] 这类研究开启了民族文化与

---

1　除了本书页 196 注 2 所引之研究外，王德威以晚清小说为论述主题的著作，也是针对新文化运动之修辞及其遗产的质疑。见 David Der-wei Wang, *Fin-de-siècle Splendor: Repressed Modernities of Late Qing Fiction, 1849-1911* (Stanford, Calif.: Stanford University Press, 1997), pp. 1-52.

2　见罗志田：《送进博物院：清季民初趋新士人从"现代"里驱除"古代"的倾向》，《新史学》，第 13 卷第 2 期（2002 年 6 月），页 115—155。

3　事实上，这个趋势早在 20 世纪 70 年代中期就开始了。当时，费侠莉（Charlotte Furth）编了一部聚焦于近代中国保守思潮与政治趋向的书，见其编著之 *The Limits of Change: Essays on Conservative Alternatives in Republican China* (Cambridge, Mass.: Harvard University Press, 1976).然而，一直要到二十年后，有关保守思潮的研究才在中国近代史研究中占有一席之地。见郑师渠：《晚清国粹派：文化思想研究》（北京：北京师范大学出版社，1993）；Lydia H. Liu, *Translingual Practice: Literature, National Culture, and Translated Modernity-China, 1900-1937*；喻大

民族遗产之形成的相关讨论，模糊了新文化运动中反传统主义者与其竞争对手"保守派"之间的分界线。例如，即便是所谓的"保守派"知识分子，也不会只将注意力集中在中国的传统上。[1] 同样地，珂罗版图书亦揭示了交织着相互冲突之思想与社会实践的复杂社会文化背景。这些书籍在展示中国古代珍宝的同时，也将中国传统置于全球联动的新视角上。举例来说，文化遗产保存的议题当时即在整个近现代世界引发回响，[2] 利用珂罗版印刷等现代发明来实现文化遗产保存亦非 20 世纪初中国独有之现象。珂罗版印刷技术系由国外引进的这一事实，在中国引发了种种涉及过去、现在与未来之间关系的议题。显然，在 20 世纪初，古物不仅用来解决当代文化危机或回溯中国悠久的历史，更指向中国作为现代国家的未来。

　　一般来说，这种混融的时态感是传统文化遗产保存的普遍特征，但中国的精英出版商在运用珂罗版印刷进行文化遗产保存方面则有其自身的主观性。一种更加强烈的、以古物作为关注对象的文化遗产保存意识，在中国是很盛行的，特别是在珂罗版出版物出现的前几年。出版商宣称自己是出于文化危机感而去再现那些因历史意义或艺术价值而受到珍视的物品。他们认为这些物品与中华民族息息相关，是来自历史的遗产，却正受到帝国主义侵略的威胁。珂罗版图书既实现了知识分子对文化遗产保存的渴望，也体现了他们的文化危机感。

　　与此同时，展演文化（exhibition culture）也为艺术品和历史文物带来了

　　　　　　　　　　　　　　　　　　　　　　　　　　　　学研究》（上海：上海古籍出版社，2001）；王汎森：《中国近代思想与学术的系谱》（台北：联经出版事业公司，2003），页 95—108、111—132。

1　见 Lydia H. Liu, *Translingual Practice: Literature, National Culture, and Translated Modernity-China, 1900-1937*, pp. 239-263; Ying-shih Yü, "Neither Renaissance nor Enlightenment: A Historian's Reflections on the May Fourth Movement," pp. 314-320.

2　见 Ivan Karp, "Introduction: Museums and Communities: The Politics of Public Culture," in Ivan Karp, Christine Mullen Kreamer and Steven D. Lavine, eds., *Museums and Communities: The Politics of Public Culture* (Washington D.C.: Smithsonian Institution Press, 1992), pp. 1-16; Arjun Appadurai and Carol A. Breckenridge, "Museums Are Good to Think: Heritage on View in India," in Ivan Karp, Christine Mullen Kreamer and Steven D. Lavine, eds., *Museums and Communities: The Politics of Public Culture*, pp. 34-53; Maria Avgouli, "The First Greek Museums and National Identity," in Flora E. S. Kaplan, ed., *Museums and the Making of "Ourselves": The Role of Objects in National Identity* (London and New York: Leicester University Press, 1994), pp. 246-265.

前所未有的公众能见度。它们出现在如博物馆、公园等公共场所的展览中，或者被复印在如珂罗版图书之类的出版物里。这些书籍明显展现了收藏家社会地位的变化：一个人的文化资本来自其收藏的公开，而非来自其收藏因公众之不可企及而所产生的光环。这些珂罗版图书也作为一种新的媒介，让受教育阶层得以接触古物，从而创造出一个社会空间，让置身其中的读者们可以从具体文物（而非文字）的角度获取古物的相关知识并想象中国的过去。

## 三、技术竞争：20 世纪初珂罗版印刷术及其在上海的应用

1916 年，中华书局作为 20 世纪初上海印刷出版业的"鼎立三雄"之一，于庆祝新建大楼落成之际，发表了一份关于其现状和未来发展的报告。[1] 报告中指出，中华书局未来的发展，取决于通过购买先进机器和聘请专业技术人员来引进新的印刷技术。更重要的是，该报告书将印刷的地位提升到了"文明利器，一国之文化系焉"的地位，[2] 接着又强调先进的印刷技术不只提高了中华书局的声誉，更向全世界展示了中国民族文化的进步。

在中国，印刷虽有悠久的历史，但是将印刷与民族文化或先进文明联系在一起，仍属相当新颖的观念。与此同时，类似的论调也被广泛应用在与博物馆和艺术相关的讨论中，显现出一股对于中国民族文化之形成与中华文明在世界上之地位具有高度自觉意识的普遍社会文化趋势。[3] 在此情况下，印刷承担起全新的意义——它不再是传统的、历史悠久的行业，而是横量中国在世界文明中所处何种地位的试金石。

在国际化的脉络下，中国文化的各个方面都受到了重新的评估，而先进

---

1　见中华书局：《中华书局五年概况》，收入宋原放主编：《中国出版史料·近代部分》（武汉：湖北教育出版社，2004），卷 3，页 165—172。关于出版商的历史，见 Christopher A. Reed, *Gutenberg in Shanghai: Chinese Print Capitalism, 1876-1937*, pp. 203-279.

2　徐珂（1869—1928）在其汇编的文集中也称印刷为"文明之利器"，见《清稗类钞》（北京：中华书局，1984），第 5 册，页 2316。类似的表述亦见于 20 世纪初的报刊广告；其中一例，见宋原放、李白坚：《中国出版史》（北京：中国书籍出版社，1991），页 184。

3　笔者于他文中详细探讨了此议题，见 Cheng-hua Wang, "Rediscovering Song Painting for the Nation: Artistic Discursive Practices in Early Twentieth Century China," *Artibus Asiae*, vol. LXXI, no. 2 (January 2011), pp. 221-246.

的印刷技术则证明中国拥有高度的文明和民族文化。因是之故，印刷和出版技术的发展遂成为中国寻求现代化和其文明在世界中具有崇高地位的象征。这就无怪乎先前所述 20 世纪 30 年代以来有关近现代中国印刷的诸多著作，都围绕着来自国外的各种技术传播浪潮了。[1] 在这当中，又以 19 世纪 70 年代在上海投入商业使用的石版印刷技术受到的关注最多。[2] 大多数文献认为石版印刷是中国印刷传统的转折点，而视之为中国现代化的完美象征。毕竟，石版印刷终结了木版印刷千年来的统治。

　　商业利益和中国传统图书之美学的结合，解释了石版印刷在 19 世纪 70 年代至 1905 年间在上海盛行的原因。石印工作者直接用笔和墨在一块准备好的石版上作业。这个程序比木版印刷要快得多，也更简单，雕刻在此已毫无用武之地。此外，石版印刷的制作过程还保留了笔触的痕迹，这是中国文人所看重的一种特征，也是活版印刷无法与之匹敌的优势。石版印刷被广泛运用在古籍的复印中，主要用于科举考试用书、书画作品以及新兴的画报、杂志等，其中最著名的就是《点石斋画报》（图 6.2 ）。[3]

　　石版印刷在中国近现代印刷史上占有主导地位，多数论者至多只是顺便提到珂罗版印刷，即便其所讨论的重点在于技术突破。[4] 珂罗版印刷之所以在历史研究中受到忽视，除了因为石版印刷是最早在中国广泛使用的西方印刷出版技术、有其重要性之外，也可能是由于石版印刷应用广泛，特别是用于珍本古籍的复印上。

---

1　见贺圣鼐：《三十五年来中国之印刷术》，收入庄俞、贺圣鼐编：《最近三十五年之中国教育》（上海：商务印书馆，1931 ），页 178—202 ；另有数篇文章收录于宋原放主编：《中国出版史料·近代部分》，卷 3，页 356—407 ；Christopher A. Reed, *Gutenberg in Shanghai: Chinese Print Capitalism, 1876-1937*, pp. 1-202. 余芳珍则指出，近代中国图画期刊的历史叙述主要集中在西方印刷技术的引进上，见《阅书消永日：良友图书与近代中国的消闲阅读习惯》，《思与言》，第 43 卷第 3 期（2005 年 9 月），页 191—282。

2　见韩琦、王扬宗：《石印术的传入与兴衰》，收入宋原放主编：《中国出版史料·近代部分》，卷 3，页 392—403 ；Meng Yue, "The Invention of Shanghai: Cultural Passages and Their Transformation, 1860-1920," (Ph.D. diss., University of California, Los Angeles, 2000), pp. 125-137; Christopher A. Reed, *Gutenberg in Shanghai: Chinese Print Capitalism, 1876-1937*, pp. 88-127.

3　见吴方正：《晚清四十年上海视觉文化的几个面向》，《中央大学人文学报》，第 26 期（2002 ），页 51—70。关于石版印刷技术，见 W. Turner Berry, "Printing and Related Trade," pp. 706-707.

4　见贺圣鼐：《三十五年来中国之印刷术》，页 273—274 ；Christopher A. Reed, *Gutenberg in Shanghai: Chinese Print Capitalism, 1876-1937*, pp. 28、64、143.

图6.2　《点石斋画报》（石版印刷）

　　虽说珂罗版印刷的应用范围有限，但由重要汉学图书馆中大量的珂罗版图书及其被持续应用在教学和研究领域等方面来看，仍有值得考察的必要。[1] 事实上，自从上海的商业出版商于 20 世纪初习得这项技术以来，珂罗版就常常被用来印刷图解艺术和古物的图册。包括商务印书馆在内的多家出版商，无不竞相聘用日本技术人员或派遣工人去日本接受培训，以掌控这项复制技术。[2]

--------

1　例如，出版于 20 世纪 20 年代晚期的帝王肖像珂罗版图书，就是收录了最多幅台北故宫博物院现藏帝王像的一本画册，见不著编者：《历代帝王像》（北平：北平古物陈列所，1934）。此外，一些由罗振玉（1866—1940）编辑的图书仍与中国古文字研究有关。感谢来国龙提醒笔者注意这一点。

2　在 19 世纪 70 年代，珂罗版首先应用于上海天主教的印刷品上，但直到 1908 年其进入商业出版领域才对当地社群有所影响。根据一些记录，上海的商业出版社在 1902 年首先取得了珂罗版印刷的知识，但直到 1908 年珂罗版图书才成为上海图书市场的主力。除了本书页 200 注 1 所引之外，见刘学堂、郑逸梅：《中国近代美术出版的回顾》，《朵云》，1981 年第 2 期，页 151—153。

当时的日本已将珂罗版技术应用在各类印刷品中达二十
年之久，如艺术杂志《国华》，自 1889 年创刊以来的每
一期中都刊登了高质量的日本艺术之复印品，即为明证。[1]
这些黑白图版证明了珂罗版印刷在复印平面及立体艺术
品方面的成效，后者尤其呈现出令人印象深刻的空间感
（图 6.3 即为一例）。[2]

图6.3　珂罗版图像

　　但与石版印刷相比，珂罗版印刷技术也有缺点。首
先，印版表面所涂布的明胶质地，限制了可以从一个版（主
要由玻璃制成）上获得的印刷数量，这使珂罗版印刷比
石版印刷更加昂贵。[3] 其次，石版印刷能够按比例缩小所
复印对象的尺寸，因此可以在一个版上放置多个不同对
象以进行比较。相较之下，珂罗版印刷则无法显示不同对象的比例，因为每
块版上都只能容纳一个对象，无论其尺寸为何。19 世纪中叶的日本考古学家
即充分利用石版印刷的这项优势，以并置的石印图像对一整批藏品或考古出
土文物进行对比研究（如图 6.4 所示）。日本此际正是考古学和文化遗产保存
崛起的时代，就学术研究而言，石版印刷技术的出现可谓恰逢其时。[4]

　　尽管有着上述缺点，珂罗版印刷仍大获成功，一下子就取代了石版印刷。
用 20 世纪初上海出版界一位资深人士的话来说，珂罗版可以被视为摄像制版
技术的先驱，其在中国之运用实为印刷技术和艺术出版的重要突破。[5] 它那忠

1　除《国华》外，创刊于 1899 年的《大观》也使用珂罗版复制日本和中国艺术品。到了 19 世
纪末，珂罗版印刷似乎已成为日本艺术杂志的标准。见村角纪子：《审美书院の美术全集にみる
"日本美术史"の形成》，《近代画说》，第 8 期（1999），页 33—51。
2　见冈塚章子：《小川一真の"近畿宝物调查写真"について》，《东京都写真美术馆纪要》，第
2 期（2000），页 38—55；水尾比吕志：《国华の轨迹》（东京：朝日新闻社，2003），页 7—16。
感谢小川裕充教授为笔者提供了一份水尾比吕志文章的复印本。在 2005 年 6 月的伦敦考察之
行中，笔者在大维德中国艺术基金会（Percival David Foundation of Chinese Art）图书馆查阅了
1889 年到 20 世纪 50 年代初出版的多期《国华》杂志。感谢马啸鸿（Shane McCausland）向笔
者提及这些收藏与该基金会工作人员的慷慨协助。
3　见 W. Turner Berry, "Printing and Related Trade," pp. 707-708.
4　见铃木广之：《好古家たちの 19 世纪：幕末明治における"物"のアルケオロジー（シリー
ズ・近代美术のゆくえ）》（东京：吉川弘文馆，2003），页 184—193。
5　见刘学堂、郑逸梅：《中国近代美术出版的回顾》，页 151—153。

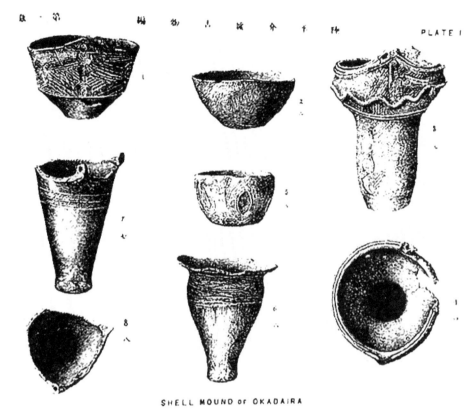

SHELL MOUND of OKADAIRA

图6.4　日本考古出土文物，石印版画复制品

实复印图像的能力，正是文化遗产保存和展演文化所需要的，遂使其具有无可取代性。此外，上海商业出版社之间的技术竞争，亦被证明是珂罗版印刷盛行的重要原因之一。

　　在上海，印刷技术的进步不仅带来了商业上的收益，也突显出了出版商的努力。从他们刊登在报纸和自家出版物上的广告中，我们可以看到出版社之间的技术竞争。这些广告展示了出版商最新的印刷技术，尤其着重于这些技术的威力以及其乃由技术先进的国家所传入。在某些情况下，他们甚至描述了印刷过程中的细节。此举既表明了印刷技术对于图书营销的重要性，也有助于使这些技术成为受教育精英的常识。以《神州国光集》的广告为例，在某一期的一则广告中，就列出了印刷期刊所涉及的关键性技术细节，包括油墨、印版、摄影器材和印刷机等，以强调书中的图片拥有无比精致、真实和经久不衰的质量。该广告还宣称这些效果并非一蹴而就的，而是通过持续的研究才得以实现。[1]

　　在早期的珂罗版图书出版商中，有正书局和神州国光社特别值得关注，因为他们不仅致力于复印古物，还从 1908 年起定期出版一系列珂罗版图书。有正书局为身兼《中国名画集》编辑的狄葆贤（1873—1941）创办，[2]而邓实（1877—1951）则是与神州国光社同名之官方刊物《神州国光集》的编辑和出版者。除了这两家出版社之外，商务印书馆和文明书局也以出版珂罗版图书著称。但商务印书馆很快就涉足全方位的出版业务，并未特别专注于图书出版。而文明书局虽然有可能是中国最早推出珂罗版图书的商业出版社，但遗憾的是，它所出版的个别卷册目前散布在不同的图书馆中，难以将之汇集起来进行学术讨论。再加上文明书局于 1915 年被并入中华书局，遂使其对珂罗版出版的贡献相对有限。[3]

## 四、打造古物的公共空间

　　狄葆贤和邓实皆以文化遗产保存为号召，在艺术收藏家之间形成了一股新的凝聚力。在他们的编辑声明中，都着眼于因古物遭毁或遗失所引发的文化危机感，强调为了文化保存和公共教育而展示古物的必要性。其策略首先是出版自身之收藏及其社交圈成员的收藏，同时鼓励匿名收藏家将收藏或藏品照片寄给他们进行出版。尽管他们挪用传统艺术品位并主张真实性的声明吸引了身为潜在买家的艺术鉴赏家，但此番号召的主要动机仍在于中国及其文化遗产所面临的新情况。[4]这些新情况的出现主要源于中国文物在清末战乱

1　见《神州国光集》，第 4 集，版权页。在该刊的某些广告页中提到了"复写"（autotype）或"亚土版"（artotype），而非珂罗版；事实上，两者所指皆为珂罗版。
2　见 Richard Vinograd, "Patrimonies in Press: Art Publishing, Cultural Politics, and Canon Construction in the Career of Di Baoxian," in Joshua Fogel, ed., *The Role of Japan in Modern Chinese Art* (Berkeley: University of California Press, 2012), p. 361, note 1 中有关狄葆贤生平的讨论。
3　关于文明书局的简史，见钱炳寰编：《中华书局大事纪要：1912—1954》（北京：中华书局，2002），页 22—23；秋翁：《六十年前上海出版界怪现象》，收入宋原放主编：《中国出版史料·近代部分》，卷 3，页 269—270。
4　狄葆贤："序"，《中国名画集》，第 1 集（1908），页 1—4；邓实："叙"，《神州国光集》，第 1

时大量地流散，以及国际上文化遗产保存思潮的影响。各个国家的文化遗产保存项目，不管是由国家还是精英所主导，都为过往的物品赋予了新的定义。当1908年狄葆贤和邓实各自推出其珂罗版期刊时，古物显然已成为文化遗产保存的焦点，而通过出版物来展示这些古物则被认为是提高公众对古物在国族文化中不可替代地位之意识的最重要步骤之一。

艺术收藏家之间的凝聚力，便蕴生自这两部珂罗版期刊所创造出的空间中，跨越了政治、家庭背景和地理位置。这股凝聚力之所以能将艺术收藏家连接在一起，不仅是因为友谊、家世、政治联盟这三个最为常见的在传统中国形成特殊收藏群体的横向因素，也源于一种将自身收藏普及给一般大众读者的志愿精神。通过以出版物作为媒介，这种凝聚力打造了一个公共空间，在其中，古物成为受教育阶层的共同的兴趣，有关中国民族文化遗产的理念亦得以推广、传播。包括出版商、为出版而提供自身收藏的艺术收藏家以及那些可以接触这两种刊物的人们，都参与了这个让古物成为反思对象和讨论话题的过程。

身为有正书局（创立于1904年）的负责人，狄葆贤在艺术和摄影方面的兴趣，肯定是该书局擅长于摄像制版加工的原因。有正书局的珂罗版艺术刊物包括图册和中国书画的单帧复印图片，后者为那些买不起原件的人提供了欣赏艺术的机会。[1] 及至20世纪30年代中期，有正书局已出版了千余种书画图册，这是其他出版商所难以企及的纪录。[2] 除了复印碑帖、书画外，有正书局还出版了一些印有慈禧太后（1835—1908）、梁启超（1873—1929）及上海名妓等当代名人照片的相册。[3] 虽说近现代中国的商业摄影并非本章关注的

---

集（1908），页7。

[1]　笔者仅见过一本有正书局出版的关于西方艺术之珂罗版图书，即香港大学收藏的《欧洲名画》。而上海图书馆收藏之1919年左右有正书局出版品的综合目录中，则主要列出了中国绘画和书法作品的珂罗版复印品。根据这份目录，小说也是这家出版社的主力出版物。显然，有正书局的业务亦延伸到白话小说的出版上。见有正书局编：《有正书局目录》（上海：有正书局，约1919）。

[2]　见狄葆贤：《平等阁笔记》（上海：有正书局，1922），页1/20b-21a。

[3]　对于狄葆贤商业摄影生涯（包括其工作室）之探讨，见 Cheng-hua Wang, "'Going Public': Portraits of the Empress Dowager Cixi, circa 1904," *Nan Nü: Men, Women, and Gender in Early and Imperial China*, vol. 14, no. 1 (2012), pp. 119-176.

课题，但狄葆贤的出版事业显然涵盖了各种采用先进珂罗版印刷技术的产品，就此而言，他在中国近现代史上的重要性，远非他作为上海《时报》出版者之重要性可比拟。[1]

出身江苏文官家庭的狄葆贤，以举人之身份进入晚清精英圈。这位活跃的改革者与革命家曾两度流亡日本，并与康有为、梁启超等著名的历史人物相熟。[2]事实证明，狄葆贤在日本的经历以及他与精英阶层的社交关系，对他在珂罗版出版上的成功有着很大的帮助。

在20世纪初的中国，专门从事珂罗版艺术复印的出版商，本身往往也是艺术收藏家，狄葆贤和邓实皆是如此。[3]狄氏对艺术的热爱，使他在陪同日本友人参观义和团运动后、遭到外国军队破坏的清朝宫殿和皇室花园时，格外伤感。宫中所藏艺术品遭到损毁或抢劫并落入外国手中这一悲惨事实，是他在回忆起此创伤性事件时反复出现的主题。用狄葆贤的话来说，这些艺术品是"全国之精髓"，它们无可挽回的命运甚至比人命的丧失更加惨烈。[4]

此番亲历帝国主义掠夺的经历，很可能影响了狄葆贤对艺术的理解以及对文化遗产保存工作的投入。此外，日本提倡保存"国粹"（national essence）的文化思潮，更加强化了他对中国文化遗产保存的意识。[5]他在1910年声称，艺术与文学共同构成了中国作为一个民族的本质：一个不欣赏中国过往艺术的人是不会有国族认同感的。就此意义而言，艺术不仅仅是为了鉴赏，它也跟文学一样，是让中华民族经过适当教育后借以认同自己的民族文化支柱。[6]

《中国名画集》双月刊的出版，至少是以印刷的形式保存了中华民族的艺术，从而形塑了狄葆贤的文化遗产保存意识。这些书册的形制特征，例如它们的开本或是用一张透明纸来保护每个版面的做法，都让人想起了《国华》

1　Joan Judge, *Print and Politics: 'Shibao' and the Culture of Reform in Late Qing China* (Stanford, Calif.: Stanford University Press, 1996).

2　Joan Judge, *Print and Politics: 'Shibao' and the Culture of Reform in Late Qing China* (Stanford, Calif.: Stanford University Press, 1996)，页27、42、183、187、208、253与注41。

3　除了狄葆贤和邓实之外，罗振玉、文明书局的廉泉（1868—1931）、艺苑真赏社的秦文锦（1870—1940），也都是艺术收藏家。

4　狄葆贤：《平等阁笔记》，页1/1a-6b。

5　狄葆贤：《平等阁笔记》，页5/20b-21a。

6　狄葆贤：《平等阁笔记》，页1/1b-2b。

杂志。狄氏对日本文化保存的熟悉，似乎促成了他借鉴日本使用摄影术来保存民族艺术的举措。早从 19 世纪 70 年代起，日本政府便开始运用摄影术来点查各类艺术品，以此作为文化遗产保存的重要手段。而负责此项工作的摄影师小川一真（1860—1929），也正是《国华》这部知名艺术杂志中高质量珂罗版照片的推动者。[1] 事实上，《国华》虽然享有盛名，却不过是世纪之交时于日本展现珂罗版印刷作为文化遗产保存工具之重要性的诸多艺术杂志之一。[2] 在《国华》的出版声明中，可以清楚地看出其意欲成为珂罗版复印之代表的使命感，而其整体的修辞语境和特定短语，则让我们想起了狄氏关于艺术、民族文化和国民教育的著作。

在《中国名画集》前十期的封面上，可以见到张謇（1853—1926）所书写的题签；他也和狄葆贤、罗振玉（1866—1940）一样，为创刊号撰写了一篇序言。[3] 由集刊中所提到的诸多名字可以看出，狄氏的社交圈包括许多晚清著名的官员和收藏家，诸如盛宣怀（1844—1916）、郑孝胥（1860—1938）、端方（1861—1911）、罗振玉等，让人不禁对晚清时期革命家与官员之间的传统分野产生了疑问。

更有趣的是，通过《中国名画集》出版背后的社交网络，一方面我们可以观察到艺术与金石收藏家之间由来已久的凝聚力，亦即他们偶尔会交换藏品或一起观赏珍贵的文物；[4] 另一方面，则能看到狄葆贤、张謇和罗振玉的名字经由一个非传统的社会文化渠道被联系在一起，而其中参与度较高的则是

---

1　见冈塚章子：《小川一真の「近畿宝物调查写真」について》。小川一真也是《真美大观》的摄影师，一生中充满各种冒险。他曾在 1900 年义和团运动期间随日军赴北京，拍摄了大量紫禁城的照片，随后出版了《清国北京皇城写真帖》这本摄影集；见泉山るみこ编：《紫禁城写真展》（东京：朝日新闻社，2008）。

2　诸如《真美大观》、《东洋美术大观》等其他的美术杂志和珂罗版图书，也在文化遗产保存和日本民族艺术的形塑中扮演了重要角色。见村角纪子：《审美书院の美术全集にみる "日本美术史" の形成》。

3　罗振玉的前言刊登在第 2 集。

4　见 Craig Clunas, *Pictures and Visuality in Early Modern China* (London: Reaktion Books, 1997), pp. 111-115; Shana Julia Brown, "Pastimes: Scholars, Art Dealers, and the Making of Modern Chinese Historiography, 1870-1928," (Ph.D. diss., University of California, Berkeley, 2003), pp. 52-57. 这种凝聚力不一定建立在审美或学术交流的基础上，但参与者往往会结为政治同盟。见浅原达郎：《"热中" の人 —— 端方伝》，《泉屋博古馆纪要》，第 4 期（1987），页 68—73。

一般大众。毫无疑问，狄葆贤与某些收藏家是朋友，但诚如前述，《中国名画集》更像是一个打着文化遗产保存名义的公共论坛，既巩固了收藏家之间一种新的伙伴意识，也让期刊的读者参与了进来。

与此同时，上海的艺术协会也开始在公园等公共场所举办展览。[1]《中国名画集》第五期中，就辑录了在豫园开办的一场展览中所展出的一些画作。[2]这么一来，公共空间的展览和印刷形式的展示，便成为一体之两面，艺术收藏家们通过这些方式发展出新的表达方式。

张謇本人即是公开展览的有力倡导者，1905 年他在家乡南通创立的一座博物馆便实现了其部分愿景。[3]他为《中国名画集》所写的序言则反映出与狄葆贤一致的信念，即认为保存中华民族艺术有两大途径——建立博物馆和出版书籍。这两种方法都有助于教育中国人民欣赏自己的传统。

虽说在艺术领域中，鉴赏的修辞语境仍保有其重要性，但艺术收藏家的社会地位似乎正在发生转变。对于公开展示自身收藏的收藏家来说，参与一场"大众"的公开展示似乎可以提高其社会地位。如端方这位曾刊登于集刊上的收藏家，甚至还在 1904 年美国圣路易斯万国博览会（St. Louis World's Fair）这一全然陌生的国际公共空间中展出其所藏之青铜和陶瓷。[4]端方之所以成为一名艺术和金石收藏家，是因为收藏本身即是文化权威和政治同盟的一大源泉，[5]这一现象在中国收藏史上并不罕见。然而，由于近现代受教育的

---

1　见承载：《试论晚清上海地区的书画会》，《上海社会科学院学术季刊》，1991 年第 2 期，页100—102；熊月之：《张园：晚清上海一个公共空间研究》，原刊于《档案与史学》，1996 年第 6 期，后收入张仲礼编：《中国近代城市企业·社会·空间》（上海：上海社会科学院出版社，1998），页 344。

2　《神州国光集》第 2 集（1908）中也刊登了在某个以古画为主的展览上所展出的数幅古画。

3　关于南通博物馆（南通博物苑），见 Qin Shao（邵勤），"Exhibiting the Modern: The Creation of the First Chinese Museum," *China Quarterly*, no. 179 (September 2004), pp. 684-702; Lisa Claypool, "Zhang Jian and China's First Museum," *The Journal of Asian Studies*, vol. 64, no. 3 (August 2005), pp. 567-604.

4　见 David R. Francis, *The Universal Exposition of 1904* (St. Louis: Louisiana Purchase Exposition Company, 1913), p. 317. 端方是晚清中国最著名的收藏家之一，他的部分收藏在清末被卖给了美国人。见 Warren I. Cohen, *East Asian Art and American Culture: A Study in International Relations* (New York: Columbia University Press, 1992), pp. 62-71.

5　见浅原达郎：《"热中"の人——端方传》，页 71。有关身为收藏家的端方其人，亦见 Thomas Lawton, *A Time of Transition: Two Collectors of Chinese Art* (Lawrence: Spencer Museum of Art

精英阶层已普遍认识到大众教育与文化遗产保存之间的连接，因此其获取收藏的文化资本乃是发生在艺术展览和出版物的公共论坛上，这点则使端方（以及众多收藏家同行）与前人有别。

尽管没有直接交往的记录，[1] 狄葆贤和邓实对于晚清的政治和社会活动显然有着共同的热情。诚如前述，他们以珂罗版印刷的集刊采用了相同的出版和发行机制，偶尔也依赖于同一组收藏家，如罗振玉和端方。与狄葆贤相比，邓实作为《国粹学报》等重要出版物的编辑和作者之一，推动中国受教育大众进行智识改革，其影响力不仅展现在政治层面，亦及于智识领域。虽说有关邓实早年生活的信息很少，但他对古物和艺术的投入可谓耗尽毕生心血。其中一个例子就是他与著名画家暨艺术评论家黄宾虹（1865—1955）在1911年合作出版的艺术历史文献汇编《美术丛书》。[2]

与《神州国光集》相关的收藏家，包括已故的金石收藏大家，如陈介祺（1813—1884）、潘祖荫（1830—1890）、吴大澂（1835—1902）等，以及一些更关注绘画的当代收藏家，如庞元济（1864—1949）与黄宾虹。一些对《神州国光集》有贡献的收藏家似乎未享有全国性的声望，但在地方上应该是较为知名的人物。[3] 虽说邓实与列名其珂罗版集刊的多数藏家可能并无私交，但他极为重视在《神州国光集》上列出收藏家的名字，在每件文物的图版下方都保留了一个空间以列出他们的名字，这种做法也出现在《中国名画集》中。此一现象进一步证明了公开展示自身收藏的重要性，还有以出版物为媒介而形成的艺术收藏家之间的凝聚感。在公共展示空间中将物品与其所有者联系

---

University of Kansas, 1991), pp. 5-64; Jason Steuber, "Politics and Art in Qing China: The Duanfang Collection," *Apollo*, vol. 162, no. 525 (November 2005), pp. 56-67.

1　正如其日记中所指出的，郑孝胥与狄葆贤和邓实都有往来。后两者虽然不是亲密的朋友，但极可能彼此认识。见郑孝胥：《郑孝胥日记》（北京：中华书局，1993），第 3 册，页 1191（日记日期：1909 年 5 月 12 日），以及第 3 册，页 1220（日记日期：1910 年 1 月 1 日）。这两则材料记录了狄葆贤与邓实分别到郑府拜访时的情形。

2　关于邓实的生平与出版，见程明：《邓实与古籍整理》，《历史文献研究》，1991 年第 2 期，页 371—381；李占领：《辛亥革命时期的邓实及其中西文化观》，《历史档案》，1995 年第 3 期，页 111—116。邓实和黄宾虹所编辑的《美术丛书》至今仍为人们所使用。

3　例如，两位分别来自山东济南和安徽盱眙的王姓收藏家之身份，便无法确认。见《神州国光集》，第 4 集（1908），编号 16、19。

起来的做法，不仅反映了艺术收藏作为财产的观念，也揭示出一个公开的收藏家网络如何以高尚的事业来巩固其集体意识。这个网络也是开放的，因为他们之间的联系不尽然是个人性的，且其范围亦不若传统收藏家群体那般严格，而更具流动性。

在《神州国光集》里，邓实收集了大量的古文物，包括绘画、金石、青铜器和碑刻等，而且他不仅将这些历史文物并列展示，还通过标出收藏家的大名来确认其所有者，以表彰那些对于中华民族之文化保存有所贡献的人。虽然《中国名画集》只局限于绘画的范畴，但也达成了类似的目标。至于在读者群方面，这两本期刊也指向了同一方向。它们的发行量可能难以估算，但仍有很多迹象供我们推测其受欢迎的程度及可能的读者群。

第一，《中国名画集》多次再版，表明其乃是一份成功的出版物。此外，诚如著名记者包天笑（1876—1973）所提到的，由于有正书局在珂罗版技术复制文物上的获利弥补了《时报》的亏损，才让狄葆贤得以维持其报刊之发行。[1] 第二，当约翰·杜威（John Dewey，1859—1952）这位在受教育的华人间广为知名的美国哲学家于1919年访问中国时，曾到有正书局购买古物复印品以作纪念。这段有趣的插曲表明有正书局的古物出版品已成为中国文化的具体体现，对于杜威这类博学者来说是合适的纪念品。[2] 第三，在鲁迅（1881—1936）、沈尹默（1883—1971）、傅斯年（1896—1950）、郑振铎（1898—1958）等历史名人的藏书中，显然都有珂罗版书籍。[3] 尽管没有任何迹象表明他们的珂罗版藏书包含了此处所讨论的两种期刊，但珂罗版图书成为许多精英知识分子的收藏品类之一，是确有其事的。

尽管珂罗版图书所涉及的都是精英知识分子，而非一般的大众，然而如

---

1　见包天笑：《钏影楼回忆录》（香港：大华出版社，1973），页414—415。

2　见《有正书局目录》，首2页。杜威在写给有正书局出版者的感谢信（1919）中，并未提及珂罗版印刷的具体技术。

3　见鲁迅：《鲁迅日记》（北京：人民文学出版社，1959），页58、69；沈尹默：《学书丛话》、《我对于翁覃溪所藏苏轼〈嵩阳帖〉之意见》，收入马国权编：《沈尹默论书丛稿》（香港：香港三联书店，1981），页149、190。在台湾"中研院"历史语言研究所傅斯年图书馆内，有一部珂罗版图书是傅斯年的藏书，见有正书局编：《金冬心画人物册》；以及郑振铎：《中国历史参考图谱》，叙、跋，收入郑尔康编：《郑振铎全集》（石家庄：花山文艺出版社，1998），第14卷，页373—381。此外，徐珂在其所编辑的丛书中也曾提到珂罗版，见《清稗类钞》，第5册，页2405。

定期重印所证明的，珂罗版图书在近现代中国图书市场上的持续性和蓬勃发展，不可能仅依赖中国知识精英的支持。由于赏鉴艺术品和古物向来是中国传统文化教育的必修课，肯定有大量受教育者会珍惜见到忠实复印之古代珍品的机会。即便是在1905年科举考试被废除之后，传统教育体系的社会文化影响，例如受教育阶层熟悉艺术的能力等，却远未逝去。

此外，考虑到1908年左右《中国名画集》和《神州国光集》各期的价格为1.5鹰洋（Mexican dollars，墨西哥所铸银币），这两部珂罗版期刊对于有能力购买文化产品的人来说并不算奢侈品。例如，1912年左右，身为教育部职员的鲁迅的月薪为250鹰洋，而一名从事手工业的工人每月最多仅能挣得7鹰洋。[1]因此，购买一本1.5鹰洋的珂罗版图书尽管对下层人民来说属于天方夜谭，但上层或中产阶级却是负担得起的。再看看1916年左右参观紫禁城内新成立之美术馆的费用为2.3鹰洋，这意味着珂罗版期刊的价格并不高于文化商品的平均价格。[2]

《中国名画集》和《神州国光集》中尽管缺乏长篇学术论文，但在视觉上为古物开辟出了一个公共空间。在这个空间里，所有受教育者都是潜在的参与者，有助于形成围绕着古物的论述实践。换言之，古物成为了一种受教育者可以评论并能唤起政治和社会文化责任感的类别。《中国名画集》和《神州国光集》中的珂罗版图像开启了古物的新时代，一个将古物从个人收藏转化为中国国家遗产和文化的时代。

同样地，主要聚焦于鉴赏的传统艺术论述，在潜在买家间仍具影响力。而且，《中国名画集》中其实收录了许多赝品，这也削弱了其所声称的真实性。更有趣的是，这些古物在其首次成为国家遗产的时代里，扮演着多种角色并产生出多种论述。1908年左右，当狄葆贤和邓实发表他们发行珂罗版出版物的意图时，将古物等同于文化遗产保存的新论述似乎并未与传统的鉴赏论述产生冲突，二者只是在晚清珂罗版期刊所创造的公共空间中毫无对话地共存。

---

1　见李景汉：《数十年来北京工资的比较》，《现代评论》，第4卷第80期（1926），页6—7；鲁迅：《鲁迅日记》，页19。

2　这座博物馆即古物陈列所，成立于1914年10月10日。关于古物陈列所的入场费用，见《晨钟报》1916年5月1日和12月30日的报道。

但即便在这个文化遗产保存的初期阶段，这股新潮流仍挟带着极大的力量涌入古物的公共空间，特别是在重新界定和重新调整不同古物和艺术品的类别方面。

### 五、艺术和古物的概念与分类

自 1905 年创刊以来，作为《神州国光集》姊妹刊的《国粹学报》就大量刊登了被视为国粹与文化核心的历史人物和文物之插图。[1] 值得注意的是，这本杂志不见得是使用珂罗版印刷，但却是古物复印的先驱。作为清末"国学保存会"的官方刊物，该刊推动形成了一种反清政府、反帝国的中华民族文化。除了宣扬其政治立场的图像，例如所谓的汉族先祖名人肖像外，该刊还收录了一些可供理解晚清中国艺术和古物观念的历史文物。

当这些历史文物首次出现在 1907 年的《国粹学报》时，被统称为"中国美术品"，而并未区分其来源、类型或质量。由于每页都只有一到两个图像，而无明确的编辑意图或等级排序，因此，不论其是铜镜、文人画还是古印，每件插图化的历史文物都被赋予了同等的地位。[2] 其中，一座象牙微雕建筑（图6.5）、两幅刺绣画和一件青花瓷盘（图 6.6）即是可供进一步探索的例子。

主要建立于南宋与明代的中国鉴赏传统中，虽然对青铜器、陶瓷、书法与绘画有着复杂的审美论述，[3] 却几乎未提出欣赏象牙雕刻或刺绣作品的标准。

---

1　《国粹学报》的宗旨和内容比本章对其之简要介绍要来得复杂。例如，该刊于晚出的期刊中，改变了对于引进外国学术的敏锐态度。关于该学报与社会的关系，研究者众，在此仅能引用一小部分。见 Laurence A. Schneider, "National Essence and the New Intelligentsia," 及 Martin Bernal, "Liu Shi-p'ei and National Essence," 皆收入 Charlotte Furth, ed., *The Limits of Change: Essays on Conservative Alternatives in Republican China* (Cambridge, Mass.: Harvard University Press, 1976), pp. 57-89、90-112；范明礼：《国粹学报》，收入丁守和编：《辛亥革命时期期刊介绍》（北京：人民出版社，1982），页 314—366；郑师渠：《晚清国粹派：文化思想研究》（北京：北京师范大学出版社，2014）。

2　对于期刊中所包含图片的详细讨论，见 Lisa Claypool, "Ways of Seeing the Nation: Chinese Painting in the National Essence Journal (1905-1911) and Exhibition Culture," *Positions: East Asia Cultures Critique*, vol. 19, no. 1 (winter 2011), pp. 1-41.

3　遗憾的是，关于中国鉴赏史的研究很少。针对中国收藏文化、特别是晚明时期一些重要议题的探讨，见 Craig Clunas, *Superfluous Things: Material Culture and Social Status in Early Modern China* (Urbana and Chicago: University of Illinois Press, 1991)。亦可参见以下展览图录中所收录

图6.5　象牙雕刻图像　　　　　　　　图6.6　瓷盘图像

它们当然是文人——受过传统教育、留下大量鉴赏著作之阶层——的收藏品，却不属于那些被视为值得载入文人趣味史和鉴别体系的著名艺术品类。更何况鉴赏文献中所提到的象牙，多半是印章或文房杂项，而非意在展现出色工艺技巧的物品，如《国粹学报》中所刊登的象牙建筑一样。显然，这是为了出口而不是供中国文人收藏家欣赏所设计的。[1] 另一件或为晚清外销品的瓷盘，则进一步点明了民间物品被纳入"中国美术品"类别的做法；[2] 该一类别涵盖了许多种类的历史文物，而无高级或民间艺术之区分。

　　若我们从鉴赏学转向传统的古物研究，眼前便会浮现出更耐人寻味的景象。亦即高质量的陶瓷虽然从北宋时期便开始进入文人鉴赏的视野，[3] 但陶瓷

的数篇论文：李玉珉主编：《古色：十六至十八世纪艺术的仿古风》（台北：台北故宫博物院，2003），页264—317。

1　关于明清象牙文物，见 Craig Clunas, "Ming and Qing Ivories: Useful and Ornamental Pieces," in William Watson ed., *Chinese Ivories from the Shang to the Qing: An Exhibition Organized by the Oriental Ceramic Society Jointly with the British Museum* (London: Oriental Ceramic Society, 1984), pp. 118-133、182-190; 杨伯达：《明清牙雕工艺概述》，收入高美庆编：《关氏所藏中国牙雕》（香港：香港大学艺术馆，1990），页127—137。

2　此盘所附的标题说明其为晚明时期的作品，见《国粹学报》，第38号（1908），插图部分。然而，它很可能是19世纪民窑所烧制的外销用产品。感谢台湾大学毕业的硕士生彭盈真协助笔者确认其年代。

3　关于文人所撰之名窑及其产品的相关文献，见冯先铭：《中国古陶瓷文献集》（台北：艺术家出版社，2000）。

器却未被纳入传统的历史古物研究，即所谓的"金石学"中。这一学术传统主要关注的是通过对于刻有铭文的青铜器、玉石、石头等进行古文字学分析来研究中国古代史，唯作为实用器物的陶瓷器大多缺乏铭文，因此不在其考虑范围内。然则《国粹学报》却将象牙、陶瓷等文物与流传有绪的青铜器、书法、绘画等无差别、并列收录，创造出一套有别于传统鉴赏学和金石学的文物史料新准则。此外，由于"［纯］美术"（fine arts）一词是 1900 年前后才从日本引入的新词，[1] 因此"中国美术品"这一标签也展示出一个能够全面性概括历史文物的新认识论基础；也就是将"美术"这一包括各种古物并将各种古物视为同等重要的类别，放在"中国"的民族主义框架下进行修改。

当晚清时期众多新词与外国思潮涌入中国之际，1908 年由邓实所创办的、意在比《国粹学报》更强烈展现文化保存意识的《神州国光集》，则进一步阐明了当时对于美术和古物的概念。例如，该刊之编辑声明中，便将"美术"这一全面包罗各种与中国民族紧密相关之历史文物的类别，与"古物"（antiquities）和"文物"（cultural relics）这两个词交替使用。在清末民初，诸如"美术"、"文物"、"古物"、"国宝"（national treasures）等词语经常被互换使用，此可能是由于"美术"这个新词尚未被明确对应到西洋"美术"的领域，即绘画、雕刻和建筑。[2] 例如，邓实在《神州国光集》的编者"叙"中，即未清晰地区分被视为"美术"的物品在审美价值和历史价值上的差异。"美术"一词的日语为"びじゅつ"（bijutsu），乃 1872 年日本参加在维也纳举办的世界博览会时从德语"Kunst"借用而来，日后逐渐被规范为将日本与西方传统之审美文物和历史文物予以分类的有机结合。与此同时，与"びじゅつ"相关的概念，也在日本推动文化保存和艺术展览的社会政治趋势中扮演着关键性角色。[3] 和"びじゅつ"一样，"美术"一词在 20 世纪初的中国也经历了

---

1　见陈振濂：《"美术"语源考——"美术"译语引进史研究》，《美术研究》，2003 年第 4 期，页 60—71；2004 年第 1 期，页 14—23；小川裕充：《"美术丛书"の刊行について：ヨーロッパの概念"fine arts"と日本の訳语"美术"の导入》，《美术史论丛》，第 20 号（2004），页 33—54。
2　即便在西方，"fine arts"的定义也很灵活多变。然而，自文艺复兴时期以来，绘画、雕刻和建筑领域在传统上就被公认是"高级艺术"（higher arts）或"精致艺术"（fine arts）。
3　见北泽宪昭：《眼の神殿："美术"受容史ノート》（东京：美术出版社，1989）；佐藤道信：《〈日本美术〉诞生：近代日本の"ことば"と战略》（东京：讲坛社，2002）。

一系列转化，才发展出众所公认、对应于西方"美术"的意义。在其传入中国的最初十年，"美术"一词在报纸杂志、学术论著，以及艺术展览与艺术团体的名称中频频出现，成为一个象征新的艺术、文化遗产保存和展演文化等论述崛起的新词。

然而，这个词语的广泛流传却未引起太多关于其之能指（signifier）的讨论，其充其量被认为是一个多义词（polysemous），偶尔存在着歧义和矛盾。一般来说，在20世纪初，"美术"一词对于那些感兴趣于德国哲学——如康德（Immanuel Kant，1724—1804）和叔本华（Arthur Schopenhauer，1788—1860）思想——的中国知识分子而言，乃包括了绘画、雕刻、建筑、音乐和诗歌，而且与强调艺术在生活中具有不可或缺性密切相关。此番理解，与"美术"的另两个重要定义并存：一是西方的"美术"概念——绘画、雕刻和建筑，二是传统上被称为"古物"的更广泛的历史文物范畴（如邓实"叙"中所指）。[1]

邓实和狄葆贤都以"美术"作为一个新词，形成了民族主义框架内文化遗产保存和展演文化概念的核心。"美术"可以轻易地被转换为"古物"、"文物"等历史悠久的汉语词汇，而无须进一步地解释或学术讨论，它可以包罗任何被认为具有重要保存价值的历史物品。其中，"文物"一词虽然有着超乎传统"古物"（antiquities）框架的多重含义，但在1914年左右，"古物"一词作为一个沿用千年或时间更久、传统上泛指礼器、出土文物、度量衡等各类历史物品的词汇，[2]似乎已成为文化遗产保存论述的关键词。在商业出版物、政府文件和公共机构的名称中，"古物"这一标准化的词语传达了文化遗产保存和公共展览的社会政治理念，亦即恰当对待中国历史长河中所有制品的方式。[3]与此同时，"美术"则逐渐以视觉艺术作为其基本含义，或作"美

---

1　除了本书页214注1所引用的参考文献外，"美术"一词经常出现在《教育世界》和《学报》这两本杂志里。其中，罗振玉编辑的《教育世界》于1901年创刊，介绍与教育有关的新思潮；以上海和东京为据点的《学报》则是1907年至1908年间发行的存在时间极短的期刊，致力于提倡西方学术。

2　参见（后晋）刘昫：《旧唐书》，收入（清）纪昀等总纂：《景印文渊阁四库全书》（台北：台湾商务印书馆，1984），第269册，页696；（宋）郑樵：《通志》，收入（清）纪昀等总纂：《景印文渊阁四库全书》，第379册，页371；（宋）李焘：《续资治通鉴长编》，收入（清）纪昀等总纂：《景印文渊阁四库全书》，第315册，页828—829。

3　见《东方杂志》；中国第二历史档案馆编：《中华民国史档案资料汇编》（南京：江苏古籍出

术"，或作"艺术"（art）；这一术语最初涵盖古典汉语中所有的手工技能，但在 20 世纪初从日语中借用而来后，则用于表示包括装饰艺术在内的各类艺术品。[1]

上述的讨论表明了用于"艺术"和"古物"的词汇，在调解中国、日本及西方观念的过程中，经历了一段交涉协调的过程，而《神州国光集》则进一步揭示了清末对于历史物品类别的细部调整。和《国粹学报》一样，《神州国光集》也收录了超出传统上可堪收藏和可资研究范围的物品。总的来说，这本双月刊将文物插图分为两大类："金石"（金属或石制的古物）与"书画"（书法和绘画）。书画一类，自六朝以来一直是固定不变的类别，以毛笔为共同的工具，以卷轴为常见形制。[2] 至于金石，则在宋代成为一项受人尊敬的研究类别，然而该类别所包含的物品并不固定。在宋代，这一类别乃由青铜器、玉器和碑刻组成；到了清代中叶，由于金石研究的复兴和盛行，这一类别才进一步扩大，涵盖砖、瓦等在内；及至 20 世纪初，随着考古出土文物的大量出现，金石的范畴又进一步扩大，包括甲骨文、古陶瓷、随葬品等新发现的文物。[3]

《神州国光集》中的珂罗版图像，大抵证实了金石与古物的范畴在文化遗产保存的论述中有不断扩大的趋势。起初，该双月刊中刊登了许多青铜器和碑版拓片，这些都是在青铜器原件不易取得的情况下、金石学者的关注对象。然而，青铜器和碑刻实物的出现，表明了这一传统正历经着从注重古文字学、

版社，1991），第 3 辑"文化"，页 7—9、185—202。民国初年有两座以古物为名的公共机构成立，即古物陈列所和南京古物保存所。见王宏钧编：《中国博物馆学基础》（上海：上海古籍出版社，2001），页 81。

1 "艺术"原为古典中文用语之一，然其意义于 19 世纪末经日本转化后，改以新的意涵传回中国。见 Federico Masini, *The Formation of Modern Chinese Lexicon and Its Evolution toward a National Language: The Period from 1840 to 1898* (Berkeley: Project on Linguistic Analysis, University of California, 1993), p. 213. 关于"美术"的转变，见陈振濂：《"美术"语源考——"美术"译语引进史研究》，《美术研究》，2003 年第 4 期，页 60—71；2004 年第 1 期，页 14—23。

2 见（南朝宋）范晔：《后汉书》，收入（清）纪昀等总纂：《景印文渊阁四库全书》，第 253 册，页 269。

3 见容庚："序"，《金石书录目》（北平：商务印书馆，1930），页 1—5。唯不同于容庚（1894—1983）这位介于传统金石学至现代考古学过渡时期的学者，其他金石学者对于这一定义之拓宽采取较为保守的态度。参见陆和九："序"，《中国金石学》（上海：上海书店据 1933 年版重印本，1996）。

再到强调整体实物之三维物质性的转变。[1] 此外，探究新发现的物品如何被归类到一个主要由金石和书画所组成的系统中，也很重要。一方面，其中一些物品，例如带有佛教图像的石碑，被归为"金石"一类。这般归类并非毫无根据，毕竟传统碑刻拓片即包含佛教浮雕，即便对石碑原件收藏的可能性远小于拓片。[2] 但另一方面，一些类似的石碑和青铜佛像却被归类为"造像"——这一适用于各种立体宗教图像的传统类别中。至于其他以随葬造像为主的新出土立体物品，则被归类在"泥"这一基于其所用材料而新发明的类别里。[3]

此一关乎新发现文物之分类的复杂性，表明了它们已超出中国传统中可堪收藏与可资研究的范畴。这也意味着在中国传统的历史文物分类中，并没有等同于西方术语"雕刻"（sculpture）此一能轻易涵盖这所有文物的概念。这让我们得以进一步印证，在"美术"一词被引入中国的最初十年，西方的"美术"概念并未在中国扎根。

以上提到的随葬雕像，传统上被称为"俑"，属于为了陪葬而特意制作的"明器"之一种（图 6.7）。这些禁忌之物由于被视为不祥的、不可欣赏的，亦与治国之道无关，因此很少出现在文人著作中，更遑论收藏了。[4] 然而，《神州国光集》中所阐述的近现代文化遗产保存概念，却改变了人们对于随葬品的看法。它为所有历史文物赋予新的意义，正如《中国名画集》虽只侧重某一类艺术品，却将中国绘画从仅供个人欣赏的审美物品转化为国家文化遗产一样。而一旦随葬品这种中国古物进行现代转化而摆脱了其丧葬意涵，重新被归入"美术"或"古物"的大类时，中国过往的所有文物亦被赋予了新的认知基础。

新兴的民族主义框架为古物的现代化转型提供了基础。"国家"既是文化遗产保存项目之论述用以决定其边界和结构的概念，同时也作为拥有政治

---

1　见《神州国光集》，第 12 集（1909）；第 20 集（1911）；第 21 集（1912）。
2　据叶昌炽（1847—1917）所述，原碑之收藏始于北宋，但不若清代学者广为研究的碑帖那般普及。见叶昌炽著，柯昌泗评：《语石》（北京：中华书局，1994），页 563—564。
3　见《神州国光集》，第 9 集（1909）；第 10 集（1909）；第 13 集（1910）；第 20 集（1911）；第 21 集（1912）。
4　见罗振玉："序"，《古明器图录》（自印本，1916）；郑德坤、沈维钧：《中国明器》（北平：哈佛燕京学社，1933），页 8—10。

权力和行政管辖权的权威机构，通过实施和执行相关政策来塑造该一项目。与运用图片为古物打造公共空间的珂罗版印刷品相比，运用调查和其他现代治理技术的国家机构在文化遗产保存项目中同样扮演了重要的角色。

如上所述，珂罗版古物复印系以高级官员及其友人、或为高级官员工作的人们为主要参与者。[1]他们为古物所打造的该一公共空间，并无意于挑战国家的意识形态或政策，而是将古物融入"国家"的概念参数中，并致力于推动国家和私

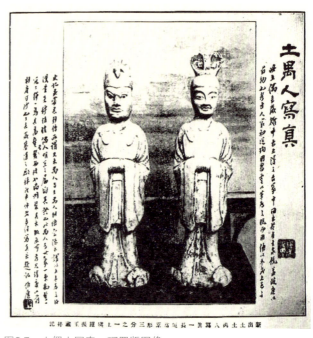

图6.7　土偶人写真，珂罗版图像

人博物馆的建立。[2]尽管清朝和民国政府有着截然不同的政治体制，但在文化遗产保存政策方面却表现出延续性。1911年辛亥革命所带来的政治断裂，看似并未对许多受教育者所关心的文化政策产生戏剧性影响。

1916年进行的全国古物普查，接续完成了始于清末的一项未竟计划，至少是在被北洋政府进行有效控制的省份范围内。[3]这项普查代表着晚清文化遗产保存项目的实现，而其概念最早即是由《中国名画集》和《神州国光集》所提出。例如，1916年内务部发布全国调查咨文所使用的论调，便传达出与狄葆贤和邓实相似的文化遗产保存态度。再者，该项普查以省为主要划分单位，

---

1　例如，罗振玉虽然称不上是清末高官，但他推动了几项重要的教育和农业改革，并以这样的身份与许多高官共事。见罗振玉：《集蓼编》，收入存萃学社编：《罗振玉传记汇编》（香港：大东图书公司，1978），页157—188。

2　见邓实："叙"，《神州国光集》。

3　见中国第二历史档案馆编：《中华民国史档案资料汇编》，第3辑"文化"，页199—201。该次针对河北、河南、山西、山东等四个省份进行古物普查的结果，于1918年和1919年出版。关于其最近的重印本，见内务部编：《民国京鲁晋豫古器物调查名录》（北京：北京图书馆出版社重印本，2004）。

图6.8　王蒙，《青卞隐居图》，珂罗版图像

采用标准化表格列出古物的名称、日期、地点以及负责特定古物的人员或机构。根据该表格，每件文物都被赋予了无关其审美质量或历史渊源的同等价值。这种平等主义业已存在于前面提到的珂罗版期刊中。例如，在《中国名画集》创刊号（1908）中，佚名画家的一幅画作便与狄葆贤收藏中最重要的画作、同时也是中国文人画的伟大杰作之一——王蒙（1308—1385）《青卞隐居图》（图 6.8）——并列展示。[1] 这种不带歧视的态度正反映了民族主义的基本前提：保存原则均适用于被认定是国家遗产的一部分的所有古物。此外，该项普查还将私人收藏纳入国家遗产的范围内，这种对个人收藏的重新界定，也贯穿于《中国名画集》与《神州国光集》的编辑方针中。

　　尽管有不足之处，《神州国光集》所采用的分类方式仍代表了一种将各式古物纳入一致且易于管理之分类体系的初步尝试。此外，凭借着其编辑理念、原则和方针，《中国名画集》和《神州国光集》亦为文化遗产保存项目提供了一个概念框架。很显然，它们为 20 世纪初中国的古物概念和分类之规范化铺平了道路。

## 六、视觉性（Visuality）和物质性（Materiality）

　　近现代中国在古物方面的最大转变，是发展出一种将中国过去的物品转变为国家遗产的民族主义，这个过程涉及公共和私人持有的古物。在文化遗产保存项目中，特别是在其初期阶段，珂罗版技术为古物之展示创造出了一个社会空间，这在当时被认为是文化遗产保存的第一步，也是最重要的一步。

---

1　关于狄葆贤家族的书画收藏，见狄葆贤：《平等阁笔记》，页 1/10b-12b、13b-14a、4/19b-20a；狄葆贤：《平等阁诗话》（上海：有正书局，1910），页 2/20a-21b、26b-29a。

更重要的是，珂罗版技术通过向公众展示值得保存的物品，使文化遗产保存的观念更为活络。

由于文化遗产保存的核心思想在于保存古物本身，所以有关真实性的课题长期以来一直是近现代国家遗产保存项目之重点。诚如戴维·劳文塔尔（David Lowenthal）和伦道夫·史坦（Randolph Starn）所指出的，真实性在文化遗产保存中的主导地位建构了一则现代神话，而该一神话的前提，便是基于价值判断赋予"忠实于物品本身"（true to the object itself）概念权力。[1]就某种意义而言，这种"真实"（authentic）的价值，取决于被保存物品那不可化约的独一无二的存在，且最重要的是通过其视觉性和物质性来加以理解。以一件拓片为例，尽管它忠实于时间的痕迹，能传达出历史更迭所造就的美感，[2]却无法如肉眼所见般地呈现该物品的具体形状和物质性。毕竟其所获得的物质性，乃是通过擦拓的行为将铭刻文字转移到片纸上，比起视觉性毋宁说更具有触觉性。相反地，近现代文化遗产保存项目的推动者，如狄葆贤、邓实与其他珂罗版爱好者们，则是就摆放在他们面前的物品进行整体的评估。

视觉性与物质性的结合，体现了传统古物概念与现代古物概念之间的巨大鸿沟。作为国家遗产，古物成为近现代历史延续性的能动者，使国家的历史从古代至现代保持无缝衔接。一般来说，除了晚明等中国历史上的某些特殊时期，文本在历史传承中扮演着更为显著的角色。[3]唯有文本才能将断裂和混乱的时间感组织并整合成一种连贯的历史意识。就广义而言，古物及其出现在绘画和木刻版画中的图像，都不如文本来得有历史能动性，更不用说那些由近现代文化遗产保存的角度来看拥有独一无二和不可替代性的任何特定古物了。即使宋代文人所持有的某些青铜器承载了古代仪式中的意义，从中

---

1　见 David Lowenthal, *The Past Is a Foreign Country* (New York: Cambridge University Press, 1985), pp. 230-231; Randolph Starn, "Authenticity and Historic Preservation: Towards an Authentic History," in Randolph Starn, *Varieties of Cultural History* (Goldbach: Keip Verlag, 2002), pp. 281-296.

2　关于拓本的美感与历史感，见 Wu Hung, "On Rubbings: Their Materiality and Historicity," in Judith T. Zeitlin and Lydia H. Liu, with Ellen Widmer, eds., *Writing and Materiality in China: Essays in Honor of Patrick Hanan* (Cambridge, Mass.: Harvard University Asia Center for Harvard-Yenching Institute, 2003), pp. 29-72.

3　关于视觉在晚明中国的意义，见 Craig Clunas, *Pictures and Visuality in Early Modern China*.

可以窥见中国黄金时代治国之道的精髓；[1] 然而，这些特定的青铜器并未被重新定位和重新归类到一个民族国家的框架中，也没有被视为绵延不断历史的具体体现。

再者，众所周知，使赤壁、黄鹤楼等历史遗迹成为历史意识的载体，并非通过保存遗迹本身来实现。更确切来说，将中国历史遗迹呈现且重现为历史记忆一部分的能动者，其实是那些以诗词散文形式评论这些遗迹之著名词句。即便是对于一个虚构的遗迹，历史记忆仍然可以通过文字本身传递下去，而物质符号的真实性则没有为该遗迹及其相关记忆带来神话般的光环。[2] 显然，近现代文化遗产保存项目的运作，乃是基于与上述以文本为导向之中国历史意识态度相抵触的视觉性和物质性。[3]

但是，珂罗版印刷究竟如何传达一种三维物质感？这种感觉又如何催生出作为文化遗产保存项目之表征的古物新观点呢？在《中国名画集》中，图版的视觉效果虽然远不如《国华》，但为观众提供了一种犹如亲眼所见的体验。而且，该刊的其他特点，例如列出每幅画的精确尺寸，亦有助于创造出一种画作乃实际存在的真实感。这是中国画史上第一次成功地让复制品在视觉上保留原作效果而无任何改变，除了尺寸缩小之外。举例来说，晚明的插图书《顾氏画谱》虽号称以历代大师画作为原型，仍不得不调整、甚或经常扭曲每幅画的尺寸以符合书籍开本，并且将手绘的笔触转换为雕刻线条。[4] 如此一来，纵使画册中仍保留了某些大师的原创风格，原画作的视觉性和物质性肯定也会在从卷轴转换为版画的过程中有所丧失。以传王时敏（1592—1680）《小

1　见陈芳妹：《追三代于鼎彝之间——宋代从"考古"到"玩古"的转变》，《故宫学术季刊》，第 23 卷第 1 期（2005 年秋季号），页 271—281。

2　见 F. W. Mote, "A Millennium of Chinese Urban History: Form, Time, and Space Concepts in Soochow," *Rice University Studies*, vol. 59, no. 4 (1973), pp. 35-65; 石守谦：《古迹、史料、记忆、危机》，《当代》，第 92 期（1993），页 10—19；陈熙远：《人去、楼塌、水自流——试论坐落在文化史上的黄鹤楼》，收入李孝悌主编：《中国的城市生活：十四至 20 世纪》（台北：联经出版事业公司，2005），页 367—416。

3　David Lowenthal 也提到牟复礼（F. W. Mote）对于中国历史遗迹和历史记忆的看法（见本页注 2 所引书目），以此强调近现代西方文化遗产保存观念与之全然不同的倾向。见 David Lowenthal, *The Heritage Crusade and the Spoils of History* (Cambridge, U.K.; New York: Cambridge University Press, 1998), pp. 19-21.

4　见 Craig Clunas, *Pictures and Visuality in Early Modern China*, chapter 5.

中现大》册为例，就算是针对历代大师的山水画所进行的细致临摹，仍无法再现原作的构图和笔触。[1]

通过诸如描摹等各种复制过程来再现一幅绘画或书法作品的做法，可谓中国艺术创作和艺术传统传承的核心课题。有关复制之复杂和多层次的概念化，需要一整本书的篇幅才能够阐明。然而，无论复制品与原作之间有着怎样的细节差异，在近现代之前，中国书画的复制品都无法完整地保留原作的所有视觉特征。只有在珂罗版技术引进之后，才有可能实现真正忠实的绘画复制。

一般来说，中国书画史上的复制品，可作为艺术创作的模板、艺术欣赏的替代品、获取艺术知识和鉴赏能力的入门指南，以及用来保存原作的副本。其中，传统复制品的一项功能是使皇室收藏的优质艺术品得以存有多个版本。画作的珂罗版复制品虽然也意在保存原作，却是涵盖在文化遗产保存和展览的框架下，且其广泛传播也促进了大众教育。然而，数量并非唯一的标准，诸如目击效果和高逼真度等珂罗版复制品所具有的品质，也突显了物质性和视觉性在近现代文化遗产保存和展览论述中的重要性。

《神州国光集》不仅收录了绘画和拓片，还包括青铜器和佛像的图像，它们正展示了珂罗版复印多种古物的方式。该刊中的佛教石碑和造像都以正面全貌来呈现，并无空间深度之暗示。相较之下，《国华》则采用四分之三侧面的视角来展示一尊佛像，并以对角线透视赋予物体及其周围环境之空间深度感（图 6.3）。这意味着在《神州国光集》中，投射于佛像上的光影确实为其塑造出立体感。此外，正面全貌视角则为观者提供了最全面的观看视角，即一个引导观者直接反应并进行仔细审视的角度（图 6.9）。[2] 又，刊中收录的一件青铜"爵"，同样也使用了一种呈现其外形、装饰和质地的全面性视角。由于 1911 年前后金石学的研究仍方兴未艾，爵内所刻古代文字也以拓片形式出现在爵的图像旁（图 6.10）。

---

1　在这套册页中，临摹了传 11 世纪大师巨然所作的《雪景》一开，此作便是拙于复制原作的最好例证。关于副本与原作之复制，见 Wen Fong, *Images of the Mind* (Princeton, N.J.: The Art Museum, Princeton University, 1984), figs. 147b、150.
2　见《神州国光集》，第 20 集（1911）、第 21 集（1912）。

图6.9　新出土石造像，珂罗版图像　　　　图6.10　青铜爵，珂罗版图像

　　将铭文与整件青铜器的图像并列，是习见于北宋以来青铜器图谱的一种传统做法（图6.11）。新式珂罗版图像与传统青铜器展示的结合，表明了尽管有新技术之引进，某些历史悠久的做法仍具有强大影响力。然而一旦有了珂罗版技术，便绝无可能遗漏青铜器的物质性与真实性，如该爵握把顶部所显现的反光。若是拿珂罗版图像与宋代图谱中类似的青铜"爵"图像作比较，可以更清楚地看出珂罗版图像如亲眼所见般的真实效果。宋代的图像虽也试图展现该物品的全貌，唯其系以扭转视角的方式来呈现器皿内部和器身中央部位的主要装饰纹路，这些都是由正面视角或水平视角绝无可能见到的部位（图6.12）。

　　关于珂罗版所带来的视觉性和物质性对中国文化遗产保存的重要程度，还可以由"全形拓"（composite rubbings）进一步看出。这项出现在清末的复合式传拓技术，可以很理想地把一件立体的青铜器转拓到一张纸上，包含其整体造型、铭文以及岁月痕迹等。尽管这是一项新的技术，但大多数的全形拓仍遵循传统的图绘惯例来展示青铜器，也就是说，其经常展现出比视觉

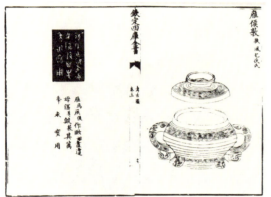

图6.11　青铜敦，木刻版画

图6.12　青铜爵，木刻版画

所见更多的器物的内部部分。例如，一些全形拓便揭示出器物的内部，使铭刻其内的文字完整可见且位于拓片的中心（图 6.13）。这种对于器物古文字学价值的重视表明，即便有了全形拓这项发明，仍无法改变或撼动金石学在晚清所占的主导地位。

　　此外，全形拓被视为一种自带欣赏趣味和收藏潜质的艺术形式，其审美价值使之得以独立于原始文物。[1] 相较之下，意图在视觉上复制古物的珂罗版技术，则未创造出具有独立地位的新艺术形式。然则作为原始文物之辅助记忆或最忠实复制品的珂罗版图像，由于具有很高的忠实度，故能以肖似原作的方式唤起观者对原物的感觉。因此，当时在古物方面的重大变革，正是来自引进

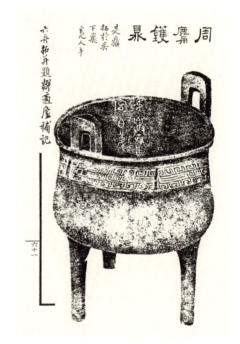

图6.13　青铜鼎，全形拓

了能够再现古物之形状、质地和装饰细节而无须顾虑其是否为青铜器、陶瓷或碑刻的珂罗版印刷术。

---

1　关于全形拓的研究，见 Thomas Lawton, "Rubbings of Chinese Bronzes," *Bulletin of the Museum of Far Eastern Antiquities*, no. 67 (1995), pp. 7-48; Qianshen Bai, "Wu Dacheng and Composite Rubbings," in Wu Hung, ed., *Reinventing the Past: Archaism and Antiquarianism in Chinese Art and Visual Culture* (Chicago: Center for the Art of East Asia, University of Chicago, 2010), pp. 291-319.

以上对于珂罗版图像、木刻版画以及全形拓的比较，并非试图论定近现代摄像制版技术作为一种复制物品的手段是具有中立性（neutrality）的。此处所引用的日本佛教造像（见图6.3）就是展示现代技术如何操纵观者的图像之认知的一个好例子。投射于造像及其背景的戏剧性灯光，营造出了神秘的氛围，强化了该造像作为国宝的视觉冲击力；造像上半身的近距离特写，特别是脸部，则让该图像能借由展现其虔诚的宗教姿态和表情，产生出一种动人的效果。相对于此，正面示人且缺乏细节表现的中国佛像之图像，虽然无法达到此番效果，但其采用的水平方向平视、全正面拍摄视角，却为观者带来一种即便是采用近现代珂罗版技术亦无法削弱的临场感和安全感（见图6.9）。

中国珂罗版图像与日本珂罗版图像的不同特点，尚体现在《中国名画集》中作为画作本身之补充、特意放大书写在画边的题跋文字上（见图6.8）。相比之下，当时日本的美术杂志则未复印那些并非写在画心内的题跋。这些杂志里的图像明显经过剪裁，仅聚焦于画中的图绘元素，而无装裱或题跋之干扰，这让人想起了大多数西方"画架绘画"（easel paintings）被复制到图册时的呈现方式。[1]中国鉴赏传统则相当重视书于画上的题跋，无论它们是否位于画心内。著名士大夫或文化领袖所写的题跋，更是因可作为理解画作历史和审美的切入点而备受推崇。

中国的珂罗版爱好者在运用这项新技术时，采用了自身的表现模式，而独立于日本模式之外。此外，如狄葆贤和邓实等编辑者以保存文化遗产为己任而引进珂罗版这一点，则类似于《国华》，而不同于经常使用珂罗版印刷的两本较早期的西洋美术杂志。世界上第一份美术杂志是1859年创刊于法国的《美术公报》（*The Gazette des Beaux-Arts*），从19世纪80年代初就开始纳入珂罗版图像。至于英国发行的《伯灵顿鉴赏家杂志》（*The Burlington Magazine for Connoisseurs*）虽只短暂出现在1903年，但从一开始就采用了珂罗版印刷。这两本西洋美术杂志显然不以文化遗产保存为着力点。[2]相较之下，《国华》的编辑声明则明确地宣示其文化遗产保存的理念，《中国名画集》

---

1　此描述适用于《国华》、《真美大观》、《东洋美术大观》这三部19世纪末和20世纪初发行的日本珂罗版艺术期刊中所收录之中国画形象。

2　见 *Gazette des Beaux-Arts*, 1.1 (1859), pp. 5-15，简介部分；"The Editorial Article."

与《神州国光集》亦效仿之。然而，这并不意味着狄葆贤和邓实在将珂罗版运用于文化遗产保存时缺乏自主性。在《中国名画集》和《神州国光集》中，珂罗版图像的复印模式变化较少，并未表现出任何艺术倾向，而是以更直接、更不加修饰的方式来解除文化遗产保存的燃眉之急。以上对这两本刊物所展现的绘画、佛像和青铜器插图之讨论，即进一步阐明了中国古物复制有别于日本的特别之处。

到了民国初年，珂罗版在中国的发展产生了变化，其重心从文化遗产保存转向了商业获利。只不过，由这项新技术所获取的商业利润并未推动珂罗版技术的发展。相反，此新技术一旦完美地契合中国图书市场，它的进步就停止了。但这之后的历史就不是我们关心的重点了。更令人感兴趣的，还是在从帝制到民国的政治转变中，珂罗版期刊在教导受教育的中国人如何观看和界定古物方面所扮演的重要角色。随着珂罗版图像的使用，其在近现代中国永远改变了古物这一类别的意义。

第七章

# 罗振玉的收藏与出版[1]
## ——"器物"、"器物学"在民国初年的成立

## 一、引言

    罗振玉（1866—1940）不仅是清末民初著名的学者、收藏家、出版人、艺术品商人，也是个集教育与农业改革者、前清遗老及伪满洲国官员等身份于一身的人物。研究者近年来对其多彩多姿的一生，以及在中国近现代史上所扮演的多样且充满矛盾的角色，有了更全面的认识。[2]晚清时期，他因倡议新学有功，而为张之洞等清末大员及清政府重用；当时代的巨轮一转，1911

1    本研究获得台湾"科学委员会"年度计划补助，谨申谢意，并感谢京都大学平田昌司教授于笔者赴日研究期间的协助。本章初稿曾发表于 2008 年 8 月由黄巧巧（Nixi Cura）及杨佳玲教授所组织的罗振玉研讨会中，非常感谢两位组织者的邀约。白谦慎及高哲一（Robert J. Culp）两位教授曾于不同阶段对本章提出了宝贵的建议，受益良多。另外，感谢两位匿名审稿人的意见，让本章更为完整。本章原为英文，承蒙牛津大学刘宇珍博士翻译成中文，在此一并申谢。
2    见 Shana Julia Brown, "Pastimes: Scholars, Art Dealers, and the Making of Modern Chinese Historiography, 1870-1928," (Ph.D. diss., University of California, Berkeley, 2003); 林志宏：《民国乃敌国也：政治文化转型下的清遗民》（台北：联经出版事业公司，2009）；张惠仪：《遗老书法与新出土书法材料——20 世纪中国书法发展的契机》,《台湾大学美术史研究集刊》，第 19 期（2005），页 163—208. 关于罗振玉在苏州的教育改革，见 Peter Carroll, *Between Heaven and Modernity: Restructuring Suzhou, 1895-1937* (Stanford, Calif.: Stanford University Press, 2006), pp. 119-124. 此外，黄巧巧（Nixi Cura）在 2007 年 3 月 24 日美国亚洲研究学会（Association for Asian Studies）的年会上，组织了以清朝遗老文化活动为主题的专场（panel）；除笔者外，参加者尚有白谦慎、宗小娜（Shana Brown）、傅佛果（Joshua A. Fogel），而罗振玉即是此专场中最常被提及的人物。

年政治鼎革之际，他仿佛在一夜之间从晚清时声誉卓著的改革提倡者，变为
效忠前朝的保守势力，与民国初年主流的社会文化思潮相对立。他虽崇尚中
国古学，在保存传统的种种作为（practices）上却又处处师法日本，且在日本
所扶植的伪满洲国任职。他一生中时为大大小小的经济问题所迫，挣扎在供
养其家或实践自身对学术与古物保存的使命之间。经济压力及学术使命虽驱
使他广搜文物，并出版大量的书籍，因而成为中国历史上最多产的作者与编
者之一，却也让他背上了传统士大夫避之唯恐不及的市侩之名。

　　作为一个历史人物，罗振玉所涉及之多样的道德与政治议题，已值得研
究者关注。本章则欲将焦点置于罗振玉于民国建立后的十年间（约 1911—
1920），他以一介避居海外的清朝遗老，对学术研究及古物保存等所进行的
种种文化作为。借助罗振玉的收藏及其出版事业，本章将探讨近现代中国历
史上与古物保存息息相关的重要课题——"古物"的重新定义与重新分类。
新定义与新分类不仅赋予"古物"崭新的思考架构与历史意义，"古物"亦
反过来赋予保存论述"实质"（materialistic）的内涵，对于何谓"中国"形
成新的认识。此一对"中国"的新认识是建立在一件件具体的物品上，而非
只是典籍中记载的文献内容。可说罗振玉在这过程中扮演着极为关键的角色；
他将各种各样的历史物品都收纳在古物保存的论述里，而新的分类、新的思
考架构亦由此应运而生。时至今日，我们对这些古物的看法，仍未脱离罗振
玉所提出的思考架构。

　　罗振玉对于古物保存的种种见解虽萌芽于清末，其实践却开始于民国建
立后的十年间。在此十年间，别人视他为清朝遗老，他也自认为是清朝遗老，
对遗老身份毫不避讳。和其他的清朝遗民一样，他的政治与文化理念总是紧
密相连。当旧时代的价值观随着清朝政权的瓦解而渐被抛弃，一股存亡继绝
的迫切感促使罗振玉积极地实践其古物保存的理念，他遂在 20 世纪 10 年代
清楚地表达了这些文化主张。罗振玉忠于清室、甘为遗民的政治选择，实与
其保存古物的种种文化作为密切相关。在清朝倾覆前，罗振玉展现出了更宏
大的企图，等到民国肇建，自己成了人人眼中保守的清遗民后，他才专心于
古物保存及相关的学术研究。

本章横跨当前中国研究中的两个新兴领域——古物保存与清遗民研究。近年来，好古之风（antiquarianism）作为一学术课题，已吸引了来自人类学、考古学、历史学与艺术史学等背景的学者从事跨领域的研究。中国悠长的史学传统与尚古之风，更令此议题充满了前景。然而，除了中国自身所具有的绵长传统之外，对中国好古之风的研究实仍处于蒙昧不明的状态。其中固然不乏开创性的研究，却仍缺少大批学术成果的厚实积累。[1] 对于古物及好古之风在近现代中国的转化的研究，例如关于 20 世纪初政府、民间团体与个人关于古物保存的论述与实际作为，更几乎没有。本章意欲填补此一空白，以罗振玉为切入点，检视其古物保存的理念如何在他成为清遗民后的十年间，逐步落实并发挥作用的。

## 二、重新评价清遗民及罗振玉

学界对罗振玉的兴趣，反映出他们欲进一步理解这批忠于清室之精英的更大企图。[2] 此企图促成了对清遗民的重新评价，特别是清遗民在民国时期纷扰的政局中的立场，以及他们在传统精英文化转型至现代的过程中所扮演的角色。姑不论学者们用以探索的角度是否有所异同，其总体的研究成果可说是丰富了民国初期政治、社会及文化所呈现的历史图像。

对清遗民的负面报道可追溯至辛亥革命成功之始，于民国初年更是屡见不鲜。被讥为"遗老"的这批人，是民初公众媒体批判的一大对象。他们既

---

1　关于中国好古之风的开创性研究，见 Jessica Rawson, "The Many Meanings of the Past in China," in Dieter Kuhn and Helga Stahl, eds., *Die Gegenwart des Altertums: Formen und Funktionen des Altertumsbezugs in den Hochkulturen der Alten Welt* (Heidelberg: Ed. Forum, 2001), pp. 397-422; Craig Clunas, "Images of High Antiquity: The Prehistory of Art in Ming Dynasty China," in Dieter Kuhn and Helga Stahl, eds., *Die Gegenwart des Altertums: Formen und Funktionen des Altertumsbezugs in den Hochkulturen der Alten Welt*, pp. 481-492；陈芳妹：《宋古器物学的兴起与宋仿古铜器》，《台湾大学美术史研究集刊》，第 10 期（2001），页 37—160；陈芳妹：《追三代于鼎彝之间——宋代从"考古"到"玩古"的转变》，《故宫学术季刊》，第 23 卷第 1 期（2005 年秋季号），页 267—332。此外，可见近期出版的相关的新书：Wu Hung, ed., *Reinventing the Past: Archaism and Antiquarianism in Chinese Art and Visual Culture* (Chicago: The Center for the Art of East Asia, University of Chicago, 2010).

2　关于清遗民的研究成果，见林志宏：《民国乃敌国也：政治文化转型下的清遗民》，页 4—14。

然仍以皇清子民自居，其公众形象自不可避免地与失势的王朝相连。在政治上，他们被当成贪得无厌、镇日权谋、处心积虑筹划复辟的野心分子；在文化与社会上，他们又因所效忠的君主政体及其相应的价值（如传统的家庭伦理等）而显得迂腐陈旧，甚至有害于现代化新中国的未来。[1]

再者，当今主流的史观亦多侧重于促成中国现代化的元素，将新文化运动（约 1916 年—20 世纪 20 年代初）描述为主导中国现代历史轨迹甚至是唯一的思想、政治、社会与文化潮流。新文化运动的思想基础中来自海外的新成分，以及运动本身所造成的社会文化剧变，不仅早已是学者们关注的焦点，也决定了历史叙述的基本调性。[2] 即使在讨论所谓与新文化运动相对立的"文化保守主义"的研究中，亦不见清遗民的踪迹。[3] 学者们在研究中国近现代思想史时，多半选择讨论那些积极参与各种思想及社会文化论辩的人物。即便"文化保守主义"此一标签可包含不同背景的知识分子，且各有其拥护的政治、社会及文化观点，清遗民仍因其与当代主流的论辩看似无关，而隐身于历史舞台之后。[4]

若以革命史观来看，1911 年的辛亥革命赋予民国合法与正统的地位，清遗民在中国近现代史上遂显得较边缘，对他们的评价亦多属负面。无论在国

---

1　虽然只有少数清遗民积极参与复辟运动，然报刊所载的清遗民形象仍是如此，既片面又偏颇。例见《晨钟报》，1916 年 9 月 26 日、10 月 1 日、11 月 11 日、11 月 17 日；1917 年 3 月 20 日、3 月 23 日、4 月 24 日、4 月 27 日、5 月 2 日、6 月 20 日、6 月 25 日、8 月 13 日、8 月 17 日、9 月 5 日、9 月 20 日、9 月 26 日、10 月 24 日、10 月 25 日、11 月 1 日；1918 年 1 月 11 日、1 月 24 日、2 月 4 日、2 月 10 日、2 月 18 日、3 月 4 日、3 月 9 日、4 月 15 日、5 月 8 日、5 月 31 日、6 月 7 日。近期的研究亦显示出清遗民在 20 世纪初期多给人以负面的观感，见张惠仪：《遗老书法与新出土书法材料——20 世纪中国书法发展的契机》，页 163—208；林志宏：《民国乃敌国也：政治文化转型下的清遗民》，第 5 章。
2　近年来，研究中国近现代史的学者在看待新文化运动对历史撰述的影响时，已有了不同的见解。见 David Der-wei Wang, *Fin-de-siècle Splendor: Repressed Modernities of Late Qing Fiction, 1849-1911* (Stanford, Calif.: Stanford University Press, 1997), pp. 1-52; Rana Mitter, *A Bitter Revolution: China's Struggle with the Modern World* (Oxford: Oxford University Press, 2004).
3　例如，Charlotte Furth, ed., *The Limits of Change: Essays on Conservative Alternatives in Republican China* (Cambridge, Mass.: Harvard University Press, 1976).
4　王国维（1877—1927）可说是唯一的例外。他被视为学术泰斗，而其投湖自尽的悲剧性结局，更使之成为 20 世纪初世风剧变下仍能坚守道德与文化节操的知识分子典范。见 Joey Bonner, *Wang Kuo-wei: An Intellectual Biography* (Cambridge, Mass.: Harvard University Press, 1986); 林志宏：《民国乃敌国也：政治文化转型下的清遗民》，第 4 章。

民党还是中国共产党的历史叙述中，辛亥革命都是正面且积极的历史过程，推翻帝制政权，结束封建时代。部分清遗民其后在伪满洲国为官，此举更被视为背叛了民国的理想，他们被认为是国族的叛徒，清遗民的历史形象于此更堕入无可挽救的地步。

相较于文献中受到高度评价的南宋及明朝遗民，史家对清遗民的贬抑更显得特殊。"忠君"的道德标准原是维持王朝政权的重要支柱，在清遗民身上显然并不适用。[1]史家对于明、清遗民迥然不同的历史评价，似乎也不全然因为清朝是满族所建立的政权。更重要的是，有一股对清朝及其一切相关价值的敌意，于清末民初之际弥漫于中国，并成为集体心理。这虽不在本章的讨论范畴之内，然若以研究明遗民的热忱对清遗民的社会文化及思想背景作进一步的了解，必能对民国初期这一段重要的历史有更深刻的认识。主流的历史研究不管对新文化运动有如何多面向、多角度的理解，清遗民的历史都无法进入新文化运动的研究议题之中。当明遗民多彩多姿的艺术与思想表现已被公认建立了17世纪下半叶文艺的黄金时代，清遗民的社会文化角色及其历史意义，仍有待探索。

然而，本章之所以重新定位清遗民，并不在于他们是常被忽略的群体，而是因为他们的确在中国近代传统文化生产的转变过程中扮演着极为重要的角色。此处所谓的"传统文化生产"（traditional cultural production），指涉文人阶层的文化，特别是足以宣示文人文化特色的艺术及古物收藏行为。大多数的清遗民都属于晚清仕清的文士，原本即为政治、社会与文化上的精英。他们自小受传统的儒学教养与科考教育，长而投入仕途，除了为官之外，尚饱读诗书，学养深厚。例如，清遗民中有多人在传统诗学与中国诗史上占有一席之地，如沈曾植（1850—1922）、陈三立（1852—1937）与况周颐（1859—1926）等。

晚清逐渐制度化的新式学校教育以及1905年科举的废除，对原本培育知识分子的社会、经济环境产生了极大的冲击。许多主导民国社会文化及政局

---

[1] 笔者认为南宋、明朝与清朝遗民的道德与政治诉求并非只是"忠君"如此简单，但此处主要论点是突显清遗民在历史中被忽略的现象，无须处理不同朝代遗民对于新旧政权的态度与思想脉络。

发展的人物，多曾留学欧美或日本。以新文化运动中互相对立的知识分子阵营为例，无论支持还是排斥新文化运动所提倡的西方价值与思想，他们分享同样的思想与社会文化资源，而西方价值在中国社会的流衍与影响，更是他们共同关心的议题。[1] 反之，属于旧时代的清遗民，除了效忠覆亡的清室之外，则致力于传统学术与文化价值观的发扬，更不欲以西方的价值衡量中国所面临的社会文化问题。

清遗民在艺术、文学等领域里的活动，不仅意在传承文人阶层种种的文化作为，更促成了传统文化生产的转化。因此，从清遗民的文化生产入手，实可提供一个探讨传统文化如何参与近现代中国极其复杂之转型过程的社会与文化脉络。这些传统因素或许还比那些自海外输入的思想、社会、文化因素，更为关键。

中国的艺术收藏文化至清朝时，已蔚为大观。参与收藏活动的人除了帝王、贵族外，主要来自两个社会阶层——文人与巨贾。清代时，豪商巨富仍以收藏古代字画为主，士大夫却已投入青铜器与拓本的收藏中。青铜器与碑石上的古文字，经过墨拓而成拓本；这些古文物，正是清代主流学术"金石学"的研究对象。对一些清代士大夫而言，作为一位金石收藏家，实可累积文化资本以发展社交网络，并巩固官僚圈里的政治结盟。

从收藏家吴云（1811—1883）、陈介祺（1813—1884）、潘祖荫（1830—1890）、吴大澂（1835—1902）、王懿荣（1845—1900）及端方（1861—1911）所留下的著作中，可窥知他们如何热切地想了解自己的藏品，亦可一探当时收藏文化如何渗透于文人士大夫的日常生活中。[2] 这些收藏家热衷出版

1 　此处指的是学衡派与新文化运动阵营的对立，见沈松侨：《学衡派与五四时期的反新文化运动》（台北：台湾大学出版委员会，1984）。谢谢林志宏教授的指点。

2 　例如，端方之所以热衷于收藏与鉴赏，即是为了进入高官收藏家的圈子。关于晚清专研金石学的士大夫藏家，见浅原达郎：《"热中"の人——端方传》，《泉屋博古馆纪要》，第 4 号（1987），页 68—73；Thomas Lawton, "Jin Futing, A 19th-Century Chinese Collector-Connoisseur," *Transactions of the Oriental Ceramic Society*, no. 54 (1989-1990), pp. 35-61; Thomas Lawton, *A Time of Transition: Two Collectors of Chinese Art* (Lawrence: Spencer Museum of Art, The University of Kansas, 1991), pp. 5-64; Thomas Lawton, "Rubbings of Chinese Bronzes," *Bulletin of the Museum of Far Eastern Antiquities*, no. 67 (1995), pp. 7-48; 中村伸夫：《王懿》，《中国近代の书人たち》（东京：二玄社，2000），页 128—161；Shana Brown, "Pastimes: Scholars, Art Dealers, and the Making

关于自家藏器的研究，书里并配有拓本或器物的图像以供读者参考。[1] 晚清士人身兼收藏家、学者、出版人等多种身份，虽非史无前例，却在晚清时日趋普遍，成为抬高个人声价的重要方式。[2] 他们其中更有采用当时最先进印刷技术的藏家，如采用摄影、石印等，都是为了自家藏品的展示与流通。[3]

　　一般而言，石印技术因价廉，于 19 世纪 70 年代至 1905 年间，多用于出版大量的科举考试用书。当用于复制古物或拓片时，石印技术因出版量大，其观众亦广。[4] 然而，当时的收藏家并未点明其预设的读者群，也未将其出书旨趣与大众教育或以"国家"为单位的古物保存使命相连接。相较之下，下一个时代的收藏家，如清朝最后几年逐渐在出版文化与收藏界崭露头角的狄葆贤（1873—1941），则明确提出欲通过大众教育的手段来保存中国所有的古代文物，明显与前一代的收藏家不同。[5]

　　罗振玉也是这么一位收藏家，他对自身藏品及出版事业亦有极为清晰的

of Modern Chinese Historiography, 1870-1928," pp. 52-57; Jason Steuber, "Politics and Art in Qing China: The Duanfang Collection," *Apollo*, vol. 162, no. 525 (November 2005), pp. 56-67. 陈介祺与同代收藏家的通信表露了当时士大夫阶层对于青铜器、拓本及古文字学的热忱。见陈介祺著，陈继揆编：《秦前文字之语》（济南：齐鲁书社，1991）。承蒙雷德侯教授告知 Thomas Lawton 的著作，在此谨表谢忱。

1　见吴云：《二百兰亭斋收藏金石记》，收入中国社会科学院考古研究所编纂：《金文文献集成》（香港：明石文化国际出版有限公司，2004），卷 7，页 508—558；潘祖荫：《攀古楼彝器款识》，收入中国社会科学院考古研究所编纂：《金文文献集成》，卷 7，页 559—611；吴大澂：《说文古籀补》（苏州：振新书社，1883）；端方：《陶斋藏石记》（自印本，1909）。

2　许多致力于金石学研究的宋代士大夫，集收藏家、作者及学者的身份于一身。见王国维：《宋代之金石学》，《国学论丛》，第 1 卷第 3 号（1927），页 45—49。其中有不少人亦推动藏器图像的流通，然而他们是否也出版自己的研究成果，仍是一大问题。见 Ya-hwei Hsu, "Reshaping Chinese Material Culture: The Revival of Antiquity in the Era of Print, 961-1279," (Ph.D. diss., Yale University, 2010), chapter 3.

3　本页注 1 所提及的最后两本书即以石印法印成。关于这些收藏家如何运用新引进的复制印刷技术，见 Thomas Lawton, *A Time of Transition: Two Collectors of Chinese Art*, pp. 13-14；陈介祺著，陈继揆编：《簠斋鉴古与传古》（北京：文物出版社，2004），页 76、79。

4　关于晚清时期对石印技术的广泛使用，见 Christopher A. Reed, *Gutenberg in Shanghai: Chinese Print Capitalism, 1876-1937* (Vancouver: University of British Columbia Press, 2004), pp. 88-127.

5　端方可说是介于新旧时代间的人物。他死于 1911 年清朝尚未覆亡时，但其藏品又多见于新时代收藏家的出版品中。关于提倡大众教育、国家遗产及古物保存的出版家，见 Cheng-hua Wang, "New Printing Technology and Heritage Preservation: Collotype Reproduction of Antiquities in Modern China, circa 1908-1917," in Joshua A. Fogel, ed., *The Role of Japan in Modern Chinese Art* (Berkeley: University of California Press, 2012), pp. 273-308、363-372.

想法。表面上他似乎继承了吴大澂以来的金石学传统，集收藏家、学者及出版人的身份于一身。然而，罗振玉如何看待自家的藏器、又如何赋予这些藏品文化意义，实较其继承晚清士大夫好古之风的面向来得重要。从罗振玉身上，可知此时文人士大夫出版个人藏器的观念架构已发生了根本性变化，大众教育与国家遗产观念架构的出现，让近现代时期的古物保存有别于传统。在国家遗产观念下的古物保存，对于古物的定义与归类方式，亦已有了崭新的认识。

　　罗振玉不仅不同于传统的收藏家，与 20 世纪初年其他的收藏家相比，也有相异之处。如前所述，晚清的一批收藏家如狄葆贤等人，多半视出版自家藏品为大众教育的一环，用以促进国家框架下的古物保存；然民国建立之后，这样的焦点亦有所转移，狄葆贤等人的古物出版更趋商业化。[1] 罗振玉亦以保存古物之心来发展其出版事业，其初衷并未随着新政权的建立而改变，另一重要的相异点则是罗振玉对学术研究的高度重视。他几乎是穷尽一切可能地寻求并出版耳闻目见且值得深究的古物，更发展出新的学术研究方法。罗振玉的一生，多致力于编辑与出版这些古物，自古籍（包括仅见于日本的稀有版本）、新出土的文物与壁画，以至年代久远的铭文、铜器、石碑等。其所出版的古文物图录，无论在质量还是视野上，俱洋洋可观。[2] 据此而论，罗振玉经手过的古文物，其数量与多样性远超过当时其他收藏家。图录里更有他撰写的文章，再加上其他林林总总的研究及私人笔记，我们可借由得知罗振玉所认知的“古物”概念究竟为何，也可思考此概念如何于 20 世纪初有所转化。

　　罗振玉可说是清遗民中最受争议的人物之一。除了在伪满洲国的经历之外，众人皆认定其与王国维之投湖自尽不无关系，因钱“逼死”之说更不胫而走。[3] 再者，罗振玉涉足于中、日古物交易市场，甚至在其中扮演主角；[4] 以

1　Cheng-hua Wang, "New Printing Technology and Heritage Preservation: Collotype Reproduction of Antiquities in Modern China, Circa 1908-1917," pp. 273-308、363-372.

2　关于罗振玉所编辑与出版的完整书目，见《罗雪堂先生校印书籍价目》，收入徐蜀、宋安莉编：《中国近代古籍出版发行史料丛刊》（北京：北京图书馆出版社，2003），第 28 册，页 111—129。此乃罗振玉在天津的书目广告。

3　传言多谓王国维把罗振玉给逼上绝路，有可能是因为王积欠罗的债务。见林志宏：《民国乃敌国也：政治文化转型下的清遗民》，页 280—281。

4　见 Zaixin Hong, "Moving onto a World Stage: The Modern Chinese Practice of Art Collecting and Its Connection to the Japanese Art Market," and Tamaki Maeda, "(Re-)Canonizing Literati Painting in

国族主义者的说法来看，罗振玉沾染上"市侩"之气已是错误，其国族文化叛徒的恶名更不可原谅。在 20 世纪初，古物开始被认定是"中国之所以为国"的要素之一；古文物即使经由合法的买卖与渠道流至异域，也被视为中国的一大损失，甚而引之为国耻。[1]

罗振玉在清末民初文化转型过程中所扮演的角色，实足以在 20 世纪中国文化生产的研究中自成一章。众多的争议忽略了罗振玉对于中国传统收藏文化之转化及在古物学研究上所扮演的重要角色。如是之故，本章欲借着罗振玉的文化生产，探讨"器物"（即三维的、立体的古物）如何在中国近现代种种与古文物相关的论述和作为里，逐步成为一个特定的类别（category）。本章亦讨论"器物学"（即对于三维的、立体的古物的研究）如何从传统的"金石学"发轫，与新兴的"考古学"对应，进而成为一个新的研究领域的。

## 三、京都时期的出版事业

罗振玉出身于衰落的仕宦之家，本身并无功名，却因推广农业与教育改革，且积极参与办报与结社等新式社会活动，而在清末的官场崛起，曾任张之洞的幕僚，也在学部任职。[2] 官场之外，他对甲骨文的发现与研究亦影响深远，在中国古文字学及上古史研究领域均有所建树。[3] 甲骨文不过是罗振玉"古物保存"中的一环，另有更宏大的历史图像值得我们进一步研究。

the Early Twentieth Century: The Kyoto Circle," in Joshua A. Fogel, ed., *The Role of Japan in Modern Chinese Art*, pp. 115-130、329-338 and pp. 215-227、353-358.

1　见 Cheng-hua Wang, "The Qing Imperial Collection, Circa 1905-25: National Humiliation, Heritage Preservation, and Exhibition Culture," in Wu Hung, ed., *Reinventing the Past: Archaism and Antiquarianism in Chinese Art and Visual Culture*, pp. 320-341.

2　罗振玉组织了许多社团以推广新学、普及日文，并曾编辑《农报》、《教育世界》等刊物。关于其生平，可见罗振玉：《集蓼编》，收入氏著：《雪堂自述》（南京：江苏人民出版社，1999），页 1—123。

3　见李济：《探索阶段：甲骨文的搜集、考释和初步研究》，收入氏著：《安阳》（石家庄：河北教育出版社，2002），页 19—37。Shana Brown 的博士论文大篇幅地讨论了罗振玉在甲骨文之出土、保存与公开过程中所扮演的角色，见其 "Pastimes: Scholars, Art Dealers, and the Making of Modern Chinese Historiography, 1870-1928," chapter 3. 另见白谦慎：《20 世纪的考古发现和书法》，收入台北历史博物馆编：《1901—2000 中华文化百年论文集》（台北：台北历史博物馆，1999），页 244—257。

　　清朝末年，知识分子们鉴于外国人搜求中国古物之风日盛，也见识到日本古物保存运动的前例，遂号召国人保存历史文物，保存国粹。这些知识分子们横跨不同的政治阵营，有的维护帝制，有的鼓吹立宪，亦有追求共和革命者。他们对于政治体制的看法是否影响其古物保存作为，仍未可知。然而，清末古物保存理想确实横越政治阵营的壁垒，以"中国"作为国家单位的观念架构进行古物保存。罗振玉作为这场古物保存风潮的先驱，也是举足轻重的倡议者。

　　罗振玉于 1902 年左右开始在中国提倡古物保存的理念，较其他知名人物如张謇（1853—1926）、邓实（1877—1951）等都要早。[1]1902 年时，日本在全国施行的古物保存运动，已推行了三十多年，相当有计划地重新定义、分类、清查、登录、出版及研究古物。[2]当这场运动的余波于清朝末年传到中国时，掀起了令人惊讶的巨浪，拍醒了成群的知识分子，而日本政府的举措亦成为晚清有志之士在古物保存议题上的依归。可惜的是，原本该由政府来推行的国家政策，却因清朝的突然灭亡，而继起的政权无力掌控全局，即使在"国家"的观念架构下企图推动古物保存措施，实质上却无法由治权统一的政权施行全国性的古物保存政策。[3]相比之下，罗振玉似乎一人包办了政府在古物保存上应有的作为，在无政府奥援的情况下，践行古物保存的理念。在当时的观念下，实践此理念最好方式就是出版。

　　在晚清知识分子眼中，"出版"也是一种"展览"形式，其重要性并不

1　见罗振玉：《集蓼编》，页 17。例如，就笔者所能取得的 1906 年的《教育世界》，罗振玉便发表了好几篇专论古物保存的文章。关于张謇与邓实，见 Cheng-hua Wang, "New Printing Technology and Heritage Preservation: Collotype Reproduction of Antiquities in Modern China, Circa 1908-1917," pp. 273-308、363-372; Cheng-hua Wang, "The Qing Imperial Collection, Circa 1905-25: National Humiliation, Heritage Preservation, and Exhibition Culture," pp. 320-341.
2　见冈塚章子：《小川一真の「近畿宝物调查写真」について》，《东京都写真美术馆纪要》，第 2 号（2000），页 38—55；水尾比吕志：《国华の轨迹》（东京：朝日新闻社，2003），页 7—16；铃木广之：《好古家たちの 19 世纪：幕末明治における"物"のアルケオロジー（シリーズ・近代美术のゆくえ）》（东京：吉川弘文馆，2003），页 7—18。谢谢小川裕充教授提供水尾比吕志的著作。
3　北洋政府曾于 1916 年进行古物普查，但区域仅限于北京周围的河北、河南、山东与山西，且普查过后，未见相应的保存措施。在此普查的说明中明确表示继承清末未能完成的工作。见 Cheng-hua Wang, "New Printing Technology and Heritage Preservation: Collotype Reproduction of Antiquities in Modern China, Circa 1908-1917," pp. 273-308、363-372.

亚于博物馆，更是古物保存的首要手段。然而，民国肇建之后，出版作为古物保存的重要实践方式，却未被发扬光大，反而日渐式微。罗振玉在民国时期仍坚持出版，属于少数者。表面上看，罗振玉贩卖古物至国外的行为似乎违背了古物作为国家遗产的观念，但在当时的生活困境下，其大量发表所经手的古物实属难得。就是通过出版，一种抽象的国家遗产观念得以形成，虽然这些发表的古物并不一定保存在清朝或中华民国所治理与管辖的地理范围之内。例如，罗振玉出版了法国人伯希和（Paul Pelliot，1878—1945）收藏的敦煌古文书，也根据日本人大谷光瑞（1876—1948）收藏的西域文物进行高昌历史的研究及出版工作。[1] 这些收藏于国外的古物，一旦付诸出版，更能彰显出"国家"框架下古物保存的重要性与意义。

对晚清提倡"古物保存"的知识分子而言，政治立场会影响他们对于清朝正统与否的判断，但在"国家"框架下保存古物的理念仍属一致，即使这个"国家"概念无法落实于某个具体的政权上。就罗振玉而言，中华民国不是他所效忠的政权，但古物属于"国家遗产"且必须将之保存于出版品中的观念，仍是其致力于出版的重要原因。20世纪初，中国古物保存论述中的"国家"观念值得进一步的探究，不过就罗振玉的例证来看，古物所存的具体空间如果无法在中国的地理范围之内，其保存在出版品中的抽象空间则更加重要，而且此种保存并未有损于该古物作为中国之遗产的地位。

晚清时期的罗振玉积极参与古物的出版，并在当时最新式的珂罗版刊物上发表了许多古物的图像。珂罗版是一种照相印刷技术，常用来制作高质量的艺术与古物的图像复制品。因其运用了照相技术，能有多层次的感光，遂可复制细微的色调变化，表现出木版印刷或石印技术所没有的灰阶效果。晚清时期，比罗振玉早一辈的收藏家如吴大澂等人，虽也将其藏品以石印出版物的形式公之于世，但这些出版品的效果、普及性与商业性皆远不如1908年在上海图书市场兴起的珂罗版复制品。珂罗版出版品无疑为出版商带来了丰厚的经济收益，但他们宣称出版的目的在于教育大众，向大众公开在过去只有少数人才能一见的珍贵文物。出版参与者如张謇、邓实等人的真诚，应毋

---

1　见董作宾：《罗雪堂先生传略》，《中国文字》，1962年第7期，页3。

庸置疑。即使商业利益为出版的考虑之一，珂罗版出版品确实是将中国古文物转化为国家遗产的重要渠道。衡量当时的政治状况，所谓的"国家"仅在理论层次上实践，实际上的政府并未参与拍摄或出版古物。[1]

有清一代，罗振玉都未曾亲自出版自己的收藏。然因其藏品散见于当时流行的珂罗版刊物中，如邓实出版的《神州国光集》等，故可知罗振玉对于珂罗版的复制活动也乐见其成。[2] 只不过清季之时，罗振玉将重心放在与政治机构、政府部门有关的改革上；[3] 直到 1911 年清朝覆灭，罗振玉附随在政府机制中的改革之路随之中断，才"迫使"他转而投身于文化事业。

罗振玉对古物保存与研究的努力，于 1912 年至 1919 年间开始深化。他当时以清遗民身份，在日本京都过着自我放逐的生活。他既已在政治、社会与文化议题方面不为国人所接受，又与所处之日本社会不无扞格；这双重的流离感，想必让他更强烈地意识到本国文化的危急处境。[4] 他在京都时期所编著的五十多本书，在在表露了这份忧患意识。在这些书籍中，罗振玉所收藏、借观实物及见过影像的古物，首度借由珂罗版的印刷技术呈现在中国读者面前，其中还包括许多重要的考古发现。[5]

罗振玉在京都时似乎已建立起一套日常的起居规律，好让他过着集收藏家、出版人、研究者与古物商于一身的生活。层出不穷的经济问题迫使他必须靠着买卖古物生活，经由罗振玉之手而卖至日本的古物相当多，其中良莠不齐、真伪混杂之状，尚待进一步地研究；罗振玉在买卖之间的诸种考虑，

1　见 Cheng-hua Wang, "New Printing Technology and Heritage Preservation: Collotype Reproduction of Antiquities in Modern China, Circa 1908-1917," pp. 273-308、363-372.

2　见 Cheng-hua Wang, "New Printing Technology and Heritage Preservation: Collotype Reproduction of Antiquities in Modern China, Circa 1908-1917," pp. 273-308、363-372.

3　如罗振玉曾于 1901 年及 1909 年两度赴日考察教育、财政及农业制度。见罗振玉：《扶桑两月记》、《扶桑再游记》，收入张本义、萧文立编：《罗雪堂合集》（杭州：西泠印社出版社，2005），第 6 册。感谢陈正国教授帮忙搜集二书。

4　罗振玉不谙日文，虽有些颇具影响力的日本友人，但他基本上过着孤独的生活，镇日忧心于中国的政治与社会文化情况。在旅居京都的八年间，他也经常回中国作短暂停留。见罗振玉：《集蓼编》，页 40—44；罗继祖：《我的祖父罗振玉》（天津：百花文艺出版社，2007），页 93—113。

5　罗振玉之孙罗继祖认为罗振玉在 1912 年至 1919 年间最重要的成就，正是编辑与出版之众多书籍。罗继祖更整理条列了其祖父于京都期间所出版的所有书籍，见其《我的祖父罗振玉》，页 101—103。

也有待厘清。无论如何，罗振玉保存下来的古物数量相当惊人，其中也包括对于中国历史文化极其重要的甲骨与敦煌文书。若非身兼古物商人等数种身份，罗振玉或许无法经手与过眼如此大量的中国古代文物，也无法有如此数量的出版品。

从他与王国维的通信中可知，罗振玉在京都的日子，大部分的时间都花在研究古物、出版古物上。他积极地寻找某些特定的器物，并在拍照后企图以珂罗版技术复制这些器物，以与他所作的研究文章或笔记一起出版。[1] 因珂罗版印刷所费不赀，罗振玉只得与当时在上海由犹太巨贾哈同（Silas Aaron Hardoon, 1851—1931）及其妻罗迦陵所主持的广仓学宭合作，以完成其出版计划。[2]

早在 1909 年时，罗振玉即提到以珂罗版技术复制古物的优势，见于其出访日本考察农业教育的笔记中。当时，东京一家出版社的老板向他展示了珂罗版印刷品如何地忠实于原作，而小川一真（1860—1929）的成品更是上上之选。[3] 以保存古物为名而成立的《国华》杂志，里面精美的珂罗版图片便出自小川一真之手。小川一真更帮忙建立国家级的古物照片档案；此照片档案被视为日本古物保存、调查与分类计划的第一步，足见小川一真在古物保存运动中的关键地位。[4] 在罗振玉的出版事业中，亦可见珂罗版印刷技术与古物保存理念的紧密结合。如前所述，珂罗版虽昂贵，其效果却非其他印制技术可比；尤其是日本的珂罗版技术，远较中国更为先进。故罗振玉不惜血本，

---

[1]　特别是 1916 年的往来信件，多在讨论如何出版这些古文物。见王庆祥、萧立文校注：《罗振玉 王国维往来书信》（北京：东方出版社，2000），页 26—224。

[2]　见罗继祖：《我的祖父罗振玉》，页 99。罗振玉在京都时期所出版的一些图录与书籍上也有"广仓学宭"的字样。广仓学宭由哈同的妻子罗迦陵所组织，用以推广金石学的核心——古文字学，这个社团也常举办以古物研究为中心的展览与收藏活动。关于哈同的文化活动，见唐培吉：《上海犹太人》（上海：上海三联书店，1992），页 77—81；Chiara Betta, "Silas Aaron Hardoon (1851-1931): Marginality and Adaptation in Shanghai," (Ph.D. diss., University of London,1997), chapter 5.

[3]　见罗振玉：《扶桑再游记》，页 4。然罗振玉将之误记为小川真一。这家东京出版社指的应是田中文求堂；罗振玉在天津时的出版品，都交由这家出版社负责发行。见《罗雪堂先生校印书籍简目》，页 128。

[4]　见冈塚章子：《小川一真の「近畿宝物調査写真」について》，页 38—55；水尾比吕志：《国华の軌迹》，页 7—16。

坚持以珂罗版印制古物。[1] 当将古文物摄影制版成珂罗版图片后，罗振玉将有的在京都就地出版，有的则寄往上海，由哈同所支持的广仓学宭编入丛书《艺术丛编》中出版。

广仓学宭的主事者不具备任何学术能力，王国维虽曾任《艺术丛编》的编辑，罗、王两人仍对主事者颇多微词。[2] 该丛书的题名并非罗振玉决定的，但其基本架构及文化意义仍须仰赖罗、王两人的构思。罗振玉在 1916 年为《艺术丛编》所写的序言中，提出"艺术"并非只是壮夫不为的雕虫小技，而是古人意匠之展现；该丛书中所发表的某些历史文物，甚至可用以考究古代中国的典章制度。[3] 这项宣示不仅给艺术与文物赋予了一层严肃的意义，也标志了甲骨与青铜器在历史研究中的地位，因其与古代的礼制与政事密不可分。《艺术丛编》中关于古物的分类，则循王国维之见，将之分为"金石"、"书画"与"古器"（"古器物"之简称）。[4] "古器"，实等同于罗振玉于序言中所提到的"器物"一词。

罗、王两人对《艺术丛编》既无主导权，我们自不必细考《艺术丛编》的编辑原则；但对于"艺术"一词所指涉的范围、其相关字词错综复杂的使用脉络以及罗、王所提出的三个分类，却值得进一步深究。"艺术"一词于20 世纪初的古物保存风潮中兴起，在当时的情境中，"艺术"有时与西方的"art"观念相对应，有时又与"古物"相混，其指涉意义的定型化则要等到 20 世纪 10 年代中期。中国文言文中有不少词语，其意义在 19 世纪末期时为日本人所转化，并被重新输入中国，"艺术"就是这样一个词语。它在文言文中原泛

1　如罗振玉：《古明器图录》（自印本，1916）、《高昌壁画精华》（自印本，1916）、《殷墟古器物图录》（上海：广仓学宭，1919）。关于日本制珂罗版印刷品如何地忠实于原作，见 Cheng-hua Wang, "New Printing Technology and Heritage Preservation: Collotype Reproduction of Antiquities in Modern China, Circa 1908-1917," pp. 273-308、363-372.
2　见收录于王庆祥、萧立文校注：《罗振玉 王国维往来书信》，其中 1916 年的信件，特别是页 28—29、50—60、65。
3　见罗振玉：《艺术丛编序》，收入氏著：《殷虚书契后编》（上海：广仓学宭，1916）。这个版本的《艺术丛编》见于台湾"中研院"历史语言研究所，然东京国立国会图书馆的版本中却无罗振玉的序言。这时期的珂罗版印刷品，包括《艺术丛编》本身，可能都经过好几次重印，有时是全本重印，有时只是部分重印，故很难查知第一版的确切情况。
4　见《罗振玉 王国维往来书信》，页 40。罗振玉自己还多了"雕刻"这个类别，不过王国维并未遵从。

指所有需要运用到手工的技术，然在现代中文里其用法却多限于指称西方"art"的概念，包含一切的艺术品。[1] 当罗振玉在 20 世纪 10 年代后期出版《艺术丛编》时，对何谓"艺术"、"艺术"与古物保存的关联等议题无甚兴趣。他的战场，实不在此。对他而言，"器物"一词的范围以及关于此一新创古物类别的研究，才是重点。

罗振玉与王国维为《艺术丛编》所立下的三个类别，彰显出中国古代文物在 20 世纪初古物保存架构下的分类转变（categorical transformation）。为了讨论这场重要的转变，我们必须检视罗振玉在 20 世纪 10 年代所编辑与出版的书籍，以便考察"器物"这个新分类如何兴起，并改变古代文物的分类架构的。其中，以发表墓葬用器、制器模范及殷墟出土物品的图录最为重要。[2]

## 四、"可堪收藏"与"可资研究"

罗振玉对古物的出版与研究，离不开他个人的收藏活动与收藏品。他的收藏眼光与藏品横跨"可堪收藏"（the collectable）与"可资研究"（the researchable）的界限，收录传统中国鉴藏系统中所未包含的物品。这不仅扩充了所谓"可堪收藏"之古文物的范围，也标志着收藏文化本身的一大转变。

一般而言，古文物在晚清时期被分为"金石"与"书画"两类。"金石"多指铜器及铜器或石碑的拓片；"书画"则指书法与绘画。"书画"一类，自六朝（220—589）以降即固定不变。[3] 当日后的艺术批评以"用笔"作为两者共同的鉴赏原则而提出"书画同源"的理论后，"书画"自成一类的观念

---

1　见 Federico Masini, *The Formation of Modern Chinese Lexicon and Its Evolution toward a National Language: The Period from 1840 to 1898* (Berkeley: Project on Linguistic Analysis, University of California, 1993), p. 213.

2　见罗振玉：《古明器图录》、《殷墟古器物图录》及《古器物范图录》（自印本，1916）。这三本图录都收录在《艺术丛编》中。有些罗振玉的收藏则被另行出版，并附有一册独立的图版说明，见《雪堂所藏古器物图》（天津：贻安堂，1923）、《雪堂所藏古器物图说》，收入氏著：《罗雪堂先生全集》（台北：大通书局，1973），初编，第 6 册，页 2581—2592。笔者所见的版本是 1923 年出版的，然根据罗振玉在《雪堂所藏古器物图说》中的自序，初版应在他旅居日本时便已发行。

3　例如，（南朝宋）范晔：《后汉书》，收入（清）纪昀等总纂：《景印文渊阁四库全书》（台北：台湾商务印书馆，1983），第 253 册，页 269。

更得到强化。"金石"一词虽起源甚早，却要到宋代（960—1279）才真正成为一门严肃的学问。当时对金石有兴趣的学者，多致力于编纂目录，并通过铜器的形制及其上所镌刻的文字等，来考究上古的礼制与历史。[1] 故金石学乃是基于某种特定的智识追求而产生的学问，其所看重的材料亦以具有古文字学价值的物品为主。有宋一代，铜器与碑铭拓片是"金石"之下主要的次门类。一直要到清中叶"金石学"复兴后，其他种类如砖瓦等，才被有系统地渐次纳入"金石"的研究范畴。至20世纪初，新出土及新发现的文物大增，"金石"的内容再次发生改变，其中纳入了如甲骨、古陶器及墓葬用器等文物。[2] 罗振玉的收藏与出版活动，在在展示了这个大转变，甚至可说促进了此一转变。

　　试以墓葬用品说明。墓葬用品历来被称为"明器"，是指专门为了陪葬而制作的物品，被视为不祥或忌讳。在传统中，明器不仅较少被提及，更别说是收而藏之。[3] 然而，罗振玉所提倡的古物保存理念，改变了传统中对这些墓葬用品的看法。[4] 最早在1907年，罗振玉首次于北京琉璃厂的古玩铺中购入了出土于河南地区的两件陪葬人俑。它们伴随其他古物而出土，古玩商虽知其乏人问津，但收购整批出土物时亦将之包含其中，顺带运至北京。[5] 这两件人形俑，不仅是罗振玉收藏明器的开始，也是明器进入近现代中国古物保存论述的起点。

　　罗振玉收藏中的部分人俑，显然出自1905年洛阳地区因铁路修筑工程而被发掘的墓葬群。罗振玉和某位日本收藏家是最早开始收藏这批墓葬出土明器的人物；[6] 然罗振玉对明器的兴趣，并不止于收藏，他更名其居所为"俑庐"，

---

1　见王国维：《宋代之金石学》，页45—49。

2　见容庚："序"，《金石书录目》（北平：商务印书馆，1930）。容庚是介于传统金石学至现代考古学转型期的人物，其他的金石学学者则仍保有较传统的观念，不认为"金石"范畴的扩张是全然正面且可行之路。例如，陆和九："序"，《中国金石学》（上海：上海书店据1933年版重印本，1996）。

3　见罗振玉："序"，《古明器图录》。

4　见郑德坤、沈维钧：《中国明器》（北平：哈佛燕京学社，1933），页8—10。

5　见罗振玉："序"，《古明器图录》；《俑庐日札》，收入氏著：《罗雪堂先生全集》（台北：大通书局，1973），五编，第17册，页6920—6925。

6　见富田升著，赵秀敏译：《近代日本的中国艺术品流转与鉴赏》（上海：上海古籍出版社，2005），页2。

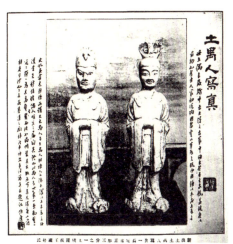

图7.1　土偶人写真

以志其入藏，此举可说是罗振玉古物保存与古物研究的分水岭。[1]1909 年，也就是罗振玉首次收藏人俑后两年，四件罗振玉所收藏的人偶在珂罗版双月刊《神州国光集》中刊出（图 7.1）。1916 年时，它们又出现在罗振玉自己出版的珂罗版图册《古明器图录》中（图 7.2）。

　　《古明器图录》并不是罗振玉旅居京都时所编唯一具有开创性的古代文物研究书籍，其他还有关于模范、古陶器、封泥及壁画的图录，其中任一对象皆是传统收藏或研究所未及的类别（图 7.3）。[2]在这些图录的序言中，罗振玉总是反复提及文化保存及研究中国古代文物的重要性，并强调外国人已开始竞相购求并研究图录中的古物。[3]这些图录的出版年代都很早，可见罗振玉应是古物保存风潮的先驱。"古物保存"主张所有中国过去所制作的历史文物都应是国家遗产，都值得被保存与研究。这看法与日本 1871 年展开的古物

---

1　"俑庐"的"俑"字，即为人俑之意。罗振玉为其 1910 年左右所书笔记取名"俑庐日札"，并发表于《国粹学报》上。此学报乃晚清知识分子中最具影响力的学报，后《俑庐日札》以单行本行世。关于《俑庐日札》的出版状况，见罗继祖编：《〈俑庐日札〉拾遗》，《中国历史文献研究集刊》（长沙：湖南人民出版社，1981），第 2 集，页 273。
2　例见《齐鲁封泥集存》（自印本，1913）、《古明器图录》、《高昌壁画精华》、《殷墟古器物图录》及《古器物范图录》。
3　见罗振玉：《雪堂校刊群书叙录》（北京：北京图书馆出版社，2002）。

图7.2　土偶人　　　　　　　　　　　　图7.3a　古陶量　　　　　图7.3b　封泥

保存运动的理念遥相呼应，日本在此潮流中所列举的 31 种古物类别，便企图涵盖日本各个历史阶段所制造或所输入的所有文物，并将之等而视为国家遗产。[1] 然而，即使罗振玉古物保存的理念采用了日本的思考架构，他仍得解决如何重新定义、重新分类中国古物的问题，例如传统上归为"金石"类的物品，日本并无此种分类。

　　人俑之所以从令人忌讳的明器摇身一变为值得收藏的物品，都源自古物观念的转变。除了明器外，收藏石碑原物（而非其拓片）也是新的风气。收藏石碑在传统金石学中固非罕见，[2] 然一般而言，收藏家多将收藏重点置于拓片而非原石上。拓片较益于古文字学之研究，与拓片相较，原石则因重量与体积的关系不易被保存。对可资研究的文字不多的石碑，如佛教造像碑等，金石学研究者往往弃之不顾。罗振玉则不然，他积极地购藏新发现的碑石，无论其上有无可观的文字。[3] 就收藏文化的角度而言，收藏观念的转变赋予了"原石"或"原器"新的意义；其上有无可资研究的古文字，已非收藏的重点，此种转变在近现代更为明显。例如，《神州国光集》在 1911 年左右便刊出了

1　铃木广之：《好古家たちの 19 世纪：幕末明治における"物"のアルケオロジー（シリーズ・近代美术のゆくえ）》，页 7—18。
2　根据叶昌炽的说法，北宋时始有收藏石碑的风气，清代收藏家间亦时有所闻，其中最著者为陈介祺。见叶昌炽著，柯昌泗评：《语石》（北京：中华书局，2005），页 563。
3　见罗振玉：《雪堂金石文字跋尾》，收入氏著：《罗雪堂先生全集》，初编，第 2 册，页 533。罗振玉也曾阻止外国人带走"大秦景教流行中国碑"，见罗振玉：《俑庐日札》，页 6866。

图7.4　周麞镈鼎全形拓

几件佛教造像碑，其上并无明显的文字。[1]换言之，在古物保存的新潮流及珂罗版复制技术的运用下，"原石"在新的古物概念中有了新的定位，亦成了"国光"的一部分。

不同于其他"古物保存"的倡议者，罗振玉本身即是金石学家，而他的做法对20世纪初传统金石学的转化有着深远的意义。如前所述，传统金石学主要以铜器或石碑上的古文字为研究对象，藏家们多不考虑研究对象的形制、材质与装饰纹样等，或至少不认为这些元素与铭文具有同等重要的历史价值。换言之，多数金石收藏家将原本三维的、立体的青铜与石碑，等同于二维的、平面的、布满古文字的拓片。

19世纪中叶后，从陈介祺开始，金石收藏家们流行制作"全形拓"，将青铜器的各面拓下并组成一完器，以保留原器的样貌与时间的痕迹（图7.4）。当一张纸无法拓尽立体的器物时，有时也局部运用木刻印刷或摄影技术拼接而成。"全形拓"在当时也是一种艺术形式，除了收藏家外，书画家也将之用于创作，其本身即具鉴赏与收藏价值。故"全形拓"虽得其形、得其质于原器，却有独立于原器之外的美感。[2]相较之下，用于保存原器与原石样貌的珂罗版复制技术，则不具有独立艺术形式的地位。珂罗版所复制的文物图像，仅被认为是忠实于原件的影像复制品，具有传达原件信息的能力。19世纪下半叶，金石学研究并未受到全形拓的影响，仍以古文字学为中心。直到20世纪初，金石学的核心观念才有所改变。改变的原

---

1　见《神州国光集》，第20集（1911年农历四月）、第21集（1912年10月）。

2　关于"全形拓"的讨论，见 Thomas Lawton, "Rubbings of Chinese Bronzes," pp. 7-48; Wu Hung, "On Rubbings: Their Materiality and Historicity," in Judith T. Zeitlin and Lydia H. Liu, with Ellen Widmer, eds., *Writing and Materiality of China: Essays in Honor of Patrick Hanan* (Cambridge, Mass.: Harvard University Asia Center for Harvard-Yenching Institute, 2003), pp. 29-72; Qianshen Bai, "Wu Dacheng and Composite Rubbings," in Wu Hung, ed., *Reinventing the Past: Archaism and Antiquarianism in Chinese Art and Visual Culture*, pp. 291-319.

因相当复杂，不过新发现文物的骤然勃兴
与珂罗版技术的传入，应促使金石学家对
以古文字学为主旨的研究的反思。无论原
件是青铜、陶瓷还是石碑，珂罗版技术皆
能精密地复制各种形状、材质及装饰的细
节，文字不再是唯一的焦点（图 7.5）。

　　历史文物本身的价值乃古物保存的重
点所在。以珂罗版技术翻制的图像因能同
时展现物品的材质及三维的立体感，自成
为调查、登录的第一步。借着珂罗版印刷
术，古物的图像也将流传久远，而实现保
存国家遗产的目的。当珂罗版出版品中拓
本的比重渐渐变少，立体的实物照片愈来
愈多时，金石学的研究重点也不得不有所
转变：从古文字学转向对整件器物的研究，
如形制、材质及装饰纹样等。有些金石学
家将此转变认为是金石学由传统转向现代

图7.5　新出土石造像

的过渡，金石学的研究对象亦因此而从铜器及碑铭拓片，扩展到一切新发现
的文物。[1] 然而，罗振玉对此却有不同想法，他为古物研究设想了更广阔的视
野。他不将此研究转向视为"金石学"本身的过渡，而视之为新的研究领域——
融合传统与西方的学术方法，来处理日益众多的新发现的文物。他称此研究
领域为"古器物学"（简称"器物学"），明白地指出此学科乃是建立在"器
物"这个新的分类上。[2]

---

1　容庚与朱剑心皆视 20 世纪初年为金石学转化的关键时期。见容庚："序"，《金石书录目》；
朱剑心："序"，《金石学》（上海：商务印书馆，1948）。
2　见罗振玉：《古器物学研究议》（天津：贻安堂，约 1920）。感谢许雅惠教授告知此文，以及
Youn-mi Kim 帮助笔者找到此资料。

## 五、"器物" VS "书画"的二元分类架构

尽管"器物"一词的用法可追溯至两千年前，这个词汇却在新的古物研究领域中获得了新的意义。传统中"器物"一词泛指一切可使用的工具或器皿，而非一种分类的概念，亦不具有分类的效能。然分类系统乃古物研究发展的基础，"器物"遂被援引指涉立体的古代文物，而不用考虑对象的材质；无论以铜、泥、玉、金、银、铁、骨、木、竹、玻璃还是其他材质制成的物品，都可纳入其中。传统金石学研究重视铜器或碑石上的文字，而非立体的文物。然而，"器物"一词对古文物无所不包，只要不是书法（包括拓片）、绘画或织绣即可。此一对"器物"的定义，在清末罗振玉的文章中即可得见，而在其 20 世纪 10 年代的出版品中更加确立了此定义。至于此词的学术性用法，罗振玉 1919 年讨论器物学的专著《古器物学研究议》中便提供了最好的范例。在"器物"作为一独立分类的发展上，罗振玉实扮演关键性的角色。"器物"不但取代了"金石"，成为与"书画"相对应的类别，亦改变了传统古物分类系统的样貌。

罗振玉于 1906 年至 1911 年在北京为官，寓居北京的经历不仅让他得以扩充其收藏，亦令他以新的眼光看待古物。[1] 当时北京的古物交易市场，正因皇室收藏的流出与新发现文物的大量出现而蓬勃发展。[2] 罗振玉在北京时的笔记中即曾感叹传统金石学在面对此一情境时的局限，因传统金石学完全忽略了未刻有古文字的历史文物。他亦意识到自己在北京古玩铺中所见的古文物亟须一个分类上的定位，遂提出以"器物"名之的看法。[3] 而罗振玉此处所谓的"器物"指的则是陕西、河南一带新出土的文物，特别是古代的车马具。[4]

"器物"一词在罗振玉之手获得新生之际，正是日本的新词汇与新译语大量传入中国之时。基于罗振玉与日本的深厚渊源，我们不禁要问，"器物"

---

1　见陈邦直：《罗振玉年谱》，收入周康燮编：《罗振玉传记汇编》（台北：大同图书公司，1978），页 93—98。

2　见富田升著，赵秀敏译：《近代日本的中国艺术品流转与鉴赏》，第 1 章。

3　见罗振玉：《古器物识小录》，收入中国社会科学院考古研究所编纂：《金文文献集成》（香港：明石文化国际出版有限公司，2004），第 37 册，页 380。

4　见罗振玉：《古器物识小录》，页 380—393。

是否像"艺术"一词一样，也是日本人取用的传统中国语词，被日本人赋予新意义后再转而传回中国，进而成为"新"词汇？ 1871 年日本政府开始推行国家古物保存运动时，的确使用了"古旧器物"（kokikyūbutsu）一词以统摄三十一种古物门类，包罗所有于日本制造或输入日本的历史文物。[1] 然而，这个包罗甚广的词汇，虽有"器"与"物"二字，却与罗振玉所提出的"器物"概念有别，而是包含所有历史文物的全称词。明治中晚期时所出版的字典中对"器物"（kibutsu 或 utsuwamono）的解释，基本上指的是茶会中所使用的器皿或成套的茶具，与罗振玉的定义有所不同。[2] 虽然难以查知日本的"器物"一词如何转化为目前的用法，然某些 20 世纪初出版的日文书籍中已开始使用"器物"来指立体的、具三维空间的古物，并不限于器皿或茶具。[3] 中、日间的互动究竟对于研究立体、具三维空间的古物有何影响，虽是个有趣的问题，却很难追索。无论如何，就罗振玉使用"器物"一词的时间及其用法所涵盖的广度而言，罗振玉都是促成"器物"作为一门类而"器物学"作为一门新学问的先驱。

罗振玉于 20 世纪 10 年代所编纂与出版的图录，便收罗了许多立体的古物，我们可以借此窥知他所赋与"器物"的现代用法。其中有三本图录的题名中包含有"器物"一词，指的都是难以依传统"金石"、"书画"之分类系统来归类的古物。

其一为《古器物范图录》，其中收有制作铜器与陶器的范具（图 7.6）。其二为《殷墟古器物图录》，收有新出土于晚商首都殷墟的古物，多为兽骨或骨器（图 7.7）。殷墟出土物于 1911 年时为罗振玉所收藏，当时其弟罗振常（1875—1942）赴殷墟遗址收买甲骨。众所周知，晚清知识分子于 1899 年始意识到甲骨文的存在，此一发现被视为近现代中国第一批揭露中国上古史的文物，不仅对中国的自我文化认同有所影响，也确立了中国在世界古文明

---

1　铃木广之：《好古家たちの 19 世纪：幕末明治における"物"のアルケオロジー（シリーズ・近代美术のゆくえ）》，页 7—18。

2　笔者曾依据飞田良文《明治生まれの日本语》中所列出的明治中晚期字典，查阅"器物"一词的解释。见氏著：《明治生まれの日本语》（京都：淡交社，2002），页 222—223。

3　例见小室新藏、松冈寿：《一般图案法》（东京：丸吉书店，1909）；赤津隆助：《教育略画之实际》（东京：启発舎，1910）。

图7.6　模范　　　　　　　　　　　　　图7.7　骨器

史中的地位。罗振玉的特别之处在于他不但深知甲骨文的价值，也特别嘱咐罗振常将其他的出土物品一并带回。[1]《殷墟古器物图录》中有大量的兽骨及骨具，此证明了罗振玉的学术信念以及"器物"这一门类所具有的统摄包含的特性。

　　第三本图录则是《雪堂所藏古器物图》。罗振玉在这本图录中，以"器物"一词涵盖其收藏中所有立体的古物；有趣的是，其中还包括许多小件的佛教造像（图7.8）。[2] 小件的造像，既非日用器皿或特定用具，却也被纳入"器物"的范畴，此点出了"器物"与"书画"二元并存且对立的分类法则。"器物"乃是一门有别于"书画"且与"书画"相对立的类别，分类标准在于平面的或立体的，此标准具有统摄所有物品的能力。[3]

---

1　见罗振常：《洹洛访古游记》（上海：蟫隐庐，1936），卷上，页1—2。
2　见罗振玉：《雪堂所藏古器物图》、《雪堂所藏古器物图说》，页2581—2592。
3　时至今日，关于佛教雕刻的研究在台北故宫博物院中仍为"器物处"所辖，然在一般的中国艺术史研究中，"器物"一词都不将雕像算在内。

中国传统古物的分类标准，主要依据物品的形制、制法、功能及制作地点等，从未考虑物品之平面或立体的维度。如果仅就最重要且范围最广的"金石"与"书画"之别讨论，这两个类别并未如"器物"与"书画"般对等且对立，换言之，也未能合成二元、非此即彼的分类架构。例如，拓本既可属于"金石"，亦可归类为"书画"，端赖分类者的重点。如果强调其在古文字学上的重要性，则拓片属于"金石"；如果讨论的是书风的特质其在书史上的地位，则可将拓片视为"书画"。更何况，诸如"瓷器"与"文房四宝"等，既不属于"金石"，也不算"书画"，它们在艺术鉴赏与研究中却占有一席之地。

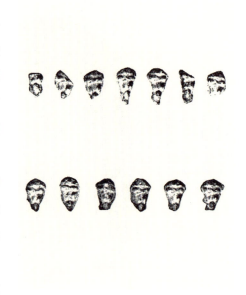

图7.8　佛像

　　直到20世纪初，二元并存且对立的古物分类架构才开始出现。传统中"器物"一词并不具有统摄性，也不指向固定的类别；既无知识论上的基础，在人们的认知中自成一类，也未因之产生一种与"书画"相对的认知方式或研究方法。然而，到了罗振玉所在的20世纪初，"器物"已成为一类别，并于所指涉的范围和内容上，与"书画"相对立；此二者之分野，在于对象不同的空间维度。两者合观，则成一相互排除（mutually excluded）的分类系统。整个古物分类系统于重新组织、重新定位中国古物的同时，亦有所转化，转而成为一个将二维对象与三维对象截然分立的分类体系。

　　在物质文化的研究影响艺术史学之前，西方传统的艺术分类系统将艺术品分为绘画、雕刻、建筑及装饰艺术四个主要类别。绘画与雕刻、建筑不可能相混，品类之别也意味着研究方法的不同，也就是知识论的基础不同。物质文化研究兴起于20世纪80年代，此潮流对中国艺术史研究产生冲击时，已是20世纪90年代初期。[1] 此一研究取向对绘画研究的冲击显而易见，原先

---

1　最好的例证当然是 Craig Clunas, *Superfluous Things: Material Culture and Social Status in Early Modern China* (Urbana and Chicago: University of Illinois Press, 1991).

根据德国艺术史学传统中对于绘画、雕刻等的区别,主要依据物品的空间纬度,即二维与三维、平面与立体之分别;依据此种分类标准,雕刻可依脱离平面的程度再细分为浅浮雕(较接近平面)、浮雕与立雕等,而将绘画视为平面的基本假设,影响了学者如何接近(approach)与研究绘画。无论对画面的形式分析还是图像学方法,皆将绘画视为平面;反之,物质文化研究主张回归绘画本身的物质性,因此绘画作品作为物品的装裱、流传与观看方式及脉络等才受到重视。

由此观之,20世纪初在中国新出现且以"器物"与"书画"对立的二元架构,或许可说是中、西方对艺术分类之概念有所交涉并融合的结果。西方的艺术分类系统至迟在1917年左右传入中国,可见于中国历史上第一本美术史教科书,即姜丹书的《师范学校新教科书美术史》。此书大量抄袭日本人的著作,并不具有原创性与研究性。[1]然而,重要的是,我们对此书的讨论一则可见当时西方艺术的分类系统已出现在民初的中国,二则可自比较中见出罗振玉分类系统的特色。

姜丹书之教科书依前述西方艺术分类的架构综论中西艺术,但为了呼应中国传统中对书法的重视,遂将书法纳入传统的"书画"分类中,试图在中西方传统对艺术不同的分类架构中取得平衡。该书以"工艺美术"之名统括陶瓷、青铜、玉器、漆器与织绣等,[2]将具有"功能性"的艺术品全部归为"工艺美术"。当然,将陶瓷、青铜等归为一类也符合清末以来自"实业"生产的角度审视工艺美术的看法,[3]其出发点与罗振玉不同。罗振玉以"器物"转化传统的"金石",是由当时新发现的文物出发,其并未顾及西方艺术传统的分类,也未考虑实业生产与商业利益。

依据罗振玉1919年的专论《古器物学研究议》,其中十五类的"器物"分类中,并未论及"建筑",与"雕刻"相近的次分类是"梵像"。"梵像"

---

1　Cheng-hua Wang, "Rediscovering Song Painting for the Nation: Artistic Discursive Practices in Early Twentieth-century China," *Artibus Asiae*, vol. LXXI, no. 2 (January, 2011), pp. 221-246.

2　姜丹书:《师范学校新教科书美术史》(上海:商务印书馆,1917),页44—51。

3　关于清末民初实业与美术的关系,见吴方正:《图画与手工——中国近代艺术教育的诞生》,收入颜娟英主编:《上海美术风云——1872—1949申报艺术资料条目索引》(台北:台湾"中研院"历史语言研究所,2006),页29—45。

仍来自传统的观念，一如"造像"，所指的是基于宗教制作且具有人形的立体古物，浮雕及立雕皆有。

再者，姜丹书的"工艺美术"与罗振玉的"器物"所指的并非相同的范畴。例如，"工艺美术"中的织品与绣品并不包含于"器物"中。罗振玉并未触及织绣品，也未在十五类的"器物"中包含织绣品。然而，若就前述罗振玉"器物"分类的原则来看，织绣品应属于"书画"。时至今日，在北京故宫博物院与台北故宫博物院，织绣都隶属于"书画处"管理，而非"器物处"。[1]其中的理由也可想见，中国的织绣多半以模仿书画为主。无论罗振玉的分类与同时的姜丹书有何不同，我们皆可见到来自不同传统的文化元素如何交融、整合而促成中国文物与艺术分类系统的转化的。

## 六、成立一门新学问

直到今日，"器物"一词仍是日常生活与学术研究中的常用词汇。暂且不论其于日常生活中的用法，"器物"已是艺术史学与考古学中具有固定含义的学术词汇，且可用以指涉各种工具、器皿、武器、仪器及其他用于日常生活或祭祀仪式中的物品。

当民国初年"器物"渐成为一固定的古物类别时，"器物学"亦于20世纪10年代后期兴起。当其时，兴盛于宋、清两代的金石学已呈衰退之象，关心金石学走向的学者如罗振玉，正亟思以一现代的治学方法取而代之。另外，考古学和艺术史学于20世纪二三十年代传入中国，这两个现代学科均有能力处理当时被大量发现的文物，这些文物或刚出土，或久被主流思潮遗忘，直到清末民初才受到关注。[2]与考古学和艺术史学相较，罗振玉所提出的"器物

1　北京故宫博物院与台北故宫博物院的组织架构，亦可佐证此处所讨论的二元并存且对立的分类结构，因为两者皆有书画处与器物处。另外，1914年10月成立于紫禁城外廷区域的古物陈列所，其也是将书画与器物分置于文华殿与武英殿两处。见 Cheng-hua Wang, "The Qing Imperial Collection, Circa 1905-25: National Humiliation, Heritage Preservation, and Exhibition Culture," pp. 331-333.
2　此处关于考古学与艺术史学传入中国的大致时间，乃是以民国时期此二学科的出版品数量来推定。见北京图书馆编：《民国时期（1911—1949）总书目：文化·科学·艺术》（北京：书

学"，并无西方固有学科的光环加持，故在中国学术界其未被视为一门独立学科，顶多可称之为研究领域。然而，"器物学"能与考古学、艺术史学相连接，并能发展出对古物研究的独特着眼点、研究方法与学术目标。这些治学上的要求，早在罗振玉于 20 世纪 10 年代出版的图录中便具雏形，更于其 1919 年出版的《古器物学研究议》中得到进一步阐释。

图7.9  铜勾

罗振玉虽未留下任何类似今日学术文章的论文，但他在 20 世纪 10 年代后期所出版的诸多图录及短文、笔记等，却成为器物学研究的先河。比如，图录中许多器物皆以等比例复制；若无法印出器物原本的尺寸，也会将原尺寸附上。罗振玉曾在一 "序" 中特别说明，此一特色乃是为了更深入地研究个别器物。[1]以珂罗版技术精准地复制出器物的造型、材质及装饰，也是出自便于研究的考虑，同时点出了器物学的研究重点在于器物本身（图 7.9）。罗振玉所撰的图版说明，一般多描述器物的形貌，讨论器物的功能与技术细节，并与相关的文献记载作比较。就这些图录的视觉与行文特色而言，罗振玉实奠定了今日器物学研究的基础，贡献显见。

罗振玉在京都时期对器物学的研究，得到了北京大学校长蔡元培（1868—1940）的注意。1919 年年中罗振玉回到中国，蔡元培随即邀请他到北京大学考古系任教。罗振玉并未答应，但以一篇论文回函蔡元培。[2]该文即是《古器

目文献出版社，1994），页 162—234 ;《民国时期（1911—1949）总书目 : 历史·传记·考古·地理》，页 507—509、636—637、717—747。亦参见 Magnus Fiskesjö and Chen Xingcan, *China before China: Johan Gunnar Andersson, Ding Wenjiang, and the Discovery of China's Prehistory* (Stockholm: Museum of Far Eastern Antiquities, 2004), chapter 2.

1  见罗振玉 :《殷墟古器图录》。

2  见罗琨、张永山 :《罗振玉评传》（南昌 : 百花洲文艺出版社，1996），页 89—90。该文于 1919 年发表后，次年收入《雪窗漫稿》，改名为 "与友人论古器物学书"。查对两文，后者在文章开始处增加数言，从这几句话更可见该文原意在于回答蔡元培对于古器物学的询问。见《与友人论古器物学书》，《雪窗漫稿》，收入氏著 :《罗雪堂先生全集》（台北 : 文华出版公司，1958），初篇，第 1 册，页 75—85。

物学研究议》，罗振玉在文中表达了古物保存的关心以及如何将之用于学术
研究，并叙述了"器物学"的理念与研究方法，此文实为"器物学"研究的
蓝图与总结。

　　论文中，罗振玉将"器物学"与传统"名物学"及外来学科如古生物学、
佛教雕塑等加以连接。"名物学"乃经学中的一支，原是对《诗经》中提到
的草木、虫鱼、鸟兽、矿石及人造物的考察，其主要目的在于帮助了解经典
的文本，而非研究物器之本身。[1] 至于佛教雕塑，由于中国学术传统对此不甚
重视，历来并无学术论著、美学理论或鉴赏系统可资参考，学术成果远逊于
欧洲及日本。于此，罗振玉认为中国应学习外国的长处。

　　如前所述，该论文还罗列了"器物"的十五种门类，囊括了 20 世纪初所
有新发现与出土的文物。[2] 罗振玉更在各门类中一一举出个别的器物加以说明，
显示出他对于这些器物相当熟悉，例如，这些器物的具体的所在地，等等。
罗振玉对于个别器物的熟悉，并非来自文献上对这些器物的描述，而是基于
对实物或实物图像的反复检视，甚至是触摸。其中有些器物是罗振玉本人所
收藏，如车马具、明器及佛像等，都各自成为一门类。这十五种门类中，有
一类将汉代画像砖、石及唐、宋时期的卷轴画归为一类。乍看之下，似乎有
违"器物"与"书画"对立并存的大原则。姑且不论画像砖、石并非传统中
的"绘画"，罗振玉之所以将画像砖、石与古代卷轴画也归入器物学范畴，
实因他所倡议的器物学研究需要通过古代图像中对于器物的描绘，来了解器
物之样貌。如此一来，汉画像砖、石及早期的卷轴画便成了了解器物的渠道
之一，因为它们保存了古代器物的图像。

　　罗振玉虽将"器物学"的源头指向中国的学术传统，然他对器物可见之
形制及可触之材质的重视，则与现代考古学与艺术史学若合符节。罗振玉在
这篇论文中也指出，若无实物、实物的珂罗版图片或实物的翻模复制品在手，
欲进行器物学研究与保存古物，几乎是缘木求鱼。

　　经由对于器物本身的研究，罗振玉意欲改正古文献的错误，这与一般历

_____

1　见王强：《中国古代名物学初论》，《扬州大学学报》，第 8 卷第 6 期（2004 年 11 月），页 53—
57。
2　见罗振玉：《古器物学研究议》。

史研究重文献、轻实物的研究取向相反。这不禁让人联想到王国维于 1925 年
所倡议的"二重证据法"；此法将考古发掘纳入中国上古史的研究中，依此
写成的上古史有别于只根据传世文献而来的观点。[1] 传统中国对历史的了解
及其学术导向，原本是以文献为本；如今，于此传统之外，考古发现或出土
的器物又提供了另一考究历史的途径。罗、王两人长期以来的学术交往，无
疑对罗振玉"器物学"概念的形成贡献良多。两人对器物研究的共同兴趣于
1919 年左右更为明朗，二人于此时期所往来的信件中，甚至有一封附有手绘
的古器物图。[2]

　　以今视昔，器物学出现的时间点可说是处于金石学向考古学转变之际。
金石学研究将全部精力放在解读古文字上，而将三维的器物等同为二维的拓
片；考古学研究则意在掌握考古遗址中各层位的出土情况，并研究遗址之文
化与周遭的生态环境，而不同于器物学之专注于个别器物本身。器物学的研
究方法及基本假设与古物保存风潮密不可分，并来自对金石学的不满；其与
考古学的关系可分可合，合之处在于考古学亦处理遗址出土的器物，器物学
可称为其分支。然而，在 20 世纪 20 年代后期，当西方考古学学科在中国逐
渐成熟之际，考古学家或为了建立自己学科的独立性、学术超然性，以及全
然不同于传统的"现代"形象，积极地宣称考古学与传统的金石学及脱胎自
金石学的器物学有重要区别。[3]

　　有三件值得一提的例子。一是 1929 年时，新成立的中央研究院历史语言
研究所拒绝聘任马衡（1881—1955）。当时历史语言研究所正开始发掘安阳
遗址。马衡是罗振玉的私淑弟子，于 20 世纪 20 年代初与罗振玉往来密切。[4]
与哈佛出身的考古学家李济（1896—1979）相比，马衡对器物的研究取向被

---

1　"二重证据法"被视为研究中国上古史方法上的一大突破。关于其重要性，见王汎森：《什
么可以成为历史证据》，收入氏著：《中国近代思想与学术的系谱》（石家庄：河北教育出版社，
2004），页 366—373。
2　见王庆祥、萧立文校注：《罗振玉王国维往来书信》，页 421、461—462、484。
3　关于 20 世纪 20 年代后期考古学在中国的成立与兴起，以及其与金石学的冲突，见王汎森：
《什么可以成为历史证据》，页 366—373。然王汎森之文并未提及器物学，亦未言及围绕着金石
学、器物学与考古学等关于学科成立与古物保存的复杂议题。
4　见王庆祥、萧立文校注：《罗振玉王国维往来书信》，页 484、501。

认为已过时了。[1]

第二例是历史语言研究所开始发掘安阳遗址时，地方人士怀疑其动机，将之与盗卖古物的商人相联系。李济与董作宾等考古学家之间达成共识，绝不收藏任何古物，以取信于人，因为这些出土物应为公有。在李济日后的回忆中，亦印证了两人对于现代考古学立场的坚持。[2] 由此来看，罗振玉融合古物商、收藏家、出版人与研究者的身份，在李济眼中，此身份想必是过时且不符合现代考古学立场的。

最后一例则是容庚（1894—1983），他是中国青铜器研究的先驱，也是罗振玉的弟子，继承了罗振玉所创立的器物学研究方法。他所编撰的图录与研究，日后皆成了器物学研究不可或缺的重要学术基础，却不如同时代的考古学家（如李济等）的研究受重视。[3]

然而，尽管于 20 世纪 20 年代末期器物学研究为学者所轻视，此一研究领域在学术界仍有其不可或缺的地位。李济及历史语言研究所后来亦正式承认器物学是考古学的一支，并出版了一套研究丛书，其题名中便有“器物”二字。[4] 更重要的是，“器物学”的成立不仅标志着古物研究之现代转化，亦揭示了古物保存并非孤立于当时思想、社会与文化之外。例如，古物保存实与学科的重整与建构，有密不可分的关系。

在 20 世纪初古物保存的脉络下，中国古物的概念产生了极大的变化；其最著者，则为古文物分类系统之重整。“器物”门类的成立，体现了艺术与古物在重新分类、重新定位过程中的复杂性。这是个不断往复交涉的过

---

1　杜正胜：《无中生有的志业》，《古今论衡》，第 1 期（1998 年 10 月），页 25。

2　李济：《南阳董作宾先生与近代考古学》，收入氏著：《感旧录》（台北：传记文学出版社，1985），页 100—103。

3　容庚初见罗振玉于 1922 年，他带着自己对古文字学的研究向罗振玉请益。见容庚：《颂斋自定义年谱》，收入东莞市政协编：《容庚容肇祖学记》（广州：广东人民出版社，2004），页 223—225。1928 年容庚被中央研究院历史语言研究所聘为特约研究员，然其学术地位却未如李济般受人推崇，可自历史语言研究所七十周年的纪念文集中窥见。见杜正胜、王汎森编：《新学术之路："中研院" 历史语言研究所七十周年纪念文集》（台北：台湾 "中研院" 历史语言研究所，1998）。

4　见石璋如：《李济先生与中国考古学》，收入杜正胜、王汎森编：《新学术之路："中研院" 历史语言研究所七十周年纪念文集》，页 151—160。另外，董作宾对于罗振玉的成就相当推崇，尤其是对其保存古文物与倡导明器研究上的贡献。见董作宾：《罗雪堂先生传略》，页 1—3。

程，内有多个不同的传统彼此纠缠、整合。再者，"器物"门类的成立，亦于学术之外，产生了政治、社会与文化上的效应。一套清楚的分类系统，正是政府推行古物保存的前提。日本政府于 1871 年的古物保存计划，就确立了三十一种古物类别。

晚清至 20 世纪 30 年代的中国，确实是考古发现与艺术交易市场的黄金时代。罗振玉则是其间最热衷于古物的知识分子，他的个人收藏亦昭示着新时代的来临。这是个视古物为国家遗产的时代，所有的古代遗存物都值得保存，也都应该展示。罗振玉于 20 世纪 10 年代的出版事业，将其致力于器物学的努力，形诸于物（出版品）。"器物"这个新分类，于当时，改变了传统的古物分类系统；于今日，更突显了 20 世纪初的中国在金石学、器物学与考古学（甚至是艺术史）之间复杂的学术网络与互动关系。

# 论文出处

**第一章　艺术史与文化史的交界——关于视觉文化研究**

原刊于《近代中国史研究通讯》，第 32 期（2001），页 76—89。

**第二章　呈现"中国"——晚清参与 1904 年美国圣路易斯万国博览会之研究**

原刊于黄克武主编：《画中有话：近代中国的视觉表述与文化构图》（台北：台湾"中研院"近代史研究所，2003），页 421—475。

**第三章　走向"公开化"——慈禧肖像的风格形式、政治运作与形象塑造**

原刊于《台湾大学美术史研究集刊》，第 32 期（2012），页 239—299。

**第四章　清宫收藏（约 1905—1925）——国耻、文化遗产保存与展演文化**

本章由刘榕峻译自 Cheng-hua Wang, "The Qing Imperial Collection, Circa 1905-25: National Humiliation Heritage Preservation, and Exhibition Culture," in Wu Hung, ed., *Reinventing the Past: Archaism and Antiquarianism in Chinese Art and Visual Culture* (Chicago: The Center for the Art of East Asia, University of Chicago, 2010), pp. 320-341.

**第五章　国族意识下的宋画再发现——20 世纪初中国的艺术论述实践**

本章由刘榕峻译自 Cheng-hua Wang, "Rediscovering Song Painting for the Nation: Artistic Discursive Practices in Early Twentieth-century China," *Artibus Asiae*, vol. LXXI, no. 2 (January, 2011), pp. 221-246.

**第六章　新印刷技术与文化遗产保存——近现代中国的珂罗版古物复印出版（约 1908—1917）**

本章由刘榕峻译自 Cheng-hua Wang, "New Printing Technology and Heritage Preservation: Collotype Reproduction of Antiquities in Modern China, circa 1908-1917," in Joshua A. Fogel ed., *The Role of Japan in Modern Chinese Art*

(Berkeley: University of California Press, 2012), pp. 273-308、363-372.

## 第七章　罗振玉的收藏与出版——"器物"、"器物学"在民国初年的成立

本章由刘宇珍译自 Cheng-hua Wang, "Luo Zhenyu's Collection and Publications: The Formation of Qiwu and Qiwexue in the First Decade of the Republican Era," 原刊于《台湾大学美术史研究集刊》，第 31 期（2011），页 277—320。

# 图版目录